高水平经济学科建设丛书

# 房地产市场政府管制的理论与实践

王阿忠　著

The Theory and Practice of
Government Regulation of Real Estate Market

中国财经出版传媒集团

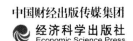

经济科学出版社
Economic Science Press

**图书在版编目（CIP）数据**

房地产市场政府管制的理论与实践/王阿忠著．—北京：
经济科学出版社，2017.5

（高水平经济学科建设丛书）

ISBN 978 - 7 - 5141 - 7962 - 0

Ⅰ. ①房…　Ⅱ. ①王…　Ⅲ. ①房地产市场 - 政府管制 -
研究　Ⅳ. ①F293.35

中国版本图书馆 CIP 数据核字（2017）第 090826 号

责任编辑：于海汛　段小青
责任校对：杨　海
版式设计：齐　杰
责任印制：潘泽新

**房地产市场政府管制的理论与实践**

王阿忠　著

经济科学出版社出版、发行　新华书店经销

社址：北京市海淀区阜成路甲 28 号　邮编：100142

总编部电话：010 - 88191217　发行部电话：010 - 88191522

网址：www. esp. com. cn

电子邮件：esp@ esp. com. cn

天猫网店：经济科学出版社旗舰店

网址：http://jjkxcbs. tmall. com

北京汉德鼎印刷有限公司印刷

三河市华玉装订厂装订

787 × 1092　16 开　13.25 印张　280000 字

2017 年 7 月第 1 版　2017 年 7 月第 1 次印刷

ISBN 978 - 7 - 5141 - 7962 - 0　定价：33.00 元

（图书出现印装问题，本社负责调换。电话：010 - 88191510）

（版权所有　侵权必究　举报电话：010 - 88191586

电子邮箱：dbts@ esp. com. cn）

# 丛 书 总 序

　　为了促进我校我院经济学科的发展，展示我校我院经济学科全院教师的学术研究水平，进一步提高我国经济学科的理论和应用研究水平，我们撰写和编辑了这套高水平经济学科建设丛书。它们是：《向量自回归模型及其应用》，《中国农产品贸易开放过程中的若干问题及治理研究》，《智力资本价值创造研究》，《我国猪肉产业发展与猪肉贸易政策效应评价研究》，《福建省三次产业投入产出动态比较分析——基于历次可比价投入产出序列表》，《中国零售业资本结构及结构调整研究——基于零售上市企业数据》，《"互联网+"下中国P2P网络借贷市场研究》，《计量经济学软件EViews操作和建模实例》等。其中有些著作偏重于理论和方法的介绍，有些偏重于实际应用。这些著作的共同特点是知识结构新，反映经济学科中某一方面的最新发展状况，并包含作者自己的研究成果。今后随着时间的推移，我们还将进一步推出更多、更好的有代表性的学术著作。

　　读者对这套丛书有什么意见，可以随时反馈给我们。书中若有不妥或错误之处，敬请广大读者批评指正。

黄志刚

2016 年 10 月

# 序言

2003 年至今，中国住宅商品价格整体升温，北上广等一二线城市呈现过热现象，市场出现了投资增长过快、供给结构不合理、房价涨幅过大、空置面积却不断增加等涉及房地产市场稳定健康发展的问题。与此同时，中国楼市也经历了种种政策"过山车"，先是 2004 年的土地"8·31 大限"，后有"国八条"和七部委下发的"意见"以及银行"按揭"贷款利率的不断调高，再有随后的"国六条"，"国十条"以及近期"房子是用来住的，而不是用来炒的"回归住房居住消费属性的政策总基调，等等。在政策洗礼下的中国楼市却始终难以拉回房价这一脱缰的野马！当然，要实现中国楼市健康稳定有序的发展，需要有个过程，但就目前来看，政策高压下的房价增幅尽管有所回落，而上涨预期依然强劲，投资性购房有增无减，保障性住房与土地供给缺位，供给结构矛盾仍然突出，多数居民还是面临买房难的问题。显然，中国各城市住宅价格的快速上涨已经不能很好地用经济基本面和市场供不应求来解释，历史数据分析也显示出住宅价格已经极大地偏离了长期均衡值，中国的住宅市场已处于相当程度的市场失灵和价格失效的状态。

纵观历次的房地产宏观调控政策，无不从市场供求关系视角切入去调控房价。然而，通过供求关系影响商品价格，它只对竞争充分的市场有效，而对垄断性市场则影响有限，这也是多年来我国房地产价格调控政策收效甚微的原因。政府对市场经济的管制包括价格管制等是基于垄断性市场结构下政府的反垄断与经济管制行为（经济管制针对的是自然垄断市场），它是市场经济的辅助功能，旨在使市场经济回归正常竞争与价格理性的运行轨道。我国房地产市场发展的好坏对老百姓的安居乐业至关重要，但是住宅市场近几年发展得既不适宜"安居",又不适宜"乐业",这与土地市场的自然垄断、与地方政府在土地供给上的价值取向以及住宅商品垄断性市场结构缺乏管制等不无关系。当前,政府是否应该管制住宅市场,遇到了来自理论界和实践部门的不同声音,有些人误将正常的垄断性市场的政府经济管制行为界定为"计划经济"行为,甚至认为我们不应该干预开发商的垄断供给与定价行为,这种观点在住宅市场利益集团的强化下,形成市场的控制力量,对政府正常的市场经济管制政策的制定和实施造成了负面影响。由于认识上的不统一,对政府相关管理部门形成掣肘,导致出台的住宅市场管制政策不到位,或者一些可行的市场经济管制措施也远未达到预期的效果,造成政策失效与管制的"失灵"。为此,我们有必要从理论上系统梳理房地产垄断性市场结构的现象与成因,探究住宅市场微观经济政府管制的机理,研究住宅产业经济管制理论与方法,为政府的住宅价格经济管制提供坚实的理论基础和可操作性的实践建议,以利于构建我国房地产市场长期稳定健康发展的体制机制架构。

2007 年由中国社会科学出版社出版的《中国住宅市场的价格博弈与政府规制研究》是我在厦门大学完成的博士学位论文,作为博士论文,其学术味道太浓,读起来晦涩难懂。为此,我一直想完成一部更为通俗易懂的著作,并希望在政府反垄断与经济管制方面对中国房地产市场正在进行的市场经济治理上添加一抹色彩。感谢我的家人在我写作过程中给我的支持与鼓励,感谢我的好友陈强帮我完成书中图形的绘制工作,感谢周小亮教授在出版本书资助方面的大力支持与帮助。

王阿忠

2017 年 3 月 31 日

# 目 录

# 第 1 章

# 反市场力量与政府管制

## 1.1  房地产市场政府管制的原因

### 1.1.1  竞争是市场经济的核心

如果我们生活在一个按照完全竞争方式运行的世界里，那就很少需要反垄断政策和其他的管制行为了。[①] 我们构建的完全竞争市场必须充满大量的买者与卖者，买卖中的任何一方都是价格的接受者，而不是价格的决定者。买者也掌握关于产品的完全信息，这样的竞争市场必须满足六个假定条件。不幸的是，现实市场经济世界中很少会符合教科书中所描述的这种理想化的完全竞争市场。房地产市场与许多其他市场一样都不满足这种理想化的市场条件。在房地产市场中，开发商是房价的制定者，我们常常会听到某楼盘的开发商说："你现在再不买，过段时间我们就要涨价了！"这足以说明开发商有定价能力，他一般将一个项目分多期开发，价格定得一期比一期高，造成价格不断上涨的预期。另外，买房者也常常处于房产与房价信息不完备的状态下。

实际上，市场经济的核心是竞争，只有在竞争下才能做到优胜劣汰，市场才有效率，并最终实现资源的优化配置。所以，竞争是市场经济的原动力，在此原动力下，大浪淘沙，留下优秀的，淘汰劣质的，我们要实现资源优化配置这个终极目标是竞争的结果。

但是，竞争从来都不是一条坦途，它甚至是一条坎坷之路。竞争的反面是垄断，为了攫取垄断利润，市场商品供给方企业总是想尽办法垄断市场和控制价格。有时候为了垄断市场，领导企业可能采取掠夺性定价即低于成本的价格，让竞争企业不赚钱，使其亏损而退出市场，然后再提高价格。这种所谓的恶性竞

---

[①]  W. 基普·维斯库斯等：《反垄断与管制经济学》第四版，陈甫军等译，中国人民大学出版社 2010 年版，第 2 页。

争，其目的最终是为了垄断市场，所以为了垄断而进行的恶性竞争是不正常的竞争，我们必须禁止企业的掠夺性定价行为。

当然，垄断并非指完全垄断，通常意义上的垄断即指竞争的不完全或竞争的有限性。事实上，西方市场经济百年，也是与这种反市场的垄断力量斗争百年的历史。美国政府管制反市场、反竞争的力量主要采取法律手段，其经济学家们通常把反垄断与政府管制视为用以推进竞争，进而提高经济效率的一整套法律体系，这里包括1890年的《谢尔曼法》、1914年的《克莱顿法》和《联邦贸易委员会法》三个法案，它们构成美国反垄断政策的基本法律框架。另外，编入美国《联邦管制法规汇编》中对各行各业政府经济管制的法律法规就多如牛毛了。

我国市场经济历史不长，许多人对市场经济的认识还有误区，他们认为，"'管'是计划经济，'不管'才是市场经济"。在这种认识下，缺乏对市场中反市场的垄断力量的有效管制。由于市场经济效率没有体现出来，导致现在我们市场出现诸如产品质量低下、价格畸高以及食品药品质量安全和外部性带来的环境污染等等问题。

西方国家政府在纠正这种对完全竞争市场的偏离时采取反垄断与经济管制。它们通过立法方式来反市场垄断，而对自然垄断行业，为了要压制垄断者的定价强势行为，则采取经济管制方式直接控制企业的决策行为，如限价，特别是对公用事业部门水电价格与房价等的经济管制。在反垄断政策中，政策目标主要是阻止威胁市场竞争功能的市场集中行为的发展。相反，经济管制通常认为市场集中等自然垄断不仅是不可避免的，而且在很多情况下是特定市场的高级结构，在铁路运输、水、电等的自然垄断市场，竞争反而带来低效。因此，针对自然垄断市场的经济管制目的是对这一市场中的企业定价行为加以限制，以便减少其经济决策行为可能导致的社会损失。

## 1.1.2 房地产市场的不完全竞争特性

一般按照竞争程度的不同，市场可分为完全竞争市场和不完全竞争市场两大类结构。不完全竞争指除了完全竞争之外的所有市场结构类型，包括完全垄断、寡头垄断和垄断竞争三种。每一本微观经济学教科书都给出完全竞争市场的以下六个前提假定：（1）所提供的商品是完全同质的，买者拥有商品的完全信息；（2）存在大量的买者和卖者，所有当事人都是价格的接受者，外部性被排除在外；（3）生产者的生产方程排除了规模报酬递增和技术进步的因素；（4）所有资源（包括信息）具有完全的流动性，新企业进入市场没有任何壁垒；（5）买者在给定的预算约束下偏好最大化，卖者在其生产函数下利润最大化；（6）市场实现竞争均衡，存在一系列使全部市场出清的价格。很遗憾的是，现实市场经济几乎都无法满足教科书所列的这六个条件，这就使政府管制市场经济成为常态。

在完全竞争市场，市场交易任何一方都无法决定价格。但是，房地产市场由于其自身的固有特点，很难满足完全自由竞争市场的前提条件，其垄断性市场特性尤为显著，这种反市场或反竞争行为具体表现在捂盘惜售、散布虚假信息和房地产价格操纵能力等方面。市场的不完全竞争性或者垄断性表现为以下几点：

### 1.1.2.1　土地市场供给方完全垄断

住宅价格中土地价格所占比重很大，占房价的 30% ~ 50%，高的甚至达 60% 多。在土地使用制度方面，中国地方政府在土地委托—代理机制中是唯一代表国家行使用地权利的代理者，是住宅用地市场的唯一供给方，由于在转型期中国地方政府利益的二重性及行为的短期土地财政利益特征，在土地"招拍挂"出让方式中，地方政府基本上都是采用争抢土地资源最激烈的拍卖方式出让土地，导致地价失去控制，"地王"频出，进一步助推住宅价格的上涨。

### 1.1.2.2　土地资源的有限性

由于土地资源的有限性，房地产市场不可能存在大量的供给，住宅商品与从流水线生产出来的一般商品不同，无法做到购买者需要多少，企业就可以生产多少来满足无限的需求。这样的市场，不可能做到所有当事人都是价格的接受者，价格是很容易被供给方操纵的。另外，正是土地资源的有限性，导致地价不断抬高，动不动几十亿元、上百亿元的地价，也形成新企业进入市场的壁垒。一旦开发商拿到土地，就是该地块的唯一商品房供给企业，或者该地块周边不多开发项目的供给者，形成该地块完全垄断或周边地块寡头垄断企业，由于缺乏完全竞争，寡头企业可以通过串谋来提高销售价格。

### 1.1.2.3　住宅商品差异化特性

由于土地位置的固定性和住宅开发项目的个别性，决定了任何两个住宅开发项目、两套房子都不可能完全相同，体现在住宅的区位、朝向、楼层等方面的差异，也决定了它们价格的不同，这与完全竞争模型商品同质性假定是相悖的，导致开发商有强势定价能力。

### 1.1.2.4　住宅市场交易信息不对称

住房价格的影响因素多而复杂，导致交易信息的不完备。住宅商品供给方容易利用手中的信息资源优势，采用各种项目策划包装、媒体宣传、造势、炒作、囤积房源以及制造供不应求紧张气氛等，达到涨价的目的。一般购房者面对住宅价格构成中复杂的关系，只能选择"理性无知"，他们是无法了解影响住宅商品价格的所有信息，即完全竞争市场的信息充分性假设在住宅市场中无法满足，住宅产业存在较严重的交易信息不对称现象。具体表现在住宅开发成本收益信息不对称、供给信息不对称、价格信息不对称、住宅品质信息不对称等。

另外，住宅商品生产周期长，从买地、设计、招投标、施工建设到最后竣工验收要花一定的时间，导致住宅商品的供给总是滞后于需求。目前我国主要采用预售模式，即未生产出住宅成品就先出售房子，预售房也称期房。但期房往往不如现房那样产品信息公开、透明，容易导致合同欺诈、项目扩大宣传、过度包装、以次充好等现象的发生。而且，由于存在时间差，一些投机者乘机入市炒作，甚至存在炒房号现象，更会加剧住房的供应紧张，最终导致房价畸高。

总之，房地产市场是个不完全竞争市场，存在地产市场供给完全垄断和房地产市场的寡头垄断特征。在完全自由竞争市场，商品价格可以通过供求关系来调节，即供大于求，价格下跌，求大于供，价格上涨。而在不完全竞争市场下，价格被市场垄断力量控制，就很难通过供求关系来调节价格了。自 2004 年以来，我国房地产调控政策不断，但始终效果不佳，这与立足供求关系来调控房价有一定关系。

目前，我国提出要建立房地产市场健康稳定发展的长效机制，首先必须对住宅市场的结构与反竞争力量要有个清晰的认识，才能对症下药，解决房价不断上涨的顽疾。"住宅是用来居住的，不是用来炒的"，这样的定位会让大家明白既然房子不能用来炒，那么炒房的收入就是不合理的，不应受到保护，我们可以通过征收重税的方式使炒房者不赚钱，将房子回归到其正常的居住功能上，这样房地产市场的长效稳定发展机制才能初步建成。

## 1.1.3 反市场力量与政府管制范围

反市场力量即为垄断力量或者反竞争的力量。这种力量会破坏市场经济的效率，毁坏市场经济的根基，导致市场"看不见的手"无法达到应有的自我调节作用，最终使资源难以实现优化配置。政府管制就是要制服这种反市场、反竞争的力量。如果我们的市场是按照完全竞争方式运行，那就基本不需要政府管制了。然而，不幸的是，现实经济世界很少会满足完全竞争市场的条件，所以政府对市场经济的管制就变得常态化了。

实际上，在现实经济生活中，政府管制无处不在，它包括对企业和个人行为方面。在个人行为方面受到的管制，如系安全带；劳动安全行为规定；交强险缴交与交通禁行；公共场所禁止抽烟与卫生行为规定；禁止行贿受贿；禁止证券从业人员欺诈、操纵与内幕交易；针对房地产投机行为的限购、限贷；等等。对企业行为方面的管制不仅仅包括传统意义上的反垄断，还包括公共产品价格的管制、食品药品质量与安全的管制、自然垄断行业的特许经营和环境污染的管制，等等。

当然，从政府对市场经济管制的范围来看，主要包括反垄断和经济管制，这也是本书对政府管制的界定。反垄断大家都比较熟悉了，但对于自然垄断行业就需要进行经济管制，现代市场经济中，由于各个国家都有反垄断法，因此完全垄断的市场已经很少了，通常意义上的垄断即指竞争的不完全或竞争的有限性。

但是，如果一种产品的生产或服务的提供由单个厂商来完成时成本最小，就可以说该产业是自然垄断产业。自然垄断产业不可能引入小企业进行竞争，这样做的结果反而会带来成本的提高，变得更不经济了。这些产业包括电力、自来水与天然气配送等。而由于制度或者行政引发的完全垄断，其性质与自然垄断类似，在这样的市场中，产品的供给者是唯一的，如我国的土地市场，地方政府是土地的唯一供给者。供方市场不存在竞争，由于产品或服务的唯一供给方垄断了市场供给，因此就有可能产生垄断价格。对于此类市场，则应该采取经济管制。经济管制被定义为"政府通过法律的威慑来限制个体和组织的自由选择"。① 它是指政府对产品供给者在价格、产量、进入和退出等方面的决策进行限制，政府经济管制的目的在于限制经济行为人的决策行为。

垄断者也许对自身是有利的，但是，这不等于它对国家、对社会是有效率的。当市场的供给者只有唯一一个时，供给者就会制定对自己有利的游戏规则。如土地出让市场尽管有"招拍挂"三种出让方式，但我国90%以上的土地都是采取激烈竞价的拍卖方式，其目的就是要卖高价，导致这些年"地王"频出。正是由于这种市场供给方拥有很强的定价力量。因此，在这样市场，价格管制是政府经济管制的重要手段。

价格管制或是为供给者指定一个特定的价格或是要求供给者在一定的范围内定价。② 若是政府认为一个被管制的垄断供给者定价过高，管制就会给产品或服务限定一个最高定价，当然，政府管制机构也可以通过管制供给者获得正常收益率的办法来达到控制价格的目的。

商品或服务的数量决定着市场的供求关系，进而会影响价格，因此数量管制成为政府经济管制的第二种手段。尽管数量管制没有价格管制那样那么直接地决定价格高低，但它也会明显地影响市场价格。数量管制可以管控供给者的供给量，也可以限制消费者的购买量，如对房地产的限购。这里应该注意的是，数量管制对价格的影响力没有价格管制的影响力大，因为价格管制对价格的决定力量是直接的。因此，如果企业具有定价力量，政府采取数量管制如限购来影响商品价格的力量相对就会弱，其最终对价格的影响力就要打折扣。

政府经济管制的第三种手段是进入与退出市场的管制。进入管制指限制企业

---

① Alan Stone, Regulation and Its Alternatives (Washington, D. C.: Congressional Quarterly Press, 1982), P10.
② W. 基普·维斯库斯等：《反垄断与管制经济学》第四版，陈甫军等译，中国人民大学出版社2010年版，第304页。

或消费者进入市场，如限制外国人或外地工作的人到本市投资购买房子。退出管制指限制企业或消费者退出市场，如不允许企业为了提价而捂盘惜售，这与电力或石油企业为了提价而断电或断供油气类似；当然，也不欢迎投机者持有房子一年就抛售而退出市场的现象存在。除此之外，政府经济管制的手段还包括对产品的质量和投资行为等方面的管制。

## 1.2　市场经济效率分析

### 1.2.1　经济效率

经济效率是指帕累托效率或者帕累托最优状态。这得从完全竞争的理论模型出发来讨论它，第 1.1 节中关于完全自由竞争市场的六个关键假定，一个重要的福利经济学定理就是基于这六个假定而产生，满足这六个关键假定的完全自由竞争市场就会达到帕累托最优，可以实现经济效率。帕累托最优即指这一完全自由竞争均衡不能被另外的均衡所替代。它可以用于定义最优资源配置，也就是对于某种既定的资源配置状态，所有的帕累托改进均不存在，任何改变都不可能在不损害一部分人利益的前提下增加另外一部分人的利益，则称这种资源配置状态为帕累托最优状态。可以通俗地理解帕累托最优状态是一种"好得不能再好"的状态，因为在帕累托最优状态下已经无法再通过改进变得更好的状态了。这种状态也称为经济效率或帕累托效率。

这种完全自由竞争市场被认为满足帕累托最优条件，该理想的完全自由竞争市场不需要政府的干涉或管制，因为这个完全自由竞争市场均衡最重要特征是，在所有的市场上价格等于边际成本。

### 1.2.2　竞争与垄断的效率

我们现在来分析上述完全自由竞争市场均衡的经济效率的形成过程。为了便于理解，如图 1-1 所示，假定以计算机市场为例来说明，图中显示计算机市场的供给曲线和需求曲线。首先回顾一下微观经济学的知识，竞争性行业的供给曲线是由无数单个企业的供给曲线的水平加总所形成，而单个企业的供给曲线又是其各自的边际成本曲线。因此，可以说图中的供给曲线也是行业的边际成本曲线。由于边际成本与产量的乘积等于总成本，所以边际成本曲线之下的区域即为相应产出的成本总量。例如，生产 $Q_0$ 单位的计算机，其总成本是 $OQ_0BC$ 区域（见图 1-1）。当然它不包括任何的固定成本。

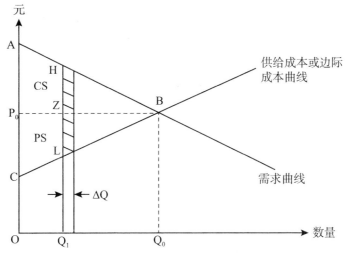

图 1-1　经济剩余计算

　　而在特定的假设下，需求曲线可以被看作是购买计算机消费者的边际支付意愿总和。[1] 例如，在竞争均衡点（$P_0$，$Q_0$）处，边际支付意愿 $P_0$ 刚好等于 $Q_0$ 处的边际成本。又由于边际支付意愿下的区域是总的支付意愿，即消费者愿意为 $Q_0$ 支付总量 $OQ_0BA$ 区域，将该总支付意愿减去总成本 $OQ_0BC$ 就得到总剩余 $ABC$ 区域。当然，总剩余可以分为消费者剩余 $ABP_0$ 区域和生产者剩余 $P_0BC$ 区域。

　　消费者剩余（CS）是指总的支付意愿减去消费者实际需要支付的数量。在此，消费者实际支付是由价格 $P_0$ 和产量 $Q_0$ 所决定的长方形 $OQ_0BP_0$ 区域，所以，图 1-1 中的 $ABP_0$ 就是消费者剩余。而生产者剩余（PS）是指该产业中企业的利润，它等于价格 $P_0$ 乘以产量 $Q_0$，再减去企业总成本 $OQ_0BC$，所以，生产者剩余为 $P_0BC$。

　　值得注意的是总剩余的最大化等同于消费者剩余和生产者剩余之和的最大化，接着我们将证明总剩余最大化就是选择价格等于边际成本的产量水平 $Q_0$。在图中，随意选择一个产量水平 $Q_1$，该产量会在价格 $Q_1H$ 处被出售。当然，在产量水平 $Q_1$ 上，边际支付意愿 $Q_1H$ 超过了边际成本 $Q_1L$，因此，在产量 $Q_1$ 处微量增加一个产量 $\Delta Q$ 就会使总剩余增加图中一条细长的阴影区域 HL，其宽度为 $\Delta Q$。由于随着产量增加，总剩余会继续增加，因此，该产量增加过程可延续直至 $Q_0$ 处。而超过 $Q_0$ 之后，产量增加会导致边际成本大于边际支付意愿，这时的产量增加会造成总剩余的减少。所以，产量从 $Q_1$ 增加到 $Q_0$ 处，总剩余增加最大值为 HBL 区域。推而广之，当产量从 0 增加到 $Q_0$ 处，价格等于边际成本时，总剩余最大化为 ABC 区域。

----

　　[1]　Robert D. Willig, "Consumer's Surplus without Apology," American Economic Review 66 (September1976): pp. 589-607.

关注 HBL 区域是有益的，它意味着总剩余有潜在增长的可能。但是，如果由于某种反市场力量即垄断者决定将产量限为 $Q_1$，并索取高价格 $Q_1H$，这就会造成一个 HBL 区域的"无谓损失"，[①] 这是反市场竞争的垄断力量造成的社会成本，它经常被称为垄断导致的"无谓损失"。若是没有反市场竞争的力量，竞争将会使价格等于边际成本，产生的总剩余为 ABC 区域，大于垄断情况下的 AHLC 区域。由于垄断导致消费者剩余有一个三角形 HBZ 区域的"无谓损失"，生产者剩余有一个三角形 ZBL 区域的"无谓损失"，因此，市场没有达到经济效率或者帕累托最优状态。

为了支持上述观点，可以使用一个例子来比较垄断与竞争的效率。图 1 - 2 显示一个典型的垄断与竞争的均衡点，假设反需求函数为 $P = 145 - Q$，为简单起见，假定平均成本 AC 不变，因此等于边际成本 MC，设 $MC = AC = 25$。由此，收入 $R = PQ = 145Q - Q^2$，则边际收益 $MR = 145 - 2Q$，如图 1 - 2 所示。

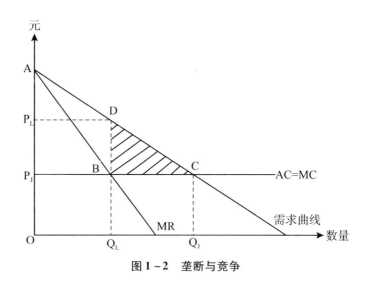

图 1 - 2 垄断与竞争

垄断者会选择 $MR = MC$ 利润最大化点 B 进行生产，则 $145 - 2Q_L = 25$，可求出产量 $Q_L = 60$，代入反需求函数可得 $P_L = 145 - Q_L = 85$。因此，在垄断情况下，消费者剩余 $ADP_L$ 区域为 $\frac{1}{2}(145 - 85) \times 60 = 1800$，生产者剩余或者利润 $P_LDBP_J$ 区域为 $(85 - 25) \times 60 = 3600$。则在垄断之下，二者合计的总剩余为 5400。

现在有一个管制政策打破垄断，并代之以竞争。假设成本没有改变，[②] 因此这个竞争行业的供给就是一条处于边际成本位置的直线。竞争均衡就在价格 $P_J$

---

① W. 基普·维斯库斯等：《反垄断与管制经济学》第四版，陈甬军等译，中国人民大学出版社 2010 年版，第 72 页。
② 垄断存在的理由也许是依靠技术进步而取得较低的生产成本，所以该假设现实中不一定能得到满足。

和产量 $Q_J$ 处，$Q_J = 145 - P_J = 145 - 25 = 120$。此时，消费者剩余扩大到 $ACP_J$ 区域，等于 $\frac{1}{2}(145 - 25) \times 120 = 7200$，生产者剩余则为零。在完全竞争之下，总剩余为 7200，高于在垄断下的总剩余 5400，说明垄断造成阴影面积 DBC（7200 － 5400 = 1800）的无谓损失。显然，竞争的全社会效率大于垄断下的效率。

该例中促进竞争的管制导致总剩余从 5400 增加到 7200，因此，该管制垄断政策对社会是有利的，应该被实施。但也应该看到，生产者剩余从 3600 降至 0，管制政策使垄断者受损，而消费者剩余则从 1800 增至 7200，增加 5400，也就是说消费者可以补偿垄断者 3600 的损失，仍然还有 5400 － 3600 = 1800 的净收益，即消费者对垄断者补偿后境况仍然比以前更好，得到帕累托改进。显然，相对垄断而言，竞争使经济效率提高了。当然，补偿原理表明补偿不需要实际进行，我们只要证明这种结果的合理性即可，政府可以通过税收方式来处理垄断者的损失。

## 1.2.3　垄断导致的无效率

垄断导致的第一种无效率就是前述的 "无谓损失"，也是最重要的无效率。垄断导致的第二种无效率被称为 X － 无效率，这是学者哈维·莱本斯坦在 1966 年关于该主题的著名论文而得名的。[①] 尽管我们在现实经济中会认为垄断者与完全竞争者在使用他们的生产要素时是有效率的，在每一产量水平上都实现了最小成本。但是，令人信服的是，竞争的压力会迫使完全竞争者使其成本最小化，而缺乏竞争会使垄断者的 X － 无效率成为可能，即垄断者可以在高于它的理论成本曲线的某一点运行。另外，由于大公司所有权与经营权分离，所有者与管理者之间有目标冲突，导致委托—代理成本永远不可能为零，在这种情况下，X － 无效率也会出现。

垄断导致的第三种无效率是指企业为了竞争垄断权而耗费的现实资源。这种资源是一种社会成本，也是福利的损失，例如为了竞争某项特许经营权，各企业会投入资源进行寻租，包括游说立法或政府管制机构官员的费用，以及说客和律师的劳动支付等，它是形成社会腐败的根源。我国早期的土地市场以及现在部分四线城市土地使用权的获取都或多或少存在寻租现象。对企业而言，寻租支出不应超过特许经营的垄断利润，即图 1 － 2 中 $P_L DBP_J$ 区域的面积。

由于垄断会破坏竞争，毁坏市场经济效率，它是反市场力量，所以需要政府反垄断。而对于自然垄断行业，为了减少垄断者导致的无效率损失，压制垄断企业的强势定价行为，也需要政府对垄断者进行经济管制，包括限制垄断企业定价等的经济决策行为。这就是政府管制市场经济的理由。

---

① Harvey Leibenstein, "Allocative Efficiency vs. X － Inefficiency", American Economic Review 56（June 1966）: pp. 392 －415.

# 1.3 政府管制理论基础概述

## 1.3.1 政府管制研究概述

国外关于政府干预经济研究最早可追溯到法国和英国重商主义学说强调的国家应该干预经济以积累财富的思想，随后的西方经济学说发展中关于政府与市场、管制与竞争则成为永恒的话题。管制或规制是英文 Regulation 的中译词，日本学者将其译为一个创造性词汇"规制"。管制简单地说就是由管制者实施的规范与制约（Wilcox，Shepherd，1979）。《新帕尔格雷夫经济学大辞典》解释为：管制指的是政府为控制企业的价格、销售和生产决策而采取的各种行动。植草益（日）定义管（规）制为"依据一定的规则对构成特定社会的个人和经济活动主体的活动进行限制的行为"。① 日本理论家的定义包含有私人管（规）制②领域。相对而言，美国的 Alan Stone 则主要是从公共管制视角下定义，是指政府通过法律的威慑来限制个体和组织的自由选择。③ 而国内学者王俊豪则从政府管制（government regulation 或 regulation）角度，定义为"具有法律地位的、相对独立的政府管制者，依照一定的法规对被管制者所采取的一系列行政管理与监督行为"。④ 政府管制本质上是政府干预市场行为，由于市场存在垄断、不正当竞争、内部性、外部性、公共产品、非价值物品、风险等微观经济方面自身无法克服的缺陷，政府通过控制进入、价格和质量控制等手段对市场主体（主要是企业）进行微观经济干预，以弥补市场缺陷，纠正市场失灵。从经济学、法学和政治学角度审视政府管制，更能理解其深刻的内涵。⑤ 由此可知，无论是翻译成管制还是规制，其都有政府依法管理、规范和限制个体与组织行为之意。

从微观经济学视角，政府管制或规制包括反垄断、经济管制和健康、安全与环境方面管制⑥，而对垄断市场的价格管制则属于反垄断与经济管制的范畴。经济理论界对于竞争不充分市场即垄断性市场进行管制或者规制早已得到全面共识，这方面的研究成果浩如烟海，主要有卡恩（Kahn，1970）教授的《规制经济学：原理与制度》，这是管制经济学之经典，随后有斯蒂格勒（Stigler，1971）

---

① 植草益：《微观规制经济学》，中国发展出版社1992年版，第1页。
② 私人规制是私人之间的行为约束，如父母约束子女的行为。
③ Alan Stone. Regulation and Its Alternatives. Washington, D. C.: Congressional Quarterly Press, 1982, P10.
④ 王俊豪：《政府管制经济学导论——基本理论及其在政府管制实践中的应用》，商务印书馆2001年版，第1页。
⑤ 吕少华：《政府规制改革的三种理论视角》，载《理论与改革》2005年第6期，第29～31页。
⑥ W. 吉帕·维斯库斯等：《反垄断与管制经济学》（陈甬军教授等译），机械工业出版社2004年版，第4～6页。

的《经济管制理论》（提出著名的斯蒂格勒途径）、山姆·佩尔兹曼（Sam Peltz-
man，1976）的 *Toward a More General Theory of Regulation*、植草益（1990）的
《微观规制经济学》、托里森（1991）的《管制与利益集团》、史普博的《管制与
市场》、伯吉斯（1995）的《管制和反垄断经济学》，以及从理论和实践上系统
阐述市场管制经济学的集大成者、由维斯库斯（Viscusi）、哈林顿（Harrington）
和弗农（Vernon，1992、1995、2000 和 2005 等四版）合著的《反垄断与管制经
济学》等。在管制实践中，管制者与被管制者之间的信息不对称易于造成政府管
制的失灵，为此，巴伦和迈尔森（Baron & Myerson，1982）的 *Regulation a Mo-
nopolist with Unknow Costs* 开始了激励性管制理论的研究，而拉丰和梯若尔（Laf-
font & Tirole，1993）的 *A Theory of Incentives in Procurement and Regulation* 将激励
理论和博弈论应用于管制理论分析则使管制理论的发展达到一个新的高峰，因
此，该书有管制经济学"圣经"之誉。

　　国外学者对政府管制的著述，主要是从政府管制的缘由、原理、方法和管制
效果等方面展开研究，并形成和发展了政府管制的市场失灵论、公众利益理论、
利益集团理论和新管制经济学理论。它们又与完全可竞争性理论和有效竞争理论
息息相关，而个别理论之间甚至是对立的，如在是否应该要政府管制上，公众利
益管制理论与完全可竞争性理论就是相悖的，尽管后来随着理论的发展，完全可
竞争性理论也开始认同政府管制的积极意义。正如所有理论都是在发展的，都要
经历实践的检验一样，政府管制市场经济理论也不例外，它也经历了一个从外生
变量到内生变量、从对称信息假设到不对称信息前提、从规范分析到实证分析再
到规范分析的发展过程。但是，值得一提的是似乎还没有哪个经济理论像政府管
制理论那样与实践结合的如此紧密，在有证可查的美国最早价格管制诉讼案是
1877 年伊利诺伊州政府管制粮仓和批发店的粮食垄断定价行为的诉讼案件，尽
管当时还没有经济管制理论可供支持诉讼，但政府价格管制胜诉的重要理由就
是：价格管制有利于公众利益。①

　　国内关于管制经济学研究起步较晚，它开始于 20 世纪 90 年代，是相伴中国
市场经济体制的建立与完善而生，主要研究集中在中国自然垄断产业的管制理论
与政策等方面的研究。从事这方面相关研究的学者有于立、陈甬军、王俊豪、夏
大慰、吕福新、余晖、张昕竹、王廷惠、史东辉、陈富良、肖兴志等等。他们的
研究成果提供了政府对住宅产业管制分析的一般理论，将对本研究有借鉴与参考
作用。

## 1.3.2　政府管制理论基础

　　为什么在市场经济条件下，要对某些产业或市场实行微观企业经济管制或规

---

① W. 吉帕·维斯库斯：《反垄断与管制经济学》，陈甬军等译，机械工业出版社 2004 年版，第 174 页。

制，美国如此自由的市场经济国家，政府为何要限制企业包括在价格、产量、进入、退出产业等的决策行为。① 政府经济管制理论基础可谓是伴随着市场经济的发展而发展的，其渊源起因随着政府管制实践过程大体可归结为几种理论或假说。

### 1.3.2.1 市场失灵论

市场经济的核心是竞争，竞争越充分越完全，则价格越能通过供求关系达到理想的均衡点，资源才能实现优化配置。反之，市场垄断程度越高，市场价格就越容易被垄断者操纵。几乎所有的微观经济学教科书都给出完全竞争市场的六个前提假设：（1）所提供的商品是完全同质的；（2）存在大量的买者和卖者，所有当事人都是价格的接受者；（3）所有资源具有完全的流动性，买者拥有商品的完全信息；（4）生产方程排除规模报酬递增和技术进步因素；（5）买者在给定的预算约束下偏好最大化，卖者在其生产函数下利润最大化；（6）市场实现竞争均衡，存在全部市场出清价格。福利经济学定理实现帕累托最优的前提条件则基于上述假设。但是，现实市场的复杂性很难满足上述这些条件，特别是有些完全竞争最基本的条件都无法满足，如存在价格垄断、外部性和信息不完备等，从而使价格偏离其竞争均衡点，② 导致市场失灵，此时，市场也偏离了帕累托最优标准。西方经济学家认为，市场失灵是指市场不能或难以有效率地配置经济资源。实际上，马克思也曾经指出价格关系是市场交易者之间的利益分配关系，③ 只有竞争充分的市场价格才能体现交易双方的利益和意志，④ 而现实市场不可能达到竞争充分，市场失灵导致价格偏高于完全竞争下的均衡价格，就会产生无谓的剩余损失，或者说是直接的效率损失。同样，如果市场中存在交易信息偏在（不对称），信息占优一方（供给方）为了最大限度地增进自身效用，通常会通过价格决定做出不利于另一方的行动，凡此种种，都会造成社会福利的损失。正如约瑟夫·E·斯蒂格利茨（1999）所言：由于现实中所有的市场都是不完备的，市场失效问题普遍存在，因此，政府把注意力集中在较大、较严重的市场失效情况上是比较合理的。⑤ 市场失灵下的价格经济管制思想暗含着逻辑指向是利用市场以外的力量——政府之手使价格复位，还其市场价格本来面目。

当然，由于微观企业成本与价格等信息政府不占优势，所以政府管制也会失灵，但是，市场反竞争的垄断力量就像一个坏孩子，不能因为管制可能会出错、会失灵，就放任坏孩子胡作非为而不管，有管总比没有管好。关键问题是要提高政府微观经济管制的科学水平与管理技术。

---

① W. 吉帕·维斯库斯：《反垄断与管制经济学》，陈甫军等译，机械工业出版社 2004 年版，第 172 页关于经济管制（或规制 regulation）的定义。
② 完全竞争市场的均衡点价格应等于产品的边际成本。
③ 马克思：《资本论》（第 3 卷），人民出版社 1975 年版。
④ 刘学敏：《价格规制：缘由、目标和内容》，载《学习与探索》2001 年第 5 期，第 54~60 页。
⑤ 转自约瑟夫·E·斯蒂格利茨：《社会主义向何处去》，吉林人民出版社 1999 年版，第 48~49 页。

### 1.3.2.2 政府管制的公众利益理论

公众利益理论是从传统福利经济学角度出发，认为政府是为公众利益服务的。尽管该理论初始也是基于市场失灵的假说，但是，随着政府经济管制实践的深入，其管制范围变得更为宽泛。后来，公众利益理论判定政府实行价格经济管制的前提标准是只要它有助于公众利益。此理论的经典诉讼案是美国1934年的"牛奶价格案"，纽约州政府对牛奶的零售价格进行了管制，当时被告方认为牛奶业属于竞争性行业，不是自然垄断的公用事业行业，提出州政府的价格管制缺乏根据。但是，美国最高法院最终排除了对经济管制构成的宪法障碍，判定纽约州政府胜诉，判决的标准是政府有权采取任何被合理地认为有助于公众福利的经济政策。① 随后价格经济管制常出现在公众要求对诸如信息不对称下的价格欺诈或行业暴利的纠正方面。因此，该理论暗含利益关系使市场自我约束的力量变得脆弱，政府价格经济管制是一种正常的纠错反应，以尽可能地恢复竞争机制和减少市场失灵造成的损害。尽管如此，该理论还是面临实践操作上的困惑，即它缺乏公众对价格经济管制启动机制的具体说明，正由于此，"何时该出手"的问题使该理论更多地要运用规范分析。由于公众利益理论以规范性的"追求社会福利最大化"来解释政府管制如何产生这一实证性问题，因此，人们也称其为"对实证理论的规范分析"（NPT, Normative Analysis Positive Theory）。该理论同时也承认政府管制的不完全信息和不确定性等一些难以驾驭的因素会引起政策结果可能背离政策目标，从而导致政府管制失灵。因此，后期的研究并不强调管制政策必须达到效率最大化，该理论甚至提出了一个弱化的公众利益论形式，认为只要管制政策确实源于市场失灵，并且采取了当时可选择的最有效的管制措施，结果就是有利于公众利益的（Leivine, 1981）。② 后期进化的公众利益论坚持认为政府管制的目标是纠正市场失灵和追求社会福利最大化。

### 1.3.2.3 政府管制的集团利益理论

集团利益论经历了一个早期理论和后期理论的演变过程，早期理论又称为"俘虏理论"（Capture Theory, CT）。由于美国的经济管制实践已经大大超出自然垄断、外部性等市场失灵范畴，许多既非自然垄断，也没有受外部性影响的行业，如美国的货车运输业、出租车行业和证券业等都存在政府的价格和进入退出管制。经济学家通过对美国长期的经济管制经验证据分析发现，管制并不是和外部不经济、垄断的市场结构等市场失灵紧密相连的（波斯纳，1974）。③ 经验规

① W. 吉帕·维斯库斯等：《反垄断与管制经济学》，陈甫军等译，机械工业出版社2004年版，第175页。
② Levine, M. E., Revisionismrevisited? Airline deregulation and the public interest. Journal of Lawand Contemporary Problems, 44 (1981), pp. 179-195.
③ Richard A. Posner, Theories of Economic Regulation. in Bell Journal of Economics and Management Science5 (Autumn 1974), pp. 335-58.

律发现了美国产业经济管制有益于企业，管制总是趋向于提高产业利润，这种经验观察导致了管制俘虏理论的产生。俘虏理论认为，管制的供给是应行业的管制需求，即立法者被行业利益集团所俘虏；或者随着时间的推演，管制机构最终被行业所控制，即政府管制者被行业利益集团所俘虏。管制的结果也将因利益集团竞争而偏离最初的目标（Marver H. Berstein，1955）。① 严格来说，"俘虏理论" CT 不是一个理论，仅是一个假设，它没有解释清楚利益集团是如何俘虏管制者的。另外，受管制影响的利益集团还包括企业、消费者和劳动者等，管制为何不受其他利益集团的控制而是被企业集团所俘获确没有说明。

后期的"管制经济理论"进一步分析了此现象，诺贝尔奖得主乔治·施蒂格勒（1971）在其《经济管制理论》中指出，为了获得政治支持，管制立法更可能倾向于少数者的利益集团。由于人数少，其人均受益就多，因此少数者利益集团就有动力投入资源②去影响管制立法。反之，人数占多的多数者利益集团由于人均受益少，利益偏好不明显，而且会存在"搭便车"的现象，因此，在经济管制立法上它将处于不利的地位。施蒂格勒分析的首要前提是将经济管制当作经济系统的一个内生变量③来看待，管制是一个特殊的资源商品。在他看来，属于理性经济人的利益集团可以通过公共选择，获取政府管制的供给来实现其利益最大化，这一点与公共选择理论如出一辙。由于施蒂格勒将经济管制当作商品，因此，管制就可以用商品的供求规律和成本收益来分析。后来，山姆·佩尔兹曼继续施蒂格勒的研究工作，佩尔兹曼构建的模型至少得出以下有意义的结论:④ 在相对竞争或相对垄断的产业实行价格经济管制会使利益集团受益最大。原因是模型中的政治支持函数和产业利润曲线相切点的均衡管制价格位于这两种极端情况（管制是偏向政治支持的选民还是偏向企业集团）的中间，两个极端价格距离管制价格都大，从而加大了管制获益空间，高于过度竞争价格的管制会使生产者受益，而低于垄断价格的管制会使消费者（选民）受益。现实情况中的价格经济管制也多有平衡利益之意，如在需求低迷时偏于保护生产者，而在市场过热时，偏于保护消费者。⑤ 因此，管制经济理论暗含着以下基本结论：在存在垄断、信息不对称等的市场失灵部门或产业，通过政府价格经济管制，可以使消费者的社会福利得以增进。

### 1.3.2.4 新管制经济学理论

在以上的研究中，都是假定政府管制机构与被管制企业之间是一种对称信

---

① Marver H. Bernstein，Regulating Business by Independent Commission. Princeton，N J：Princeton Univ，1955.
② 通过选票和金钱等给具体经济管制立法者予政治支持，最终达到立法有利于自己。
③ 有别于前面两个分析将政府经济管制当作市场经济系统的外生变量来看待。
④ Sam Peltzman，Toward a More General Theory of Regulation. Journal of Law and Economics 19（August），1976.
⑤ 植草益：《微观管制经济学》，中国发展出版社 1992 年版，第 13 页。

息博弈，即商品成本与价格等信息是透明的，而实证研究表明，管制与被管制者之间存在着信息不对称与目标不一致。近期的研究以此为前提，开始把管制问题当作一个委托—代理问题来处理，通过设计激励企业说真话的管制合同以提高管制的效率，这种激励性管制理论极大地促进了管制理论的发展，被称为新管制经济学理论，其代表人物有让·雅克拉丰和让·梯若尔及马赫蒂摩，该理论认为，一个令人满意的管制理论应该反映管制者和被管制者所面临的信息结构、约束条件和可行的工具。信息结构和可行的价格管制方案应该尽可能地反映可观察到的成本和合约成本，可行的工具和约束条件与产权和法律相吻合，而且管制理论应将产权结构和法律作为内生变量加以分析，而非简单地外生给定。① 新管制经济学最大的特点是将激励问题和价格博弈论引入到管制问题的分析中来，将管制问题作为一个最优设计问题，在管制者和被管制者的信息结构、约束条件与可行工具的前提下，分析双方最优行为，并将管制问题内生地加以分析。②

　　上述回顾了西方市场经济的经济管制理论。值得一提的是市场失灵的另一面是政府失灵，正如布坎南（Buchanan，1989）所言，20 世纪中叶出现的福利经济学理论就是"市场失灵理论"，而在 20 世纪下半叶出现的公共选择理论则是"政府失灵理论"。既然二者都会出现失灵，因此，纯粹选择市场或纯粹选择政府都是不完善的经济制度，经济转型国家还需要"政府培育市场经济本身"（大野，1996）。实际上，目前争议的焦点倒不是要不要政府介入市场，而更多关心政府介入什么、介入程度如何的问题（鲍莫尔，2000）。价格经济管制不是代替市场经济，而是对市场经济的补充，在管制"度"的把握和管制的科学管理技术水平上就显得很重要。《中国青年报》报道③了一个中国官员在美国顶岗期间亲眼目睹代表美国政府的佐治亚州公共服务委员会工作人员在核算 AGL（亚特兰大燃气和照明公司）账目，美国政府之所以关注 AGL 的成本，是为了控制燃气产业的垄断利润，因为这样的产业不可能展开充分的自由竞争。美国政府一般会定出固定的利润率，规定垄断企业根据这个利润率和成本来制定商品或服务的价格，所以成本成为政府价格经济管制的关键所在。反观国内的价格听证会，由于成本信息没有掌握，政府往往拿企业的成本项没辙，最终也就无法有效地制定企业的管制价格了。

　　因此，作为经济转型国家政府更应该考虑如何提高自身的经济管理技术水平，以经济理论和方法来管理市场经济，而不是停留在"管"即是计划经济、"不管"才是市场经济的老旧思维定式上。思想观念不转变，住宅价格经济管制就容易被市场中具有垄断力量的利益集团所左右。

---

　　① 让·雅克·拉丰，让·梯若尔：《政府采购与规制中的激励理论》，三联书店 2004 年版，第 62 ~ 68 页。

　　② 让·雅克·拉丰，马赫蒂摩：《激励理论：委托—代理模型》，上海人民出版社 1998 年版。

　　③ 徐百柯：《星条旗旁的红色干部：赴美考察岗位实习报告》［EB/01］．http：//www．southcn．com/ news/china/kx/200607260661．htm，2006 – 7 – 26．

### 1.3.3 住宅价格政府管制的含义与范围

关于管制的含义前面已说明，这里不再赘述。本书界定住宅价格经济管制的含义为：为了避免损害消费者利益和导致社会福利损失，对存在垄断性、信息不对称和外部性的住宅市场，政府依法管理、约束和限制企业或中介组织的定价决策行为。① 住宅价格经济管制的目的是为了维护住宅市场经济秩序，建立市场稳定健康发展的长效机制，实现资源的优化配置。

从经济学视角，政府管制分为反垄断和经济管制（社会管制包括健康、安全与环境方面）。植草益将经济管（规）制定义为"是在存在着垄断和信息偏在问题的部门，以防止无效率的资源配置的发生和确保需要者的公平利用为主要目的，通过被认可和许可的各种手段，对企业的进入、退出、价格、服务的质量以及投资、财务、会计等方面的活动所进行的管制"，② 该定义长而全面。相比较而言，维斯库斯等下的定义③更为简洁明了，它是指"政府对企业在价格、产量、进入和退出等方面的决策进行限制"。④ 两定义都明确指出经济管制的对象是企业，属于微观经济的管制范畴，尽管后者定义言简意赅，但是定义中没有指明经济管制的范围边界。

在经济管制的范围边界上，植草益定义明确指出是存在着垄断和信息偏在问题的部门。而维斯库斯等的界定尽管没有指明，但从其书中研究的思路指向上看，传统的经济管制主要针对具有自然垄断特征的公用事业部门，这在美国宪法中也给予明确下来。然而，1934 年美国最高法院冲破了宪法对经济管制的边界约束，判定纽约州政府可以对内伯亚牛奶的零售价格（牛奶业不属于公用事业）进行经济管制。自此，美国经济管制的边界就被定得更宽了，其标准是只要有助于公众利益，经济管制就是对的。⑤ 到 20 世纪 70 年代，美国经济管制的实践已经扩展到许多重要的行业，而且在 1909～1990 年间，曾经历了三次管制与放松的浪潮，其中许多行业被管制了，而许多行业又被放松管制了。正如美国经济史学家维尔特（Richard Vietor，1994）⑥ 所言管制实施或解除的行业可归因于经济的冷热与政府的相互作用结果。

经济管制包含价格管制，国内学者认为价格管制是政府从资源有效配置出发，对价格（或收费）水平和价格体系进行管制，其目的是在一定程度上恢复价

---

① 经济管制的核心是价格经济管制，由于管制成本的原因，政府不可能限制垄断企业的价格、产量、质量等每一项决策，而且也要让市场自身的力量发挥作用，有证据显示美国航空价格管制后，市场力量使公司从价格竞争转向服务质量竞争。

② 植草益：《微观规制经济学》，中国发展出版社 1992 年版，第 22 页。

③ 维斯库斯等合著的《反垄断与管制经济学》（第三版）原著由美国麻省理工学院出版社出版，是美国大学的经济学教科书，因此书中对经济管制下的定义具有一定的权威性。

④ W. 吉帕·维斯库斯：《反垄断与管制经济学》，机械工业出版社 2004 年版，第 172 页。

⑤ W. 吉帕·维斯库斯：《反垄断与管制经济学》，机械工业出版社 2004 年版，第 175 页。

⑥ Richard H. K. Vietor. Contrived Competition：Regulation and Deregulation in America ［M］. Harvard University Press. 1994.

格的本性，使它能够确实反映资源的稀缺程度（刘学敏，2001 等）;[①] 有的学者认为在市场存在垄断状况下，应采取价格申报、价格评审、价格监督以及规定价格波动幅度等方式进行管制，它不等于政府直接定价，管制目的是避免企业攫取垄断利润，扭曲社会分配效率。同时，只要竞争充分，政府就应该放松价格管制（王俊豪、2001;[②] 戴哥新，2003[③] 等）。目前理论界对垄断性市场进行价格管制基本达成共识，由于住宅市场存在垄断，因此就必须对住宅价格进行经济管制。实际上，正是现实经济世界中，很难满足完全自由竞争的市场条件，所以价格管制广泛存在于市场经济活动中，只要市场竞争机制的作用不充分，就应该进行价格管制。

---

① 刘学敏：《价格规制：缘由、目标和内容》，载《学习与探索》2001 年第 5 期，第 54～60 页。
② 王俊豪：《对我国价格管制与放松价格管制的理论思》，载《价格理论与实践》2001 年第 2 期，第 11～12 页。
③ 戴哥新：《论市场化进程中的价格管制》，载《社会科学研究》2003 年第 5 期，第 40～42 页。

# 第 2 章

# 房地产市场结构、定价与管制

## 2.1 房地产市场结构分析

### 2.1.1 土地市场供给的完全垄断

要分析中国房地产市场，就离不开土地市场，为此，我们有必要先了解中国的土地市场。随着十一届三中全会以后社会主义市场经济的深入发展，土地作为市场经济中重要的资源要素，很难再无偿无期限地使用下去，否则，将无助于资源的合理配置，对市场经济发展不利。基于此，1987~1988 年中国城市开始将土地所有权与使用权相分离，中国宪法修正案赋予土地使用权独立、明晰的权利，可进行流通交易，实行城市土地使用权批租出让与转让制度。也就是说，各城市地方政府可以代表国家作为土地所有权人将一定年限内的城市土地使用权出让（租）给土地使用者，并且收取相应的土地出让金或地租。由此，中国城市建立了土地使用权出让市场。

中国土地一级出让市场中，土地供给者高度集中，唯一的供给方是城市地方政府。目前，在土地"招拍挂"制度下，经营性住宅用地使用者基本上是通过出让方式从城市地方政府手中获得。[①] 由此说明，城市住宅用地出让市场是供给完全垄断的市场（如图 2-1 所示）。

为了更好地控制土地供给，调节土地供给规模与节奏，各城市还建立了土地收购储备制度，根据市场情况，地方政府可适时征用、开发、储备、供应和收购、收回、置换土地。因此，作为土地市场的唯一供给者，决定了以地方政府作为参与方的土地市场是个不完全竞争的市场，即它不是一个严格意义上的市场，地价自然难以通过市场经济的供求关系方式形成。土地的垄断市场结构特征也决定了在土地出让中地方政府如果仅仅作为追求土地收益最大化者而不是作为市场管理者和经济发

---

① 这些年也存在少部分开发企业兼并破产房企或进行开发项目合作方式获得土地开发权。

展长期利益维护者的话，将会使地价畸高，使购房者的社会福利严重受损。

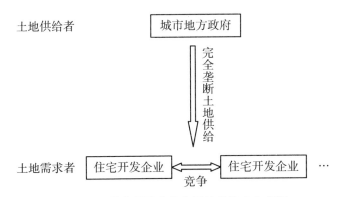

**图 2 - 1　住宅用地出让市场的供给完全垄断**

中国人民银行公布的《2004 中国房地产金融报告》中分析认为，对地方政府经营土地缺乏有效制约导致了房价上涨。当前中国地方政府在住宅用地市场中扮演双重身份，既是土地市场的监管者又是土地的供给者，作为前者要代表社会公众利益，寻求解决中低收入家庭住房问题的良策，不希望地价太高。作为后者又希望土地卖出高价，增加财政收入，以缓解地方沉重的教育、医疗和社会保障等公共开支。五年一任期的地方官员，其未来的升迁与经济政绩有直接关系，而以 GDP 为核心的地方政府政绩考核体系引致出"GDP 崇拜"、"政绩工程"、"面子工程"等。地方政府要拉动 GDP 增长最直接的手段就是投资和招商引资，如果靠优化地方各方面环境，通过吸引投资增加税收来获得财政收入，速度就太慢了，等自己辛辛苦苦培养的企业能够为财政做贡献的时候，成绩已非自己。而且，要搞政绩工程还得要有钱，眼前能够立竿见影既增加财政收入又对 GDP 有较大贡献的手段只有一个，那就是经营城市的土地财政。地方政府为了让土地能够卖得出去，而且能卖个好价钱，不遗余力在诸如"城市化"等各种旗号下，加大城市拆迁力度，提高拆迁补偿标准，从成本上推高房价。同时，拆迁又可创造住房需求，保持市场持续的繁荣，以维持房地产市场高涨的表象。

在中国，地方政府以地生财，70 年住宅土地使用权财政收入由一届政府占用的制度安排，使地方政府成为房地产市场膨胀的直接受益者。在土地"招拍挂"方式下，地方政府是土地的唯一卖家，目前土地基本上是按照价高者得的拍卖方式出让，导致"地王"频出。作为有限的土地资源，地价上涨必从成本上推动房价的上涨，因此形成了高地价—高房价—再到高地价的"怪圈"，只要不断抬高出让土地的价格就可以使房地产价格不断上涨。一旦房地产价格走软，一些地方政府就会减少土地供应，抬高单位土地的价格，造成地价不断上涨的假象。

而为了利用有限的土地资源，地方政府甚至取消经济适用房建设。上海是全国第一个取消经济适用房的城市，杭州的做法也很有意思，把经济适用房建在离市中心 25 公里以外的地方，以维护西湖周围的高房价。另外，地方政府与开发商站在一起，它们用部分公共利益与开发商作交换条件，如减免部分土地税费、"空转"部分土地拍卖费以换取道路的修建、变相提高楼盘的容积率等等。而得到种种"优惠"的垄断开发企业却不会因成本降低而压低房价，相反与地方政府一唱一和，以周边公共基础设施的改善为由炒高房价，[①] 加速房价的失效。同时，地方也控制舆论宣传，强调本地房地产市场还是良性的没有泡沫，而罔顾房价与居民收入已经严重脱节。

很显然，地方政府不同于市场中利润最大化者——房企，在代表国家行使城市土地所有者权益，经营管理城市土地时，应该要有长期经济发展思维。作为中国土地市场唯一的供给者，地方政府垄断土地供给，这与垄断水、电等公用产品供给一样，水、电与土地一样都是稀缺资源，而且住宅、水、电等都是老百姓的生活必需品，政府对水、电价格还进行管制，没有让水、电价格炒上天价，那为何却允许 70 年使用权的土地价格炒上天？若是将水和电价格分别炒上每度和每吨 1 万元，用不起，给你停水、停电，社会还不乱套了？我们知道市场经济与垄断是对立的，也就是土地、水、电都不能用市场经济方式处理，对垄断市场就必须要进行价格管制。若炒高土地是为了土地财政收入，我们可以进行改革，将土地与房屋合并起来收税等方式来解决财政收入问题。实际上，一块土地用于实体经济用途，每年还会带来税收收入和增加就业，而用于住宅开发，这块地就基本"废"了，未来 70 年甚至更长，它都不会给地方经济带来任何益处，而现在许多城市还热衷于住宅建设，大量土地就这样被用于住宅用途了，未来城市经济的支撑点在哪里？地方政府唯有扮演好城市社会公共利益维护者角色，才能建立起房地产市场长期稳定健康发展的机制。

## 2.1.2 房地产区位市场的寡头垄断

根据产业组织理论，决定市场结构的因素包括：市场集中度、产品差异性、市场进出壁垒以及市场需求增长率、市场需求价格弹性、短期固定费用和可变费用比例等。但是，由于住宅产品开发生产的特殊性，因此，决定住宅市场垄断竞争结构的重要因素是市场集中度、产品差异性、市场进出壁垒以及单个住宅项目开发销售的非连续性和住宅需求价格弹性。

### 2.1.2.1 住宅产业市场集中度

住宅产业市场集中度是用于表示在住宅产业或市场中，开发企业具有什么样的相对规模结构的指标。市场集中度指标有企业集中化指数、荷芬达尔指数、熵指数以及基尼系数等，通常以市场中处于前 4 位或前 8 位企业的生产、销售额或资产总额等在整个市场中所占有的比例作为企业集中化指数指标，用 CrN（N = 4、8）表

---

示，即 $CrN = \sum_{i=1}^{N} Y_i / \sum_{i}^{n} Y_i$ ，Y 为企业的生产、销售额或资产总额指标。

根据贝恩的市场结构分类法，Cr8 < 40% 的为竞争型市场，Cr8 > 40% 的为寡占型市场。比较成熟的房地产市场，其市场结构是寡占型的，有数据显示，自 20 世纪 90 年代中期以来，香港房地产市场 Cr10 就一直稳定在 80% 以上。[①]

一般情况下，分析市场集中度高低、判断市场垄断程度强弱以及制定相关的价格管制政策等，都必须基于市场的地域边界，[②] 否则理论就会与实际相脱节。对房地产市场而言，其地域边界是本地城市，如北京、上海、福州等，这源于土地位置的固定性，使得上海的住宅项目就不会与北京的进行竞争，即使北京的房子比上海便宜，也无法吸引上海市民到北京买房消费，达到通过市场机制平抑上海房价的效果。所以，各城市房价差异大是正常的，因为住宅市场首先是以各地方城市为边界的市场，不同市场的房价会有所不同。

以城市为边界的住宅市场中，还存在着城市东、南、西、北角和市区中央等住宅板块之间的区别。在上海就曾有"宁要浦西一张床，不要浦东一间房"的说法，自然屏障"江"分割开了两个住宅市场，这是因为在黄浦江的西边基础设施齐全，生活便利，可减少就学、出行等成本，所以房价自然会高，而江的东边就相对没有这么便利了。

2016 年 10 月，福州市区闽江北岸形成的江滨住宅板块均价就比闽江南岸的闽侯板块高了 21970 元/平方米（见表 2 - 1）。因此，在城市市区中，因地段与区位的不同，从而形成了不同商品住宅竞争类型的细分市场，即所谓的城市住宅区位市场，本书将区位市场定义为城市市区中具有同一区位供求范围内、有一定替代竞争关系的相类似住宅项目群。[③] 不同区位板块的开发项目之间明显缺乏竞争，具体表现在住宅项目的价格、供求数量和价格弹性等方面存在很大差异（苗天青、朱传耿，2005）。

表 2 - 1　　　　　　　　　福州部分区位板块房地产均价　　　　　　　单位：元/平方米

| 2016 年 | 市中心 | 江滨 | 西区 | 东区 | 闽侯 |
|---|---|---|---|---|---|
| 8 月 | 30141 | 25162 | 17000 | 18248 | 10960 |
| 9 月 | 28283 | 25086 | 18898 | 16917 | 12403 |
| 10 月 | 29747 | 34848 | 18756 | 19945 | 12878 |

由于开发商开发的住宅项目多是与同一板块中相邻区域的住宅项目进行竞

① 苗天青：《房地产产业组织优化：中国香港经验及其对内地的启示》，载《经济体制改革》2005 年第 4 期，第 156 ~ 159 页。

② 苗天青、朱传耿：《中国房地产市场的地域特征分析》，载《经济地理》2005 年第 3 期，第 325 ~ 329 页。

③ 当然同一板块中有高档房与低档房、别墅与普通住宅之分，尽管它们在同一区位供求范围内，但是它们是不相同住宅群，不具有相互竞争性，因此，在同一板块中要将其区分开。

争，即所谓的"环形竞争"。这与垄断竞争不同，环形竞争只是相邻的个别少数楼盘之间的寡头垄断博弈。以福州市为例，检验住宅市场的卖方集中度，由表2－2中数据可见，城市市区住宅板块市场占有率 Cr8 高于40%。而目前伴随着城市土地越卖越少，相邻可竞争的开发楼盘也相应变少，现在 Cr8 高于50%已经没有问题，寡头垄断市场特征就越发地明显。

表2－2　　2000～2005年福州住宅市场各区域板块销售额前8名市场占有率　单位：%

| 年份 \ 板块 | 福州市住宅区域板块市场的集中度Cr8 | | | | | |
|---|---|---|---|---|---|---|
| | 台江板块 | 仓山板块 | 晋安板块 | 马尾板块 | 东区（鼓）板块 | 西区（鼓）板块 |
| 2000 | 42.11 | 69.03 | 58.3 | 58.06 | 51.19 | 43.96 |
| 2001 | 42.11 | 74.16 | 46.32 | 43.56 | 48.81 | 52.52 |
| 2002 | 48.32 | 79.72 | 54.55 | 66.38 | 48.13 | 46.01 |
| 2003 | 55.8 | 73.46 | 42.74 | 73 | 48.56 | 49.92 |
| 2004 | 50.12 | 70.65 | 77.13 | 50.28 | 54.73 | 59.62 |
| 2005 | 62.86 | 55.46 | 40.03 | 71.31 | 50.63 | 58.93 |

资料来源：福州房产交易中心住宅交易原始数据笔者整理。

#### 2.1.2.2 房地产产品的差异性

房地产产品差异性是指不同开发企业所提供的产品具有的不同特点和差异。由于产品差异越大，替代性就越弱，企业制定高价时，就不会使多数消费者转购竞争对手的商品，企业就越易成为有效的垄断者，并索取垄断高价。因此，寡头理论的探讨往往离不开产品差异性。[①] 住宅是差异性程度极高的产品，主要有以下缘由：首先是土地地理位置的固定性，导致任意两个开发项目位置存在差异。其次是不同住宅产品设计迥异，导致产品差异很大。住宅项目设计通常与环境景观相结合，如中国文化以为"水"可运财，依水而筑、择水而居则成为中国居住环境固有的特色，为此，伴水建筑设计的有海景、江景和河景等楼盘；而利用山地良好的自然景观创造具有绿色、生态和田园等"天人合一"的生态意境也是住宅建筑的一大风格，这就有依山而建的山庄。当然，也有将小区设计为花园式楼盘的，或设计成教育、运动、文化、大自然森林和 CBD 或 CLD 等概念楼盘。至于室内设计与装修的不同那更使住宅产品千差万别。再次是住宅开发项目生产过程的个别性，导致了住宅产品的独一无二性。表现在不同开发项目的市场调查、投资决策、融资、建设、营销等各种经营行为与经验很难复制或移植。最后是住

---

宅产品个别物理上差异，表现在家装与周边配套环境的不同上。

我们可以把房地产的差异性想象成各种各样的水果一样，水果有苹果、梨、香蕉等等，其口味不同，价格迥异。住宅产品也是这样，差异性很大，这种差异性促成了住宅市场的非价格竞争，由于任意两套住宅商品都不同，其价格也不相同，使产品之间的替代程度弱化，价格竞争大为降低，这破坏了完全竞争市场格局，说明住宅价格是在不完全竞争下形成的。住宅产品差异性同时会提高市场集中度和项目相互间竞争的进入障碍，使住宅市场结构向寡头垄断方向演进。

### 2.1.2.3 住宅市场进入壁垒

经济学家贝恩认为进入壁垒是和潜在的进入者相比，市场中现有企业所享有的优势，该优势表现在现有企业可以持久地维持高于竞争水平的价格而没有导致新企业的进入。[①] 而构成房地产业进入壁垒最主要的因素则是高额的土地成本。

房地产业属于资金密集型行业，现在一个住宅项目需要几十亿元的投资，大项目仅土地费用就达到几十亿元，多的达到百亿元以上。特别是在我国实行土地"招拍挂"制度后，土地上投入的资金成本更大，如2016年8月17日，融信中国以110.1亿元的价格在土地拍卖中摘得上海静安区中兴社区两幅地块，楼面价格为10.03万元/平方米，这个价格刷新了全国的单价地王纪录。此前，信达地产公司5月在杭州拍下滨江地王，地价更是高达123亿元。[②] 这些年，各城市地价越拍越高，可以看出房地产行业高的资本进入壁垒，没有一定经济实力的开发企业将被"挡在"市场之外。这种高的资本进入壁垒导致只有少数几家大企业才有能力进入并瓜分市场。

### 2.1.2.4 单个住宅项目开发销售的非连续性和缺乏住宅需求价格弹性

单个住宅项目开发销售的非连续性和缺乏住宅需求价格弹性是导致房地产市场垄断的独特决定因素。一方面，由于住宅商品的生产是按整个开发项目而非按套按"小批"进行，相比较而言，从生产流水线下来的一般商品具有生产的连续性，其生产经营的时间跨度也很长。而住宅生产是非连续性的，按照单个项目进行，通常中等规模的单个住宅开发项目建造时间是一年左右，且可提前预售。由于生产的非连续性，使得住宅商品的供给总是滞后其市场需求。这种生产特点压抑了市场需求，容易通过捂盘惜售、蓄客等方式的炒作提前催热市场，造成供给紧张，这也是市场中"日光盘"与"月光盘"比比皆是的原因之一。另一方面，它也为房企之间通过"串谋"控制推盘节奏提供了充裕时间。市内同一区位板块的相互竞争楼盘之间，可以错开开发销售时间，避免直接的竞争。

住宅市场需求价格弹性指买方需求对房价的敏感程度，即当房价上涨一个百分点时，住宅需求降低多少个百分点，若降低少于一个百分点，则缺乏弹性。由

---

① 苏东水：《产业经济学》，北京高等教育出版社2000年版，第135页。

② 参见 http://news.qq.com/a/20160817/028155.htm；http://www.jiemian.com/article/939322.html。

于"住"是基本生活需求，加上中国人宁可买房也不愿意租房的消费理念，所以由"住"引致的住房刚性需求无法抑制，导致住宅商品缺乏需求弹性。更有甚者，在市场投机热炒下，促使房价不断攀升，买方因担心好地段位置的房子买不到而争先抢房，市场需求反而激增，进一步加剧房价的上涨，其结果自然打破了完全竞争的定价模式，价格已受市场定价强势的垄断力量所控制，想通过供求关系的调控政策来调节房价已经不现实了。

　　上述四个方面决定住宅项目并没有进行有效的竞争，导致房地产市场呈现寡头垄断市场特征。国内学者采用理论模型或实证检验方式对中国住宅市场结构进行过研究，如况伟大（2004）① 和李宏瑾（2005）② 通过实证分析，测算出近年来我国房地产市场的集中度指数均在 0.4 以上，以此说明该市场存在垄断力量。沈悦、刘洪玉（2004）③ 则从住宅价格与经济基本面关系方面进行实证研究，得出中国住宅市场并不符合有效市场假说的结论。而平新乔和陈敏彦（2004）经过研究后认为目前的房价与垄断程度有显著正相关关系。④ 苗天青则直接将市场当作区域性寡头垄断市场来看待，⑤ 以此分析企业定价行为，并通过分析中国香港房地产业高度集中的市场结构，认为香港房地产市场开发商较强的盈利能力是以高房价和消费者的低居住水平为代价的，该现象值得内地房地产业的反思。⑥

## 2.2　寡头、串谋与管制政策

### 2.2.1　寡头定价理论

#### 2.2.1.1　古诺定价

　　寡头是指只有少数卖者的产业。在一个城市，某个区位、某个时间段内，房地产新开发项目就是为数不多的三四个楼盘，这些相邻楼盘的房企之间会考虑竞争对手的推盘量、推盘时间与定价行为，因此，它属于区位寡头垄断市场。下面，我们将通过经典的寡头市场古诺模型（双寡头模型）来分析企业定价行为。

　　为了对比完全垄断定价，我们先回顾第一章图 1 - 2 中的完全垄断均衡，价

---

　　① 况伟大：《空间竞争、房价收入比与房价》，载《财贸经济》2004 年第 7 期，第 79 ~ 86 页。
　　② 李宏瑾：《我国房地产市场垄断程度研究——勒纳指数的测算》，载《财经问题研究》2005 年第 3 期，第 4 ~ 11 页。
　　③ 沈悦、刘洪玉：《住宅价格与经济基本面：1995 ~ 2002 年中国 14 城市的实证研究》，载《经济研究》2004 年第 6 期，第 78 ~ 86 页。
　　④ 平新乔、陈敏彦：《融资、地价与楼盘价格趋势》，载《世界经济》2004 年第 7 期，第 3 ~ 10 页，第 80 页。
　　⑤ 苗天青：《我国房地产开发企业的价格行为分析》，载《华东经济管理》2004 年第 6 期，第 47 ~ 51 页。
　　⑥ 苗天青：《房地产产业组织优化：中国香港经验及其对内地的启示》，载《经济体制改革》2005 第 4 期，第 156 ~ 159 页。

格为 $P_L = 85$ 元，产量是 60，垄断利润 $P_L DBP_J$ 面积为 3600 元，其中需求曲线为 $Q = 145 - P$。现在引入两家寡头企业，分别用企业 1 和企业 2 表示。为使分析简化，假定两企业拥有不变的边际成本 25 元，并生产相同产品，古诺模型中的寡头企业进行的是产量选择博弈，通过产量博弈来定价。若企业 1 和企业 2 的产量选择分别为 $Q_1$ 和 $Q_2$，$Q_g = Q_1 + Q_2$。由市场需求曲线可知，$P_g = 145 - Q = 145 - Q_1 - Q_2$，企业 1 和企业 2 利润分别为：

$$L_1 = (145 - Q_1 - Q_2)Q_1 - 25Q_1$$
$$L_2 = (145 - Q_1 - Q_2)Q_2 - 25Q_2$$

上述利润公式明显反映出寡头企业所特有的相互依存关系，企业 1 的利润不仅依赖于其自身的产量，而且依赖于企业 2 的产量；反之，企业 2 也一样。你的竞争对手生产越多（$Q_2$ 越大），市场价格越低，意味着你的利润越少（$L_1$ 越小）。[①] 通过对利润公式偏导数并令其为 0，就可以分别求出两企业利润最大化的纳什均衡解，即：

$$\frac{\partial L_1}{\partial Q_1} = 145 - 2Q_1 - Q_2 - 25 = 0，得\quad 2Q_1 + Q_2 = 120$$

$$\frac{\partial L_2}{\partial Q_2} = 145 - 2Q_2 - Q_1 - 25 = 0，得\quad 2Q_2 + Q_1 = 120$$

联立这两个方程，可求出古诺产量博弈的纳什均衡解，分别求出 $Q_1 = Q_2 = 40$，代入需求函数得出价格 $P_g = 65$ 元，企业利润分别是 $L_1 = L_2 = 1600$。这样，行业利润合计为 3200。由于相对完全垄断而言，寡头市场共同产量过多，两寡头企业合计产量 80 大于完全垄断企业产量 60，导致价格低于完全垄断的定价（65 < 85），行业利润也低（3200 < 3600），这就为寡头企业串谋留下了阴影部分的利润空间（见图 2 - 2）。

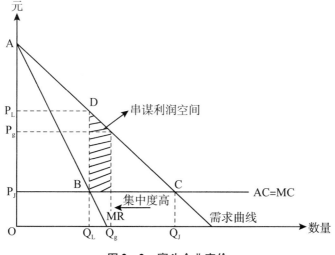

图 2 - 2　寡头企业定价

---

[①]　这有点类似目前三、四线城市房地产高库存、低价格的状况。

### 2.2.1.2 产品差异定价

离开产品差异，任何寡头定价理论都是不完备的。企业为了制定高价，而不会使大多数消费者转而去购买其竞争对手的产品，让自己的产品与市场上竞争对手的产品有差异是极为重要的手段。这种差异越大，企业就越拥有定价力量。房地产天然就属于非常严重的差异产品。

接下来定价模型假定企业的产品存在差异，因此两寡头企业的市场需求是不一样的。首先，消费者将其产品看作不完全替代品，意味着即使价格高于竞争对手，也还有消费者愿意购买你的产品（这点与产品同质的完全竞争市场不同），企业对其产品价格的微小调整，不会导致其消费者都去购买竞争对手的产品，而造成自己产品的需求归零。因此，我们假设 $Q_i(P_1，P_2)$ 表示价格变化时对企业 $i(i=1，2)$ 的产品需求，需求曲线具体如下：

$$Q_1(P_1，P_2) = 145 - 2P_1 + P_2$$
$$Q_2(P_1，P_2) = 145 - 2P_2 + P_1$$

企业产品需求随其价格的上涨而减少，却随竞争对手产品价格的上升而增加，它们之间反映一定的产品替代关系（见图 2-3）。另外，由于产品存在差异，在价格差距不大的情况下，即使 $P_1$ 大于 $P_2$，消费者还愿意购买企业 1 的产品，所以即使价格高，企业 1 需求仍为正。当然，一个企业需求受自身产品价格的影响要大于竞争对手产品价格的影响。假定企业的边际成本为 25，则利润方程为：

$$L_1 = (P_1 - 25)Q_1(P_1，P_2) = (P_1 - 25)(145 - 2P_1 + P_2)$$
$$L_2 = (P_2 - 25)Q_1(P_1，P_2) = (P_2 - 25)(145 - 2P_2 + P_1)$$

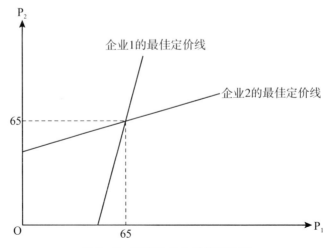

图 2-3 两寡头企业最佳定价线

同样，可以通过对利润公式偏导数并令其为 0，即：

$$\frac{\partial L_1}{\partial P_1} = 195 - 4P_1 + P_2 = 0，\text{得}\quad 4P_1 - P_2 = 195，\text{化为 } 4P_1 = P_2 + 195 \quad (2.1)$$

$$\frac{\partial L_2}{\partial P_2} = 195 - 4P_2 + P_1 = 0，\text{得}\quad 4P_2 - P_1 = 195，\text{化为 } 4P_2 = P_1 + 195 \quad (2.2)$$

方程（2.1）表示企业 1 利润最大化的定价式子，如图 2-3 显示在这条线上，企业 1 产品定价是最佳的，因此方程（2.1）也称为企业 1 的最佳定价线。同理，方程（2.2）称为企业 2 的最佳定价线，由于这两条线是倾斜向上的，表示两寡头企业因为产品差异与一定的竞争替代关系，两企业定价相互影响。企业 2 产品价格定得越高，企业 1 的也相应提高，反之企业 1 产品价格定得越高，企业 2 的也会高定。这与前述的古诺博弈两企业相互对立不同。因此，产品差异化下的寡头博弈会导致价格越定越高，这就是房地产作为严重的差异化产品其房价越来越高的成因。当然，我们联立这两个方程，可求出它们的共同定价点 $P_1 = P_2 = 65$，但是，由于产品差异，现实市场中它们的价格不可能一样，寡头企业甚至通过串谋让市场价格越定越高。

## 2.2.2　串谋与管制政策

图 2-2 显示完全竞争企业在 C 点进行生产，企业取得合理的经济利润，随着集中度的提高，行业走向垄断，完全垄断企业在 MR=MC 处即 B 点生产。前面我们通过计算比较完全垄断与寡头市场的定价，发现由于寡头企业生产太多，每家都生产 40，市场总供给量 80，而完全垄断企业仅生产 60，导致寡头市场价格低于完全垄断价格，即 $P_g(=65) < P_L(=85)$，其行业利润 3200 也低于完全垄断情况下的行业利润 3600，这就形成了图 2-2 阴影部分的串谋利润空间。

尽管在理论上，古诺解的缺陷是规定只能进行一次的产量决策。但是现实中，企业的开发项目会存在较长一段时间，而且一个项目可以分多期开发，在每个开发期，企业都可以根据上期的开发量与价格来调整它下期的开发量，甚至采取捂盘惜售措施。因此，现实中企业可以进行多次的古诺产量决策博弈。

现在考虑企业之间为了提高价格而进行串谋，这样会使行业联合利润最大化，它们不再按照 40 单位产量推盘，而是每家生产 30 单位的产量。则两家企业共生产 60 单位的完全垄断产量，这样会使它们得到行业联合利润最大化，单个企业的利润会从寡头下的 1600 上升为 1800，得到行业 3600 的最大化利润。

若是产品差异，则企业间的串谋定价就更为容易，也更为隐蔽，不会被管制机构与消费者察觉企业间是存在哄抬价格行为的，而更多认为是产品差异导致的价格变化。所以，房地产商经常会利用学区、地铁、山景、水景、公园、体育场和周边医院购物配套，甚至旅游景点等作为抬价的借口。

串谋分为明示串谋与默示串谋，在明示串谋中，企业一般利用会议、论坛、协会等面对面交流，或者利用电话等电子媒介方式进行沟通。默示串谋是指没有明显的证据表明企业确实聚集在一起制定了串谋定价的公开协议，但是企业又存在可觉察的一致行动表现出相同的定价方向和相同的行为方式。

串谋是"反垄断中最大的恶魔"。[①] 美国法院对于竞争者之间串谋价格或瓜分市场公开串谋的立场是严厉处置的，将其适用"本身违法原则"而不是"论辩原则"，所谓"本身违法原则"即指当一种行为没有任何有益的而只有害的影响时，那么这一行为的"内在本质"就是违法的。串谋价格内在本质就是妨碍性地限制竞争，这意味着只要证明串谋行为存在即可，美国法院不会给被告任何辩护的机会即判其有罪，处罚包括罚款、赔偿和坐牢。

我国于 2007 年 8 月 30 日通过的《中华人民共和国反垄断法》第 13 条规定禁止具有竞争关系的经营者达成垄断协议，包括限制商品的生产数量或者销售数量（适用房地产的捂盘惜售行为）；而第 17 条规定禁止具有市场支配地位的经营者从事滥用市场支配地位的行为，包括以不公平的高价销售商品；其中第 19 条认定三个经营者在相关市场的市场份额合计达到 3/4 的，可以推定经营者具有市场支配地位。

## 2.3  垄断市场结构下的开发企业定价行为

### 2.3.1  土地供给完全垄断下的地价抬高房价

现今，我们很难离开地价去谈论房价，因为现在地价占到房价 50% 以上已经不是什么新鲜事了。而且"地王"还在频出，在这种情况下去讨论稳定房价，简直就是空谈。我国城市土地供给由地方政府完全垄断，加上土地本身天然的"有限性"，这样的市场根本不是什么竞争性市场，也就无法通过供大于求来压制价格，尽管供求可以影响价格，但在这样的市场，供求关系绝对不是价格的决定力量。

地方政府为了当地经济发展、GDP 增长和土地财政收入，当然希望房地产市场的热度持续不断。自从 2004 年实行土地"招拍挂"制度以来，我国几乎所有的商住土地出让都采用竞买激烈的拍卖方式，开发企业也心领神会，不遗余力地推高地价，反正羊毛出在羊身上，导致各地"土拍"地王频现，激发房价上涨的预期，进一步从成本上抬高房价。

### 2.3.2  城市区位寡头市场下的企业定价强势

房地产市场的区位寡头垄断特征使这样的市场自然缺乏价格竞争，住宅定价

---

① Verizon Communications, Inc. v. Law Offices of Curtis V. Trinko LLP, 02—682（2004）.

基本上被开发企业控制,这样市场很难通过供求关系控制房价。而企业往往利用土地拍卖来互相串谋抬高地价,从而形成"地王"周边楼盘价格的上涨预期,带动该区位整体房价的上涨。

另外,在土地供给的完全垄断下,一些地方政府部门的"越位"、"缺位"现象却较突出,通常会有很大片的一个区位性地块被政府卖给单一开发商开发,从而形成"某一地块的垄断性开发",这更加催生城市各区位寡头垄断市场的形成。2004 年下半年,珠海市将市区六七百亩的一个较大区域卖给号称"珠海地王"的开发商,地价高达 10 多亿元。开发商负责人对外宣称,自己储备可供开发的土地至少够公司开发六、七年。① 由于大片的区位地块被垄断开发,导致开发商即使把成本平摊下来,也仍然会索取垄断高价,房价自然无法降下来。一方面开发商享有无任何约束的垄断开发定价权;另一方面消费者却没有成本等交易信息的知情权,中介机构、广告媒体与开发企业之间一起串通操纵价格上涨预期,造成暗箱串谋操作下的"暴利"变得自然化、合法化。在价格串谋的市场失效下,消费者面对房价扭曲的上涨,变得更加不理性地判断房价,导致房价失控性地连续上涨。

### 2.3.3 利用信息偏在的"概念楼盘"炒高房价

概念地产出现基于两个理由:一是概念设计可突出住宅商品的"独特性",体现产品的差异化价值。二是用来包装的外衣,② 房子包装才能"盖住"钢筋与水泥。住宅市场垄断企业利用所掌握的信息优势,设计"概念楼盘"来混淆消费者对房价的判断标准,以达到炒高房价的目的。香港水景住宅价格比一般高出 7% ~ 10%,台湾则有 10% ~ 15% 价差,上海离水景 500 米以内的住宅比一般的高出 5% ~ 7%,北京水岸的楼盘价格均价比同地段的"旱地"价高出 5% ~ 10%,深圳借水景为主打概念的楼盘业绩也不俗。回眸国内住宅市场的"概念楼盘",可谓名目繁多,表 2 – 3 为深圳楼盘策划概念。

当然,概念楼盘设计塑造应建立在住宅品质和物业管理提高的基础上,这是产品的主体,应占主要比重,而包装和宣传仅是起辅助作用。但是,目前中国楼市由于开发企业的垄断行为,存在本末倒置现象,垄断企业为了利润最大化,利用信息不对称,过度包装,泛滥炒作,置产品质量和服务于不顾,短期行为严重。如"非典"之后的楼市曾打"健康住宅"概念,某开发商将一个卖了近一年而销售状况一直差强人意的老项目包装成健康住宅,这所谓的健康住宅只不过是在中央空调上加了一层空气过滤网而已,经过这么个小小的改进,不仅很好

---

① 宋振远、陈芳、沈汝发:《是谁扭曲了房地产的"定价机制"》,载新华网 2005 年 8 月 25 日,第 8 版。

② 喻颖正等:《中国住宅创新热销策划——揭示房地产商赢利之谜》,广州暨南大学出版社 2002 年版,第 6 页。

卖，而且价格也顺势涨了几百块钱。而某广东品牌项目在北京的版本，推销时号称最接近生态园林，但是出来的产品，其实就多栽了几千棵树，就凭这些树，开发商将房定的比周边楼盘贵了 1000 多元。而那些挖个坑，搞个水池就号称无敌水景，底层开几家酒吧就号称高尚生活的策划概念，更是不胜枚举。显然这样的概念设计导致的"房价泡沫"水分更大。

表 2 - 3 深圳楼市概念一览表

| 概念楼盘类别 | 具体表现 | 案例 |
|---|---|---|
| 地理意义上概念 | 口岸、CBD、某特殊地段等概念 | 海悦华城、国展苑、名仕阁等 |
| 功能意义上的概念 | 健康、绿景、环保、园林、智能化等 | 锦绣花园、都市 e 站等 |
| 景观意义上的概念 | 山水、海景、公园等概念 | 蔚蓝海岸、云顶翠峰、金海湾等 |
| 交通意义上的概念 | 滨海大道、地铁等概念 | 浪琴屿花园、彩福大厦等 |
| 户型意义上的概念 | 豪宅、小户型、SOHO、全复式、跃式、三层跃复式等概念 | 天海豪景苑、紫薇阁、聚龙居、阳明山庄、创世纪滨海花园等 |
| 风格意义上的概念 | 欧陆、地中海、澳洲、现代主义风格 | 益田花园、华茂苑之爱琴居等 |
| 其他概念 | 时间概念、回归、运动、旅游等概念 | 汇展阁、中海怡翠山庄等 |

资料来源：喻颖正等：《中国住宅创新热销策划》第 7 页。

过度包装导致价高质次，也造成业主与开发商之间的矛盾与冲突，成为近年来经济社会生活中的一个不和谐问题。据中国消费者协会的统计，1999 年我国受理的房屋建材方面投诉为 21235 件，年增长 20.2%，2000 年 22179 件，年增长 11.44%，2001 年 25116 件，年增长 11.32%，2002 年达到 40685 件，又增长 62%，① 随着房价升温呈逐年递增态势。在消费者的投诉中，较为突出的就是信息不对称下的这种过度包装策划的概念楼盘导致的房价畸高及其住宅商品质量问题。

一般消费者较易识别具有搜寻性品质的商品，其质量原则上可在购买前检查确定（尼尔森，1970；达比和长尼，1973），如住宅外观质量等。而经验性品质只有在消费后才能被发现，如建筑材料的有害辐射、管线系统的质量等，而有些质量即使消费后也无法了解，如墙体结构、基础等的缺陷，因此，经验性商品的需求更可能受广告的影响。尽管假广告会影响消费者的重复性购买活动，但并不影响初次购买者，作为大宗消费品的住宅商品，人们往往一辈子就消费一次，这就给垄断性开发企业利用信息"偏在"为己牟利提供便利。广告原本是一种有效

---

① 参见 http://www.duzi.cn/article/2006 - 5 - 3/2164 - 1.html。

传播和沟通信息的方式，但是，由于住宅商品具有搜寻性品质与经验性品质的特性，广告反被企业利用，它们可以操纵住宅信息，掩盖项目瑕疵，扩大宣传优势，其最终结果导致房价失效。

### 2.3.4　住宅商品的垄断性歧视差别定价

住宅商品垄断性歧视定价是指为了获取更多的消费者剩余，增加利润，垄断企业能依据购房者的偏好、收入、年龄和区位要求等的不同特征区分住宅消费群体，以便对不同特征的购房者收取不同的价格。垄断企业歧视差别定价的前提是避免"套利"，[①] 否则，歧视差别定价就不可行。[②] 为防止套利发生，开发企业常采取各种不同的项目营销策划技术，住宅商品歧视差别价格定价是常见的定价策略，有研究证明，垄断企业在差别价格定价下获取的利润，高于在统一价格下获取的。由于住宅的异质性，给企业留下很大的自由度来制定差别价格，而由于偏好等原因，消费者对差别价格也不敏感。但关键的问题是哪些因素造成住宅差别价格是合理的，哪些因素是不合理的，从而导致了歧视性差别价格，在定价实践中，垄断企业出于其自身盈利目的而模糊其边界，歧视性定价行为造成购房者财富的不合理转移。当然，对于不同住宅地块，由于投入成本的不同，存在住宅价差是合理的。但是在投入成本相同下，制定差别价格就应该被认为是住宅歧视性定价。其表现有如下几个方面。

#### 2.3.4.1　对同一小区中不同栋楼设定差别价格

目前市场存在如此现象，对一些多栋楼的住宅项目策划设计时，将其中一栋楼设计成"楼王"，卫星楼围绕其依次排开，尽管在同一块地上建设的，成本基本相同，但还是给每栋楼定差别价格。

#### 2.3.4.2　同小区同栋楼每套单元设定差别价格

其源于消费者偏好，企业根据楼层、朝向、户型和面积，制定不同的价格。一般多层住宅往上每层加价 1% ~ 2%，往下每层减 1% ~ 2%，高层住宅则上下增减 1%。在朝向方面，一字型多层住宅，东向加 2%，其余不调节；点状多层住宅，东南向加 3%，西南向加 1%，西北向减 4%，东北向不调；而高层住宅则一般不作朝向价差设定。然而，有资料表明，因习惯和生活便利的缘故，早期的消费者一般更偏好于多层住宅的低层，楼层越高效用评价反而越低，而不是现在的越高越好。[③]

---

①　套利指低价买入高价卖出。
②　奥兹·夏伊：《产业组织理论与应用》，清华大学出版社 2005 年版，第 54 页。
③　苗天青：《我国房地产开发企业的价格行为分析》，载《华东经济管理》2004 年第 6 期，第 47 ~ 51 页。

### 2.3.4.3  同一地块分期开发楼盘设定差别价格

开发企业拿到一大块土地后，并不急着将其全部建设完，而是控制开发节奏。通常在同一地块上分多期开发，采取后期开发建造的楼盘定价高于先期开发的价格策略，即第一期价格低于第二期，第二期低于第三期，……演绎房价只涨不跌的神话，"逼迫"购房者尽快买，否则就要花更多的钱买房。由于房屋是大宗物品，不是人人都能随时拿出大笔钱买房的，因此，相对股票、债券等可小额化的资产，住宅资产的流动性更差。加上住宅持有期利息以及政府打击房地产市场投机套利行为等，[①] 一定程度上阻碍了短期套利的发生，所以这种同一地块分期开发的定价模式属于垄断开发企业的歧视性定价。

# 2.4  住宅市场结构、行为、绩效与政府管制

## 2.4.1  SCP 分析范式

在微观经济学教科书中，都是从市场结构两个最极端（或者最理想）的状态—完全竞争或完全垄断开始说起，然而现实中的市场都是这两个极端市场结构之间的某一种状态，大多数市场都有多家企业，企业的规模也各有差距，其中某一些企业拥有市场的定价势力，即它们有能力将其产品定出高于竞争对手的价格而仍然有竞争力，这样的市场结构被称为寡头垄断或垄断竞争市场。产业组织理论的 SCP 范式基于三个重要的逻辑架构上，即结构（Structure）—行为（Conduct）—绩效（Performance），新产业组织理论认为这三者是一个循环的流程关系。市场结构通常被定义为对市场内竞争程度及价格形成等产生战略性影响的市场组织的特征，可以用市场集中度、产品差异化和进出市场壁垒等来评价此特征。[②] 市场结构很大程度上决定了企业的定价行为和广告行为等，而市场绩效（包括创新、技术进步和产业效率等）则取决于企业行为的后果，它们这种关系被称为 SCP 范式（见图 2-4）。

行为是指一个企业所做出的关于价格、质量、广告、研发、生产能力和其他重要变量的决定。图中的结构与行为间的虚线表示行为有可能也会反过来影响和改变市场结构，比如企业通过并购可以提高集中度等，甚至现实中企业还有其他行为可以改变或影响结构，同样行为与绩效间的虚线表示绩效有可能反过来影响和改变企业行为，如企业创新开发改进产品，提高产品差异程度，反过来会影响

---

① "国六条"规定从 2006 年 6 月 1 日起，对购买住房不足 5 年转手交易的，销售时按其取得的售房收入全额征收营业税。

② 陈明森：《市场进入退出与企业竞争战略》，中国经济出版社 2001 年版，第 223～229 页。

企业的定价行为等。

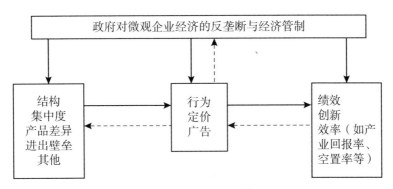

图 2-4　SCP 范式与政府管制关系

　　现实市场经济竞争的效率机制常常会受到垄断因素的干扰。事实上，古诺（1838）、伯川德（1883）和埃奇沃斯（1925）等早就对非合作寡头垄断定价问题进行了研究。20 世纪 30 年代张伯伦和罗宾逊针对市场的不完全性提出了不完全竞争经济学和垄断竞争理论，并分析认为垄断市场效率低于完全竞争市场的原因是均衡产量减少和均衡价格的提高。克拉克于 1939 年提出可行性竞争概念之后，受到熊彼特的技术创新导致长期来看垄断价格并不必然比竞争价格高的观点的影响，于 1961 年又提出了有效竞争理论。以梅森、贝恩等为代表的哈佛学派认为市场结构对企业行为与绩效产生决定性作用，主张政府应采取反垄断措施以保持和维护有效竞争的市场结构，其观点相当长一段时期影响着美国的反垄断政策。而芝加哥学派则以大多数真实世界中的产业可以被当作完全竞争的产业为假设前提，注重于企业绩效和行为对市场结构的反作用研究。

　　显然，如果市场垄断程度高，则企业就拥有强大的反市场竞争的力量，企业就有定价强势，并攫取垄断利润，此种状况下，企业创新动力就减弱，市场效率自然会降低。图中的政府管制方块包括反垄断与经济管制，箭头表示反垄断与经济管制可以成为影响一个行业的市场结构和行为的重要因素，并进而达到提高行业经济绩效的目的。政府的一个反垄断决定可能导致垄断企业被拆分成许多相互独立的卖者，它就会直接影响市场集中度，进而改变市场结构，使市场结构往完全竞争方向更近一点。而限制价格垄断行为的反垄断法对企业定价行为方块的影响要大于对结构方块的影响。政府管制与行为间的虚线表示企业行为反过来可能会影响政府的反垄断与经济管制政策的制定，如为了出台有利于企业的行业政策，企业经常会游说政府的行业主管部门等。

## 2.4.2　住宅行业的政府管制

　　价格管制是政府微观经济管制的核心。因为价格是市场供求关系经济利益的平衡点，市场失灵使价格难以真实反映市场的供求关系。也就是说，反市场竞争力量的垄断定价行为已经大大压制了市场供求关系对价格所起的作用，也就是供求关系对价格已经不起作用了，这就叫"价格失效"（陈淮，2000；[1] 葛建新，2002[2]）。特此，本书将价格失效概念界定为由于反市场竞争力量阻碍资源自由流动和降低行业绩效，导致通过市场供求关系调节的价格机制无法有效地自动调控社会资源合理配置的状态。关于外部性造成房价失效不再赘述，下面主要阐述不完全竞争和信息不对称导致住宅价格失效的机理。

### 2.4.2.1 住宅垄断性市场结构与价格失效

目前中国住宅市场高房价与高空置、[3] 高房价收入倍率和产业高利润率以及低入住率等现象同时并存，已说明了市场处于价格失效、资源难以实现优化配置的状态。由于住宅商品位置的固定性，住宅市场属于地区性市场，表现为城市区位市场寡头垄断的市场结构特征（参见第 2.1 节）。在寡头垄断市场结构中，存在明显操纵市场的力量（王小广，2006）[4] 和价格"合谋"行为（刘志彪，2004），[5] 价格合谋使得市场均衡时的总开发量减少了，而均衡价格和开发商的利润却上升了，从而加剧了房价失效性上涨，导致城市中的许多楼盘价格在两三年内翻番。例如福州市城区 2003 年均价也才 2000 元左右，这两三年"一日千里"，至 2006 年 12 月均价已经达到 5052 元/平方米，[6] 涨了近 1 倍，而 2016 年12 月均价则高达 22180 元/平方米。住宅市场不完全竞争导致市场定价强势的存在，使垄断开发企业能够控制供给数量、操纵市场价格、[7][8] 攫取高额利润，这样的市场价格机制就很难发挥其经济效率的调节作用，由此产生了价格失效、生产和资源配置效率低下以及社会福利损失的局面（刘志彪等，2003）。[9]

垄断并非指完全垄断，通常意义上的垄断即指竞争的不完全或竞争的有限性。垄断大体源于以下几种：（1）行政垄断；（2）规模经济；（3）特定资源的排他独占权性，如土地；（4）市场集中性，等等。住宅市场的垄断缘由主要来自土地资源的排他独占使用权特性和住宅开发项目推出时的市场集中性等。不完全竞争导致住宅市场失灵、价格失效的原理可用图 2 - 5 说明，它主要依据消费者剩余概念来解读住宅市场垄断高价导致社会资源的不合理配置问题。

① 陈淮：《关注价格已正当其时》，载《经济研究参考》2000 年第 19 期，第 2 ~ 7 页。
② 葛建新：《市场机制与政府干预》，载《中央财经大学学报》2002 年第 5 期，第 64 ~ 67 页。
③ 据国家统计局资料，2005 年 12 月末全国商品房空置面积达到 1.43 亿平方米，同比增长 15.7%。
④ 王小广：《2006 年房地产增长走势和政策建议》，载《中国物价》2006 年第 1 期，第 61 ~ 64 页。
⑤ 刘志彪：《市场结构、厂商行为与价格联盟的不稳定性》，载《江苏行政学院学报》2004 年第 2期，第 43 ~ 50 页。
⑥ 王阿忠等：《2006 年 12 月份福房指数市场分析报告》，载《海峡都市报》（2007 - 01 - 13），第 8 页。
⑦ 况伟大：《垄断、竞争与管制——北京市住宅业市场结构研究》，经济管理出版社 2003 年版，第156 ~ 160 页。
⑧ 袁一泓：《CBD 涨价：三个地产商的"餐桌阴谋"》，载《21 世纪经济报道》（2002 - 6 - 24），第12 页，以及《海峡财经导报》2006 年 12 月 22 日披露福州开发商组成价格联盟将市中心房屋单价推到7000 元。
⑨ 刘志彪，石奇：《竞争、垄断和市场势力》，载《产业经济研究》2003 年第 4 期，第 71 ~ 77 页。

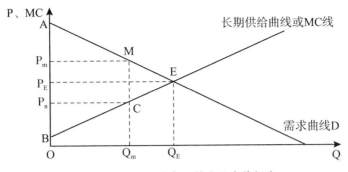

**图 2 - 5　不完全竞争下的企业定价行为**

图 2 - 5 中住宅需求曲线 D 也可理解为住宅消费者边际支付意愿总和，总支付意愿与总成本差额即为市场总的剩余，[①] 它为如图 ABE 的区域面积。显然，当市场住宅供给量和价格为需求曲线与供给曲线（或边际成本曲线 MC）的均衡交点 E 所对应的相应数值时，市场总剩余最大，为 ABE 面积。此时相应的市场供给量为 $Q_E$，住宅商品价格为 $P_E$。但是，由于住宅市场的不完全性导致市场存在垄断因素。垄断企业为了最大化其利润，索取了比完全竞争条件下更高的价格 $P_m$，而提供了更少的产量 $Q_m$（通过捂盘惜售等行为），从而导致市场总剩余减少为 ABCM，也就是说垄断造成社会付出的成本是三角形 MCE 面积，哈伯格最早对垄断的社会成本进行计量分析，因此，三角形 MCE 也称为哈伯格三角形，是垄断导致社会福利的无谓损失，它包括消费者剩余和生产者剩余的无谓损失，后来戈登·塔洛克拓展为"塔洛克四边形"。垄断高价使企业攫取的垄断利润为四边形 $P_m P_n CM$ 面积，其中部分是消费者剩余转来的，它使消费者剩余由完全竞争下的 $AP_E E$ 面积大幅减少为 $AP_m M$ 面积。因此，消费者具有阻止垄断的动因，而垄断企业也有维持市场垄断力量的利润激励因素，这就导致了市场垄断寻租活动，由此可见，垄断造成的社会成本无谓损失应该超过哈伯格三角形。另外，垄断还导致开发企业的 X - 无效率（莱本斯坦恩，1966），[②] 即因缺乏竞争而散失提高管理水平和降低开发建造成本的动力。上述这些导致住宅市场资源无法实现最优配置的根源在于市场存在垄断定价的操纵力量，政府必须对其造成的社会资源浪费进行管制（Posner，1975）。[③]

### 2.4.2.2　住宅市场信息不对称与价格失效

住宅市场交易信息不对称或不完备也是造成价格失效、资源错配的一个重要因素。新古典经济学完全竞争市场是建立在信息完备与理性经济人假设等基础

---

　　① W. 吉帕·维斯库斯等：《反垄断与管制经济学》（陈甫军等译），机械工业出版社 2004 年版，第 45 页。

　　② H. Leibenstein, Allocative Efficiency vs X - Inefficiency. American Economic Review, June 1966.

　　③ Richard A. Posner, The Social Costs of Monopoly and Regulation, Journal of Political Economy83, 1975, pp. 807 - 827.

上，在此前提下，抉择与行为后果一一对应，可实现资源的最优配置和效率最大化。然而，20 世纪 60 年代，以赫伯特·西蒙和肯尼思·阿罗等为代表的经济学家率先对现实市场的"充分信息假定"提出质疑。随后，乔治·阿克洛夫（1970）通过对二手车市场的分析，[①] 指出在一个市场中如果卖主对产品信息了解比买主更多，他就会掩盖产品的瑕疵，以次充好，旨在卖个好价钱。这种信息不对称状况将最终导致高质量的产品从市场中退出，低质量的产品充斥其中，结果造成市场的失败。另外，他认为经济主体有强烈的动机去抵消市场信息不对称的逆向选择效应，主张通过努力建立品牌、信誉、提供担保与消费者认同等来防止市场失败。迈克尔·斯宾塞（1973）指出信息不对称导致效率损失，解决的一个重要方法是信息显示，由此构建了信号传递模型，得出分离均衡是唯一合理的均衡，它能通过提供信息改进资源的配置效率。[②] 乔治·施蒂格勒认为信息不完全条件下的产品市场或资本市场中，价格是信息输送的表现形式，现实市场总会有顾客是在不完全信息下实现交易的，因此现实市场不具备完全竞争的特征。[③]

从信息不对称时间看，住宅市场中的信息不对称包括事前的信息不对称和事后的信息不对称，事前信息不对称表现在住宅开发商和房屋中介利用期房预售制消费者不能看到真实的实物住宅商品这一特点，第一，通过媒体广告等在户型走向、居住潮流等方面进行诱导性宣传，大肆炒作概念性楼盘，如"白领一族新标准"、"成功人士新选择"、"中产阶级理想居所"等诱导语言，以达到对人们思想观念上的"引导"，让消费者认为其所宣称的"成功人士"即是社会上公认的标准，在这样的氛围下，为了希望能够被大家承认为"成功人士"、"中产阶级"，消费者很自然地会高价购买其所开发的房子。第二，控制房源供给、利用"房托"制造房屋供给紧张的信息，包括囤积房源，楼盘推出当天让公司员工到现场假装买房者，甚至不惜花钱请人当"房托"来烘托销售火爆气氛等，旨在以更高价格出售房子。第三，利用各种各样制作手段来模拟粉饰未来住宅。如采用渲染图、三维模型、样板房，甚至电脑模拟制作等，呈现出精美的室内画面和虚构的屋外景观设施，这些虚假信息明显给消费者以错觉并诱使他们以偏高的价格购买名不符实的住宅商品。据有关资料显示，70% 购房者见到真实住宅商品后不满意，[④] 等等。研究事前信息不对称模型称为逆向选择模型。事后信息不对称表现在开发商、房屋中介跟购房者签订买卖合同后，利用开发建造住宅过程的信息不对称，采取偷工减料、面积"短斤少两"、停车位和休闲会所面积计入公摊又重复出售等趋利行为，造成住宅价格的相对提高。事后信息不对称模型对应的是

① G. A. Akerlof, The Market for "Lemons": Quality Uncertainty and the Market Mechanism. Quarterly Journal of Economics. 1970, 84（3），pp. 488 - 500.

② M. A. Spence, Job Market Signaling. Quarterly Journal of Economics. 1973, 87（3），pp. 355 - 374.

③ G. J. Stigler, The Economics of Information. Journal of Political Economy, 1961; 71（3），pp. 213 - 215.

④ 施鑫华，阮连法：《房地产市场信息不对称问题研究》，载《建筑经济》2003 年第 3 期，第 53 ~ 55 页。

道德风险模型。

　　总之，住宅市场信息不对称使信息优势一方在增进自身效用最大化的同时损害信息弱势一方的利益，导致社会福利和资源配置无法实现优化，房价出现失效性上涨（关于信息不对称导致价格失效上涨及其管制的博弈分析参见第 6 章）。

　　关乎国计民生的住宅产业历来受到各国政府政策的关注，加上住宅产业与金融业关系密切，其开发贷款和消费贷款占用银行的资金近 70%，一旦房地产出现问题，首当其冲受到较大冲击的是金融业。20 世纪 30 年代初的美国和 90 年代初的日本房地产泡沫破灭引发的经济危机应为前车之鉴。目前，中国政府对住宅产业调控不能仅停留在宏观层面，因为宏观层面调控会对其他不相关产业造成影响，瞻前顾后的结果导致自缚手脚，难以抓住关键，从而造成宏观调控效果不理想，甚至失效。从 2002 年以来政府对中国住宅产业宏观调控政策不断，包括 2005 年的"国八条"和 2006 年的"国六条"等已经有政策失效的端倪。因此，政府现在应该转变思路，从产业微观层面切入进行价格经济管制。

　　通过对 SCP 范式的分析可厘清住宅产业政府价格管制的思路。首先，必须管制住宅市场结构的不完全竞争性。由于开发商易于通过控制供给结构，旨在提高房价的高端房屋的过量供给，导致住宅市场供给结构性矛盾凸显，因此，政府应该积极介入市场供给结构的管制，包括开发大量限价商品房，并储备一定数量的公共住房，在关键时候填补低端住宅的短缺，从而可以达到稳定房价的效果，又能提供适合的住宅给中低收入者。对市场结构的管制在一定程度上即可影响开发商和房屋中介机构的定价行为。其次，必须管制开发企业和中介机构凭借其市场垄断力量进行的高定价行为，对房价进行一定程度的管制。同时也要管制他们利用住宅商品信息不对称扩大广告宣传旨在提高房价的行为。最后，必须针对住宅市场中的企业、中介机构和投机者因垄断和信息不对称等原因导致房价失效，从而引发住宅产业的高回报率、高房价收入倍率和高空置率以及低入住率和低生产效率等进行管制，可以通过开征住宅分类税制来进行管制。住宅产业的高回报率也会造成资源不合理地流入与集聚，从而无法实现资源在国民经济各产业间的优化配置。

# 第 3 章

# 房地产市场管制的国际经验比较与启示

## 3.1 国内外土地制度与地价管制的
比较与启示：基于地价研究

在我国，人和地的关系一直以来都相当的紧张，这可能是千年农业文明积淀的结果，而当人们将有限的土地又与居住开始扯上关系的时候，这个问题就变得更加复杂和难以处理，土地市场化的效率和公平问题可能算得上是土地难题上的重要一点。在城市土地市场化经营下，我们不要忽视中国转型期地方政府有形之手和土地自身固有的特殊性导致的地价失控，市场的操纵力量引发的地价高企问题已经成为房地产市场发展的障碍，这不容我们回避。的确，地方政府可以通过将土地拍卖获得高价实现自身的目标效用最大化，开发企业也可利用此机会搏上一把，但是，亚洲邻国地产泡沫破灭留下的后遗症尚未消退，前车之鉴，不敢忘却。为此，我们有必要比较国外发达国家对土地市场的管制，以给我们启示与借鉴。

### 3.1.1 土地所有制度与地价

世界上大部分国家和地区的土地所有制都是公私混合型的。[1] 在英国，尽管全英土地法定归英王（国家）所有，但是由于该国地产的 90% 以永业权方式归属个人或各法人团体，因此，其土地国有已名存实亡。而英联邦中的加拿大和新加坡两国私人土地仅占 10% 和 20%，其余为国有或公有，值得一提的是住宅市场运作较成功的新加坡可谓以土地公有为主的国家，一是因为其公有地占比大；二是公地使用无永业权。美国和日本的土地私人占有面积分别为 58% 和 65%，瑞典 60% 以上，德国和荷兰则更高，这些国家以土地私有制为主导。中国香港尽管实行的是高度自由的市场经济体制，但是土地却是几乎完全的"政府"所有

---

① 张薰华：《土地与市场》，上海远东出版社 1996 年版，第 258、262、286 页。

制。① 中国台湾地区土地实行的是"农地农有、市地市有、富源地'国'有"的较为特殊的现代混合所有制，即所谓的平均地权土地所有制度，它是从土地经营效能视角来确定地权归属，其本质也是公私混合制。中国内地实行土地全民所有制和劳动群众集体所有制，国家拥有城市市区土地的所有权。农村和城市郊区的土地，除由法律规定属于国家所有的以外，均属于农民集体所有，即实行城市土地的国家所有制。值得一提的是在中央和地方对土地管理分权关系上，公私混合型所有制国家大体采用以下三种模式：② （1）城乡土地统一垂直管理模式。一般是人多地少国家采用，如新加坡等。（2）中央对地方政府"自上而下"的授权模式。主要是单一制国家采用，如英、法等，我国也是这种模式。由于中央政府制定政策要兼顾各地方经济发展的不平衡，因此政策原则性东西多，留给地方政府具体管理权大，操作空间也较大，这种模式对地方政府的管理技能和水平要求高，既要按政策办事，又要有利于当地城市经济发展。（3）中央和地方土地管理权相对独立模式，二者不得彼此任意干涉。多由联邦制国家如美、德等采用。

尽管模式不同，但是各国政府都很重视对土地产权的多方管制，主要针对：（1）所有权内涵与范围的限制；（2）所有权交易要素方面的限制，如日本在交易时地价和土地用途需经政府批准；（3）限制区土地买卖许可制；（4）政府视需要有权依法征用私人土地转公有。另外，即便在公私混合型所有制国家，特别是在土地私有制占主导的国家中，如美国和日本都出现过大的房地产泡沫，美国1923～1926年的佛罗里达房地产投机狂潮曾引发了华尔街股市大崩溃，最终导致30年代的经济危机。日本1991年地价泡沫破灭至今已使住宅价格跌去近半，商业地产跌去60%，③ 造成日本经济始终没有走出萧条的阴影。尽管地产泡沫有一定的经济生成背景，但是与两国政府当时的地价管制不到位不无关系。当然在公私混合型土地所有制国家中，也有对土地使用管理较好、地价平稳管制的国家，如新加坡、德国等。

## 3.1.2　土地使用制度与地价

目前，中国城市土地采用的是土地批租制度，该制度指土地所有权人一次性出让（租）若干年限的土地使用权，并一次性收取整个出租期限④内各个年度地租的贴现值总和的一种土地租赁制度。当前，随着我国住宅用地价格节节攀升，国内不少学者开始怀疑土地批租制的有效性，主要观点认为土地批租来源于香港，是回归前英国人专门设计的，英国本土和其他国家都没有这项制度。它对香港地区可以适用，但是对于是否适合中国内地国情等问题，不少人提出了质疑

---

① 除港岛花园道的圣约翰大教堂持有英王授予的永业权（freehold）外，其他土地归政府所有。
② 张薰华：《土地与市场》，上海远东出版社1996年版，第263页。
③ 与泡沫破灭前价格相比。
④ 我国商品房住宅用地期限70年。

（周坷，2004；曹建海，2004）。① 刘维新认为应对土地使用制度进行改革和创新，以解决短期投机行为等弊端，为此他提出应采用年租制，而且应对国家和集体土地产权、城市总体规划和土地利用总体规划进行归并。② 刘正山（2005）研究后认为中国香港并非全世界最早推行土地批租制的地区。③ 土地批租制实际上是英美法系乃至大陆法系的一个组成部分，英文是 The lend leasehold system，16世纪以前的英国就已经有土地批租制。当今世界上许多国家，包括美国、英国、日本、澳大利亚、新加坡、马来西亚、新加坡等都曾实行土地批租制。实际上，地价在一定程度上与其批租的期限有关，而对于土地批租期限各国有不同规定，如美国通常比较长，有的城市有 55 年一档或更长。事实上，由于美国政府介入住宅问题比较早，至今已经建立了较为成熟的住房分类供应制度，因此，其地价与房价关系比较合理，据美国住房建筑者协会（National Association of Home Builder）调查资料，在房价中，地价占比长期维持在20%～30%之间。英国的公寓地契批租年限是长期的，这造成英国城市地价高也属合理，另外，英国的传统城市规划政策造成住宅用地紧张，也推动地价不断上涨。日本规定立体建筑屋的土地批租期限最短为 30 年，尽管批租年限短，但是日本的地价则不低。在日本重要城市，住宅价格上涨主要来自地价的提升，依据日本通产省与日本银行的调查，即使在地价泡沫破灭 7 年后，各主要城市地价在房价中的比例都还比较高，占房价的 60%～75%，尤其是东京，地价在房价中的比例更高达 65%～80%。实际上，日本地价高涨并没有带来土地的高效利用，人们往往把土地当成资产保值和增值的手段，为确保随时变卖，往往以空地或低度利用形式来保有，反而造成土地的低度利用，导致土地有效供给减少，从而推动地价进一步上涨。新加坡政府向开发商批租土地年限有 99 年和 999 年两档，方式类似于中国香港的协议、招标、拍卖三种，期间土地使用权还可以转让、买卖。使用权到期后，土地连同地上物无偿归政府所有，但可以申请续期。新加坡由于人多地少，一直以来地价都很高，当然与其批租年限比较长也不无关系，但是，新加坡政府于 20 世纪 60 年代中期开始实施"居者有其屋"计划，其本质也是美国住房分类供应模式，目前来看还是很成功的，它不但控制了房地产价格的进一步上涨，而且，绝大多数居民都可以买得起政府管制了户型面积和房价的"组屋"。

### 3.1.3　地价经济管制比较

人们容易误解，以为政府只要建立良好的市场经济制度环境、明晰产权关

① 《南方周末》2004 年 4 月 2 日刊登周坷所言"英国人发明了土地批租制度，但不在本土采用而用于香港，本身就说明了这种制度的局限性，英国人把香港的地卖得差不多后一走了之，我们的政府不能干这种事。"
② 刘维新：《从土地使用制度创新着手参与宏观经济调控》，载《中国房地信息》2004 年第 9 期，第 14～16 页。
③ 刘正山、戚名深：《对土地批租制度批判意见的批判》，载《中国土地》2006 年第 1 期，第 23～25 页。

系，市场机制就会自发实现对资源的合理配置。其实不然，由于土地商品自身的特殊性，市场结构以及影响地价的因素太过复杂，土地市场和地价容易失控，非理性的土地收益预期和投机行为易于造成土地市场经济运行秩序的混乱。实际上，各国在地价的经济管制方面均比其他商品价格更为严格。采取的方式主要是：（1）土地交易申报与限价制度。从各国各地区来看，特别是在市场经济比较完善的国家和地区，对土地投机带来的地价扭曲都进行了严格的管制。如美国、日本、德国、韩国和中国台湾地区等，美国和日本是深受地产泡沫之害最重的国家，所以对地价管制的制度建设也较为周全。美国主要措施有：投机性信贷限制、最高限价、必要时限制交易、强化所得税和市场信息透明度等。[1] 日本针对国内土地投机的一度盛行，实行土地交易许可制、申报劝告制和交易监视区制，政府认为某地区地价上涨过快，或地价影响土地合理利用的，都须申报、劝告直至终止契约，即便如此，日本还是在敏感时期，因为政策措施不当和地价管制不严等多方原因，导致 1991 年的地产泡沫破灭。韩国和中国台湾在申报地价过高时，可对交易方进行劝告或阻止交易。（2）建立土地价格预警制度监控地价，以便及时管制。房地产价格（包括地价）的预警预报制是西方国家通行的有效预防房地产价格泡沫的价格法律制度，但目前在我国土地价格法中却没有得到确认。[2]（3）政府作为土地市场交易主体直接管制地价。[3] 公私混合型国家政府不但是土地的管理者，而且还作为国有或公有土地批租者、出售者以及私有土地征购者的交易一方决定地价，对地价起直接管制作用。例如国有或公有土地批租在需求旺盛时，可通过改变土地的出让方式和数量等来达到管制地价的目的。（4）建立地价标准公示制度。由土地管理部门组织国家注册土地估价师测算出城市基准地价和标定地价并进行公示，对地价交易进行引导，并每隔一定年限重新修订。此方面，日本的做法比较有代表性，它在借鉴德国经验基础上，出台了《地价公布法》和《地价公布法执行令》等法规，结合公示地价制，还实行土地买卖申请劝告制，土地交易双方需向政府申报交易价格和土地用途，经过批准才能成交。[4]韩国的做法类似，于 1989 年初颁布了《关于公示地价与土地等级的评价法》，同时，韩国在《国土利用管理法》中还规定了土地价格法定标准即基准地价的实施地域，对价格评估机构和法律运作机制通过法规细则加以规范。[5] 我国目前也有基准地价公布制度，但是对标定地价没有推广。另外，我国所确定的基准地价对市场没有起有效的引导作用。（5）建立土地估价制度和估价师认证制度。由于影响土地价格的因素复杂，一般需要专业估价人员才能较为准确地估算出价格，因

① 毕宝德：《土地经济学》，中国人民大学出版社 2005 年版，第 381 页。
② 郭洁：《论土地价格法律管制的若干问题》，载《法商研究》2005 年第 2 期，第 53~59 页。
③ 张薰华：《土地与市场》，上海远东出版社 1996 年版，第 276 页。
④ 张薰华：《土地与市场》，上海远东出版社 1996 年版，第 267 页。
⑤ 汪秀莲：《韩国土地管理法律制度》，载《中国土地科学》2003 年第 3 期，第 57~62 页。

此，各国都建立了土地估价制度。另外，对土地估价师①的资格各国都有一套严格的认证过程，包括知识、技能和道德敬业方面的要求。澳大利亚估价人员需要完成 3 年专业或 4～6 年兼业训练、两年以上实务经验，再通过国家考试。实际上，政府通过规范地价的确定过程，就能够对地价起到间接的管制作用。

### 3.1.4 国际经验的启示与分析：基于地价管制

通过上述国内外土地制度和地价管制的比较，对我国地价管制有如下启示：

**3.1.4.1 经过土地制度的国际经验比较，至少可以认为地价泡沫形成与土地所有制度是否公有无明显相关**

即使在土地私有制占主导地位、实行自由竞争机制的市场经济国家，由于土地商品自身的特殊性易导致地价的失控，因此，若不进行有效的市场管理与地价管制，放任自流，就会产生地产投机及泡沫的最终破灭。这点对我国目前理论界一谈地价投机热，就拿土地产权所有制度说事而忽略对地价的直接管制将有一定的借鉴意义。

**3.1.4.2 改变我国被动管理地价为主动直接管制引导地价**

我国这些年对地价管理工作由于认识不到位，以为只要建立土地市场经济竞争体制就可通过市场机制自动优化配置土地资源，实则不然，这种机制不但面临土地市场缺乏完全自由竞争市场经济的挑战，而且还面临转型期地方政府行为异化的挑战。我国地价管理总处于被动地位，效果明显不理想。因此，除了要改革地方政府绩效考核标准，限制其过度的利益取向外，还要改被动管理地价为主动直接管制引导地价。为此，第一，要完善标准地价公布制度，改变其只被动公布而不对交易价格起引导管制的功能，而且必须与土地出让方式搭建联动机制。第二，加强估价行业管理和估价师队伍建设，提高估价技术"含金量"和估价行业的绩效与薪酬标准。第三，完善土地市场交易的预警预报信息制度。通过不断地发布土地收益、客观合理的价格信息，就会对市场狂热的投机行为起震慑作用。

**3.1.4.3 要通过立法建立市场经济框架下的我国土地价格微观经济管制法律体系**

明确地价管制范围、管制管理机构、管制运行执法机制、管制方式和指导性土地价格的确定等等。

---

① 各国称谓不同，我国称土地估价师，美国称不动产估价师、英国称测量师、日本称不动产鉴定士、韩国称土地评价士、新加坡称土地评价师等。

### 3.1.4.4　正确认识我国土地批租制下的所有权价格与使用权价格的关系与影响要素

在土地批租制下，土地的使用权价格除了取决于土地批租年限内的租金收益外，还与批租年限正相关，与贴现率负相关，[①] 这些影响地价的要素为我国地价经济管制的市场影响分析指明了方向。

### 3.1.4.5　关于土地批租制改革设想分析

目前，有人针对我国不断上涨的地价提出建议采用年租制，事实上它是将地价分摊细化到每年，政府收取的是年租金 A 值而非土地价格 $P_z$ 值。因此，年租制表面上会使土地的高价格问题得以暂时缓解，但是，应该看到两者的理论价值是相等的，即它从根源上并不能解决地价的投机性上涨。而且，年租金的收取会增加交易成本，年租金基数低了对提价也不敏感，最终结果将不但没有使地价总体降低，反而可能造成地价的进一步提高。从对各国土地批租制经验及理论价格来看，该制度本身并无促使地价投机的动因。既然许多国家都在采用，而且有些国家运作的比较成功，如新加坡、美国等，因此，笔者认为关键问题不在制度本身，而在于土地限价实际操作层面。在土地批租制下，实际上有多种土地出让方式，其中招标方式除了设计限制地价外，还可设计竞争项目优劣目标。目前我国应尽快建立多层次住房供给保障体系，住宅用地也要建立多级供给机制，可依据住宅项目的性质，在土地供给方面，采取价格竞争激烈程度不同、竞争目标不同的出让方式，形成限房价、限地价和竞项目等多目标土地出让竞争机制，而不是采用仅仅竞地价的拍卖方式。这样，才能达到治标又治本的目的。

## 3.2　国外房地产政府管制的比较与启示

### 3.2.1　国外房地产政府管制的比较

由于世界上任何一个国家的居民收入都不可能在同一水平线上，因此，提供的住宅也就不可能都是清一色的市场价格的商品房。许多国家对住宅市场的经济性管制都是采取住房分类供应制度，以此来解决本国居民的住房问题。在

---

① 1985 年日元被迫升值，影响日本出口导向型的经济，为刺激经济，日大幅度下调再贴现率，从而导致资本过剩，地价、股价一起过度上涨，泡沫形成。1991 年日采地产紧缩信贷政策，限制企业贷款而触发泡沫的破灭。它至今还制约着日本经济的健康发展。从 1992 年到 2003 年 3 月，日本全国的金融机构已经利用经营利润或者出售房地产、股票等资产的资金，冲销了近 100 万亿日元的不良资产。

住房分类供应制度上做得比较成功的国家是新加坡，所谓住房分类供应制度，就是在财政、金融、税费、土地和价格管制等相关方面配套制度的供给下，提供确保满足不同收入阶层的各种类型住宅产品和商品的供给制度。在该制度框架下，政府积极介入住宅市场，提供满足中低收入居民家庭的住宅产品，以弥补市场经济条件下，私营开发企业不愿涉及的低利润品种的住宅产品或商品。他山之石，可以攻玉，首先有必要了解各国住房分类供应制度的做法，以给我们启示和借鉴。

### 3.2.1.1　新加坡

新加坡在 1959 年独立之后，政府把解决住宅问题作为增强人民爱国，提高凝聚力的重要手段。李光耀曾说："建屋，是我们的基本国策".[1] 在 20 世纪 60 年代，政府开始推行"居者有其屋"计划，做到每户家庭都保证有自己的住房，这使得目前新加坡的住房自有率高达 93%。新加坡住房供给分类供应制度主要包括市场价格的私人住房和政府控制价格的公共住房（组屋）两大部分，而随着经济的发展，居住条件要求的提高，住房供给分类体系也相应发生变化，政府适时推出满足不同消费阶层的房屋。如 1974 年，由新加坡房屋与城市发展公司负责兴建的青年公寓，五室一套，120 平方米，价格比传统的"组屋"贵，但比市场价格便宜，供应给家庭月收入 4000 元以下的中等收入家庭；1979 年推出面积在 145 平方米左右的高档公寓式组屋和 1995 年由国家发展部精心设计推出的"共管公寓"，是政府专门建造给受过高等教育的专业人士居住的房屋，它拥有停车场和优良的物业管理，可与私人公寓相媲美，但价钱更便宜;[2] 还有建造提供老人居住的老年人公寓等。目前新加坡 86% 的人口住在组屋中，其中 93% 拥有产权，另外 7% 租赁组屋居住；而人口 14% 的高收入家庭，他们住在市场价格的私人高档商品房里,[3] 消灭了贫民窟和移民聚居地。

新加坡的组屋是由隶属于国家发展部的建房发展局开发建设的，建房局是该国最大的法定开发建房机构，政府每年向建房局提供津贴和住房发展贷款，到 1996 年，政府提供给建房局的这两项资助共达 590.7 亿新元。[4] 住房发展贷款分为住房建设贷款和购房抵押贷款，住房建设贷款通过出售组屋收入后偿还给政府。建房局获得的购房抵押贷款则贷给中低收入者购买组屋，贷款利息比公积金存款利息高 0.1%，但比商业银行的按揭贷款利率要低，组屋按揭购买者通过每月提取的公积金来分期偿还贷款，建房局汇集这些分期付款后，再将其归还给政府。可以说，新加坡建房局在居者有其屋计划中扮演着非常重要的角色。

①　张永和：《李光耀传》，广州花城出版社 1993 年版，第 352～353 页。
②　宋培军、张秋霞：《试论新加坡住房市场的体制特点及其成因》，载《当代亚太》2004 年第 8 期，第 57～62 页。
③　唐相道：《新加坡安居工程》，上海社会科学院出版社 1997 年版，第 1 页。
④　胡昊：《新世纪新加坡住房发展的挑战与对策》，载《中国房地产》2001 年第 11 期，第 74～76 页。

新加坡政府在 1966 年施行新的土地获取法，实现土地强征法规，用于公共住宅建设。这样政府就能控制组屋的建造成本，进而管制组屋售价，其价格中不包括征地费用。政府对价格受管制的"组屋"实行配售制度，可上市交易流通，直接向政府购买的组屋价格约为市场价的 50% ~ 70%,[①] 购买者须住满一定时间后才可在二级市场上出售组屋。政府对中下收入阶层鼓励、支持购买组屋，对部分低收入者采取先租后买，以折扣价出让组屋，而对高中收入群体则让他们自行购置市场提供的私宅。新政府为了刺激住宅产业发展，也曾一度允许私人房地产的所有者也可以购买转售组屋，但规定他们不能居住在原来私人产业内，而必须居住在组屋内。

新加坡的私人住宅属于私人房地产商投资兴建的、完全按照市场运作模式、市场定价、供应高中收入群体的高级住宅，其占住宅总供给的 14% 左右。针对市场泡沫和过度投机行为，政府主要是通过市区重建局以土地的供应和市场管制来进行管控。

总之，新加坡的组屋逐步市场化所形成的组屋市场，与一直存在的私宅市场共同组成了该国的住房市场，其住房分类供应体系调控住宅市场可以概括为：稳住组屋市场大头，放活私宅市场小头。

### 3.2.1.2　美国

美国的住房分类制度主要是区别高、中、低收入来制定政府的住房供给政策。美国的高、中、低收入居民户多年来的比例大体上是 20 : 62 : 18,[②] 住房分类供应制表现为对高收入者供给市场价商品房，政府基本对此阶层的住房不管，除了因投机等行为导致房价大涨大跌要进行管制外，一般政府不干预私宅市场；对中等收入者供给政府调控的"社会住宅"，社会住宅的建设标准和售价受到一定的政府管制，政府对这部分家庭提供贷款担保、贴息和税收减免等帮助他们购建住房，家庭只支付首付款和承担小额利息，而政府则承担还贷风险和大部分利息，为了鼓励中等收入家庭买房，政府允许他们将买房支出来核减个人所得税；对低收入者则供给住房标准较低的公共住房，它只租不售，房租超过家庭户收入25%[③]以上部分由政府补贴。美国政府对住房建设进行干预以解决中低收入者住房问题始于 1948 年当选的杜鲁门总统，1949 年通过的《住宅法》确认了退伍军人管理局、联邦住宅管理局和联邦全国抵押协会作为促进公共住宅建设的非盈利机构。20 世纪 80 年代以来，美国每年拨出的房租补贴和住房维修建设费用合计都在 100 亿美元以上。[④] 早先美国的公共住房主要由政府直接建房和对开发商提供贴息优惠支持建房两种，后来政府补贴从住房建设者转向住房家庭的需求者，

①　唐相道：《新加坡安居工程》，上海社会科学院出版社 1997 年版，第 1 页。
②　包宗华：《美国住房制度的稳中有变简析》，载《建筑经济》1999 年第 3 期，第 27 ~ 31 页。
③　随着美国限租法规的取消，目前，房租已占低收入家庭收入的 30%。
④　姚玲珍：《中国公共住房政策模式研究》，上海财经大学出版社 2003 年版，第 62 页。

直接补贴给低收入家庭，由地方政府按议定的低于当地合理市场租金给住户提供补贴，但这种方式容易导致低收入阶层聚居区的产生。再后来，为了避免形成低收入社区和贫民窟，政府采取房租"补助券"计划，无论收入多少，家庭可根据自己的需要选择理想的社区，并将家庭收入的 30% 交作房租，与市场租金的差额由政府发券补齐。而随着低收入家庭子女长大、收入的提高，再拿 30% 交房租就显得不合算了，受惠家庭自然会考虑买房，因此，这种方式具有一定的激励效果。

美国政府扶持中低收入家庭的住房财政政策包括住房供应和住房消费两大块，而住房供应财政政策主要是财政投资建造和财政补贴住房建设，如美国联邦住房与城市发展部每年安排 150 亿美元的住房发展计划，用于提供中低收入阶层的住房建设与补贴；住房消费财政政策主要是对受惠家庭购、租房时进行现金补贴和减免税收。而金融政策主要体现在住房建造上给私营开发商提供低息贷款和税收信贷鼓励他们建设中低收入阶层住得起的住宅；在消费方面则主要包括多种形式的住房抵押贷款、别具特色的政府与私营机构混合的抵押保险担保机制以及住房抵押贷款的证券化。如联邦政府为购房支出占家庭收入比低于 41%[①]的中低收入家庭个人住房抵押贷款提供全额保险，一是为这部分合理消费家庭还不起"月供"时，由政府代为偿还剩余债务，受惠家庭不至于被"扫地出门"，这有利于社会的稳定；二是不会出现因无法偿还住房抵押贷款债务而危及金融机构安全的风险。

### 3.2.1.3 日本

20 世纪第二次世界大战后的日本，在战争废墟下有 2000 多万人无房住，住房短缺成为日本政府第二次世界大战后恢复重建的首要问题，政府意识到住房问题的解决是稳定民心和经济重建的关键，住宅不同于一般商品，不能将其作为完全商品而推向市场。为此，日本政府先后于 1951 年和 1966 年分别颁布了《公营住宅法》和《城市住房计划法》，从立法上为政府调控居民住房供求，帮助中低收入阶层解决住房问题等提供了法律支持，目前，日本颁布了多达 15 个与住宅市场发展政策相关的法律。日本住房分类供应制度采取中等以上收入家庭通过自己经济能力购买市场价商品房；中等及偏下收入家庭的住宅由日本中央政府负责资助解决；低收入、单亲、特殊困难家庭及单身个人的住宅则由地方政府负责资助解决。此外，日本针对本国老年人多的现状，鼓励各方支持参与建设或改建面向高龄者的优质出租住宅及促进住宅的无障碍化建设等。日本政府专门成立了国营性质的公团公社、公营住宅和金融公库三项制度用于解决中低收入群体的住宅问题。公团与公社住宅都是提供给广大中等收入或中产阶层"蓝领"者使用的，其供给的各种住宅可以满足该阶层购买和租赁

---

① 姚玲珍：《中国公共住房政策模式研究》，上海财经大学出版社 2003 年版，第 79 页。

的需求，住宅供给公团属于大都市区住宅综合开发建设、销售租赁的供给机构，如 1961 年该机构率先在大阪建设的新城模式，后来则成为日本大都市中产阶层家庭的理想居所；公社则属于都道府县地方城市的住宅供给机构。公营住宅是面向低收入家庭的低租金集合住宅，由地方负责投资建设与管理，受惠家庭每年需提供收入或税收证明，超过收入上限则依法取消受惠资格，政府依据受惠家庭的收入划分应缴交的租金档次。日本的金融公库则是委托金融机关向中低收入阶层购买者和租赁住宅者提供长期低息的住宅贷款，凡是购建或租赁的住宅在国家规定的面积和价格范围内，都可向公库申请低息贷款，利率比市场低 30%，并由政府财政贴息。日本政府公有资金介入资助解决住宅问题占到整体住宅市场的一半以上，这使得日本住宅市场更多地表现为政府干预的特征。日本财政提供的住宅资助资金主要来源：其一是约占总资助资金一半以上的邮政储蓄归集资金；其二是约占 14% 的各类退休金和保险费；其三是约占 6% 的政府债券，2000 年债券金额达到 504 兆日元；[1] 另外还有其他方面的资金资助。经过政府多年的努力，20 世纪 60 年代末，日本解决了住房短缺问题，随后出现了住房富裕的局面，到 1998 年，全国住宅总数是家庭总数的 1.13 倍。[2] 为此，日本开始单纯从住宅数量上的增长转为质量上的提高，并陆续颁布了《住宅性能标准》、《确保住宅品质促进法》、《提供优质出租住宅促进法》、《住宅楼合理改建法》等多个政策法规。可以说，作为土地面积有限的岛国，日本能够较好地解决国民的住房问题离不开政府的强有力支持和市场的介入政策。

### 3.2.1.4　欧洲国家

欧洲绝大多数国家住宅供应分为私宅和公共住宅。从住宅分类供应体系来看，英国住宅市场中租赁和销售都很发达，市场主要有三种住宅供应：自有住宅、私有出租住宅和公共出租住宅。英国富豪居住在奢侈的私人豪宅里，如伦敦市中心的肯辛顿宫花园，该花园有着高达 7000 万英镑的豪宅，[3] 非一般人所奢望；大多数中产阶层家庭购买地段较好的"联排"别墅或高级公寓；中等偏下收入家庭购买或租赁私有的集合式住宅；而低收入家庭则租住在租赁建筑协会或政府提供的公共住宅中。作为老牌的资本主义经济国家，英国政府较早就介入住宅供应，1919 年的《住宅法》就明确了由政府投资建造公共住宅并以低租金[4]出租的公营住宅住房政策，在 1971 年，公营性质的公共出租住房供应量占市场住宅总数的 31%，[5] 而最高时公房占到住房总数的 50% 以上。[6] 德国政府也很重视住房问题，认为弄不好会影响到社会的稳定，因此，政府采取了积极的措施干预住

---

①　童悦仲等：《中外住宅产业对比》，中国建筑工业出版社 2004 年版，第 31 页。
②　《平成十四年度大阪府统计年鉴》2003 年 3 月。
③　许安结：《世界最贵豪宅 7000 万英镑》，载《环球时报》2004 年第 4～14 期，第 12 页。
④　一般低于市场租金的 40%。
⑤　田海东：《住房政策：国际经验借鉴和中国现实选择》，清华大学出版社 1998 年版，第 37 页。
⑥　童悦仲等：《中外住宅产业对比》，中国建筑工业出版社 2004 年版，第 70 页。

宅建设供应，确保每户家庭都有一个较均等的居住机会，而不是放任市场。德国政府为了解决中低收入者的住房问题，通过住房储蓄和政府补贴等鼓励居民自建住房，政府给予低息或无息贷款的优惠。德国政府认为地价高，尽管有利于政府财政收入，但是对住宅市场发展不利，特别是难以解决中低收入家庭的住房问题，因此，部分州在土地供给方面给予不同程度的价格优惠。另外，德国政府对私营开发企业进行了大量补贴，建造许多福利住房，并将其以低于市场租金30%～50%的比例出租给低收入者及困难家庭。法国是人口低增长的国家，全国人口仅6000多万，20世纪70年代在政府的参与下，住宅供求就基本饱和。因此，目前政府住房政策主要是鼓励中高收入家庭购买市场价商品房，并用各种方式扶持低收入家庭租房。对于高福利、高消费和高工资的国家瑞典而言，早先也面临住房紧张问题。20世纪50～60年代，由于房屋管制的放松导致房租上涨，加上大批劳力迁居城市，使得瑞典出现了整体上的住房短缺现象。为此，国会通过庞大的公共建房计划，打算花20年时间建造100万套现代化住房以解决房荒，而且在20世纪70年代基本得以解决。作为高福利国家的瑞典，政府在1967年的法案中提出，以合理的价格向全民提供有益于健康的、宽敞的、设计合理和设备齐全的住房，[1] 表明了瑞典政府的住房政策采取面向全民的普惠原则，这点使它与其他国家仅向中低收入阶层提供优惠住房有明显的区别。1990年瑞典人均居住面积已达47平方米，住房质量较高，市场主要供应的住房有三种：（1）基本为别墅的私人住宅（约占46%）；（2）公寓租赁房（约占40%）；（3）约占14%的可自由买卖的公寓楼。

有了上述住房分类供应体系，若没有相应的立法和配套制度供给还是无法解决中低收入家庭的住房问题。为此，欧洲许多国家首先在立法上来推动面向中低收入阶层住房政策的实施。其次，综合运用政府财政、税收、金融、保险担保、土地等多种政策工具，来扶持中低收入阶层购建或租赁住房，使他们都能受惠，得到与其收入水平相适应的住宅。在面向广大中低收入阶层或大众的住宅建设销售租赁的政策法规或文件方面，如英国的《劳动阶级租住公寓法》（1851年）、《住房法》（1890～1988年）、《格林伍德法》[2]（1930年）、《住房金融法》（1946年、1972年）、《住房补贴法》（1956年、1967年）、《租赁改革、住房和城市发展法》（1993年）；[3] 瑞典的《低成本和低租金计划》（1945年）；德国的《住宅建设法案》（1950年、1956年）、《联邦建设法》（1960年）和《住宅改善法》，等等。瑞典在低成本与低租金计划中还提出向地方政府、住房协会和住户提供贷款来遏制住房市场中的投机行为。各国在解决中低收入阶层住房供应问题中，财政政策起关键作用。住房财政政策主要采取政府直接投资建房和住房补贴，住房补贴包括房租补贴和建房补贴。在住房消费方面，英国、德国还采取房租管制，

---

① 姚玲珍：《中国公共住房政策模式研究》，上海财经大学出版社2003年版，第233页。
② 该法提出对贫民窟进行改造的补贴方案，后来成为主要的住房补贴方式。
③ 田海东：《住房政策：国际经验借鉴和中国现实选择》，清华大学出版社1998年版，第41页。

以平抑过高的房租，瑞典则对公共住房租金进行管制，英国直至 1996 年才放松房租管制。瑞典则通过住房贷款利息补贴、税收优惠和房租补贴三种形式支持合作社和私人建房。在住房金融政策方面主要给中低收入者提供无息或低息贷款用于购建住房。德国还成立了专门的建筑储蓄银行以提供购建房贷款，英国则对租户购买所租住的住房给予房价 32% ~ 60% 不等的折扣优惠政策，若租户一时无力全额购买，也可采取先拥有半产权的分享政策。欧洲各国通常采用所得税收减免优惠来鼓励居民买房消费，以实现"居者买其屋"，特别是法国这方面做得比较突出。另外，政府还建立住房贷款担保资金对合理消费的中低收入者提供抵押贷款担保，以帮助他们实现住房消费。

## 3.2.2 国际经验的启示与分析

从世界各国住房市场发展历史与成功经验来看，针对住宅商品与一般商品的本质区别，许多国家并未对住宅市场采取放任不管的做法，相反，政府却是积极地介入市场以解决中低收入阶层的住宅问题。实质上，各个国家住宅问题就是中低收入阶层的收入与房价之间不可调和的矛盾问题。世界上住宅问题处理较好的国家，政府都积极介入住房分类供应体系，从法律与相关政策制度设计上以有效地解决他们的居住困难，这些做法可为中国的住房市场发展提供启示与借鉴。只有很好地解决好中低收入阶层的住房供应，提供满足适合其收入水平的住宅，政府再辅以适当的财政、金融、税收等的政策扶助，中低收入者的低收入与市场高房价的矛盾自然会迎刃而解。相对而言，因市场投机行为导致的高房价泡沫问题解决起来就比较有针对性了。

1998 年 7 月国务院发布《关于深化住房制度改革加快住宅建设的通知》，决定在全国实行住房分类供应体系，对不同收入家庭实行不同的住房供应政策。供应高收入者市场价商品房，供应中低收入者政府限价的经济适用房，供应最低收入者政府提供的廉租房，推行住房分类供应体系及其制度建设是合理地解决中国中低收入阶层住房问题的重要保证。但是从目前执行情况看不容乐观，特别是面向中低收入者的住房无论从供应量还是对象上都没有达到应该供给的水平，这还必须从立法和制度建设上加以规范与完善。

目前，针对既买不起市场价商品房又满足不了购买经济适用房条件的中等收入者，政府适时推出中国限价商品房，这样，中国未来住宅市场上的房源供应将出现如下几种形式：廉租房、公租房、经济适用房、限价商品房和市场价商品房。限价房、经济适用房和公租房将是推行中国式住房分类供应制度的核心，其成功与否，将决定中国住房分类供应制度的成败。实际上，与其他国家一样，推行中国住房分类供应制度，在住房建设、消费、租赁方面给中低收入者以适当优惠的基础上，让高中低收入者各尽所能地各居其屋，是一种从中低收入者不同的经济承担能力出发，政府、机构、企业、民间与个人共同参与全面解决住房问题的好办法。当然，在中国住房分类供应制度设计中，必须对限价房和经济房的面积、价格和进入退出进行管制，否则就失去解决中低收入阶层住房问题的意义。住宅作为一个关系国计民生的必需品，存在政府管制是一种正常状态。从目前看，中国限价房有其长期存在的必要，这对于构建房地产市场的长效稳定机制有积极的现实意义。

# 第 4 章

# 房地产价格的形成与管制方法分析

## 4.1  城市住宅用地价格形成理论

城市住宅用地价格是住宅价格体系中的重要组成部分。作为稀缺资源和资产的土地，对房价上涨的贡献很大，为此，有必要首先考察城市土地价格的形成理论，所谓土地价格就是使用土地的代价，是土地的权益价格，由于土地不是劳动产品，是自然禀赋，所以地价不是土地价值的货币表现。

### 4.1.1  古典地价理论

古典地价理论是从地租角度来分析地价的，认为土地价格就是一定年数的地租，甚至明确指出地价为年地租的 21 倍（威廉·配第，1662），[①] 显然，配第公式的前提条件是土地所有权不变且年地租是稳定的。马歇尔认为地租只受土地需求影响，土地需求价格则取决于土地的边际产品价值。马克思认为"土地不是劳动产品，从而没有任何价值"，[②] 但是由于土地能为人们永续地提供产品和服务而具有使用价值，在土地的稀缺性及其所有权垄断性条件下，土地所有者就可以凭其获得一定的收益——地租。这样土地价格就不是土地自身的购买价格，"而是土地所提供的地租的购买价格，它是按普通利息率计算的"，[③] 也就是说购买土地所支付的价格实际上是购买土地的永续地租，而非土地的本身，马克思由此提出了土地价格的实质是地租资本化的精辟论断。[④] 土地价格资本化公式用数学演绎过程如下：

---

① 配第认为 21 倍为当时英国三代人可以同时生存的年数。
② 马克思、恩格斯：《马克思恩格斯全集》（第 25 卷），人民出版社 1974 版，第 702 页。
③ 马克思：《资本论》（第三卷），人民出版社 1998 年版，第 703 页。
④ 我们可举个简单的例子来理解资本化过程：比如某原始资本是 100 万元，利率是 10%，则该资本每年收益为 $100 \times 10\% = 10$（万元）。其逆过程道理是假定某资本每年可产生 10 万元的收益，利率是 10%，则该资本的价格就应为 $10/10\% = 100$（万元），这个逆过程就是收益的资本化过程，利率称为资本化率，地租的资本化类似于这样。

$$土地价格 P = \sum_{t=1}^{n} \frac{A_t}{(1+i)^{-t}} \qquad (4.1)$$

式中 $A_t$ 是第 t 年的地租, 若每年地租稳定不变为 A, 则 (4.1) 式推演为 $P = A \frac{(1+i)^n - 1}{i(1+i)^n} = \frac{A}{i} \left[ 1 - \frac{1}{(1+i)^n} \right]$, 由于此处土地价格是土地的所有权价格, 获得地租的年限是很长的, 即 n 很大, 因此土地价格公式继续推演为 $P = \frac{A}{i}$。在马克思地价公式中的 i 为普通利息率, 则土地价格 = 地租/利息率。

利息率是在单位时间内所得的利息额与本金之比, 该单位时间有年、季度、月和周等。地租通常采用时间单位是年, 即每年的地租收益, 因此, 利息率的量纲单位是 "$\frac{1}{年}$", "$\frac{1}{i}$" 的量纲则为 "年"。所以土地价格实际上是购买一定年限内 (购买年) 的地租, 也就是说配第地价公式本质也是地租资本化, 正如马克思所说: "在英国, 土地的购买价格, 是按年收益若干倍来计算的, 这不过是地租资本化的另一种表现"。[①] 可以说, 古典的地价理论中土地价格的求取过程实际上演变为地租资本化的过程, 地租表现为土地拥有年限内由土地所产生的剩余收益流量, 将其资本化所得的现值作为地价。古典地价理论尽管针对的是农业用地的地租地价, 但是它是城市地价理论的基石。

## 4.1.2 现代城市土地价格理论

现代西方经济学对地价的研究更为细致, 注重城市地价的空间分布和数量分析, 并采用了最新的经济学理论方法成果, 如市场供求论、生产费用论、边际效用论、边际生产力论以及均衡分析和数量分析方法等来探讨城市土地的价格问题, 形成了现代城市土地价格理论。该理论的开山鼻祖是英国经济学家马歇尔, 他将 19 世纪 70 年代边际革命以后的成本论与效用论对接, 构建了市场均衡价格理论体系, 把均衡价格归于市场供给与需求两大力量共同作用的结果, 认为供给受制于生产费用, 需求则受制于效用最大化原则。在该理论体系的框架下, 产生以下几个最具代表性的城市地价理论。

### 4.1.2.1 城市土地竞价曲线理论

美国区域经济学家胡佛最先提出城市土地竞价曲线理论, 该理论从城市土地用途的视角, 利用市场供求理论, 针对城市不同用途土地使用者相互竞标的结果来构建土地供需函数, 以此勾勒出反映各不同用途土地价格市场竞争结果的竞价曲线。由于城市中心商务区 (CBD) 是商业的聚集地, 其地价最高, 反映在竞价曲线上就最为陡峭, 且该区域土地需求竞争也最激烈, 土地使用者的竞价能力最

---

[①]  马克思:《资本论》(第三卷), 人民出版社 1998 年版, 第 703 页。

强。相比较而言城市中心的外围不是商业集中的地方，竞争就比较弱，土地使用者的竞价能力也比较低下，反映在竞价曲线上就比较平缓。胡佛由此得出结论：商业用地价格高于住宅用地价格；一般居民会选择住在租金适宜且生活舒适、安全的城市中间地带，而商务人员则选择工作便利、收入有保障的中心地区。胡佛竞价曲线理论的本质是将城市以 CBD 为中心、以各不同用途土地为轴线来划分地价区段，越远离城市中心的地价越低。其实该理论的雏形早在杜能（1826）的著作《孤立国同农业和国民经济的关系》中关于地租取决于田庄离城市位置优劣的观点就已初见端倪。[1] 阿隆索（Alonso，1964）则另辟蹊径，在其《区位和土地使用》著作中将竞价曲线定义为一组家庭在城市中距离市中心的不同位置都有能力支付而又保证同等满意度的价格曲线，并以其来表示城市地价与距离市中心的组合关系。他首先对城市做出一系列模式化的假设，以此为基础，从家庭效用最大化的研究视角，建立了家庭收入和支出（住房开支、交通费用、其他商品支出）的家庭收支预算限制模型。一般市中心区域住房支出比较高，但是出行便利，交通费用开支就低，反之则相反。另外，家庭同时还有考虑其他商品支出，因此在家庭收入一定情况下，为了取得效用的最大化，家庭居住区位选择的平衡必须要确定这三项支出之间的比例关系。为了求出模型的最优解，阿隆索引入了城市地价曲线，该曲线反映城市地价与距离城市中心长度的反比关系，地价曲线与竞价曲线的切点就是最优均衡点。家庭收入越高，竞价能力就越强，竞价曲线越陡峭，均衡点就越高，反映出城市土地将配置给出价最高的竞争者。[2] 阿隆索的城市竞价曲线理论比胡佛理论更进了一步，他不但解释城市土地价格分布模式，还引入消费效用最大化的家庭居住定位模式，并且将二者有机地结合起来，求出其均衡解。其局限性在于它研究的是局部均衡而非一般均衡（Richardson，1977），而且仅考虑城市土地的需求而没有涉及其供给（Evans，1985）。

### 4.1.2.2　土地价格的区位理论

区位是指特定宗地所处的空间位置及其与相邻宗地间的关系，区位理论是研究人类活动空间分布经济规律的理论。有句至理名言是："土地第一重要是区位，第二是区位，第三还是区位"，由此可见土地区位对土地价格的重要性。地价区位理论认为土地区位的不同或者同一区位土地用途的不同，会导致土地收益的极大差异，从而形成土地价格的等级落差。杜能（1826）最早提出农业区位论，1909 年德国经济学家韦伯通过对工业品运输、劳动力及集聚因素相互作用的分析，以寻求生产成本最低的理想区位而成为工业区位理论的奠基者。伴随着工商业和城市化的发展，商业区位论和住宅区位论研究在 20 世纪 20 ~ 40 年代也应运而生。1925 年巴吉斯根据居民家庭收入和居住质量关系提出"同心圆带状"住宅区位论，认为市中心住宅区位质量的恶化将导致高级住宅的郊区化，市中心最

---

① 杜能：《孤立国同农业和国民经济的关系》，商务印书 1986 年版，第 189 ~ 192 页。
② Alonso W. Location and Land Use. Cambridge：Harvard University Press，1964，pp. 20 ~ 50.

后将成为中央商务区。1939 年霍伊特通过对房租的实证研究提出了扇形住宅区位论，认为住宅区将沿着空间和时间摩擦最小的路径由内向外延伸，而摩擦最小的路径往往是交通路线，与巴吉斯不同的是，他还得出高档房有往高级商务中心和社会名流居住地移动倾向的结论。1945 年乌尔曼和哈里斯提出城市多核心总体结构下的区位论，认为住宅区既非圆带状，也非扇形状，而是由多个商务中心组成的块状结构。由于交通成本的原因，低级住宅区还是围绕商务区和工业产业区而分布。1947 年狄更逊将城市分为中央、中间和边缘三个地带，提出三地带区位论。而爱里克森则于 1954 年将几家理论进行折衷，认为城市以商务中心为核心向外呈放射延展，放射状带为住宅分布区，城市外围则为大工业区。①

总之，尽管土地价格区位理论的研究思路扩展到将人类活动与社会、经济和自然等结合在一起，并揭示出地价与各要素之间的内在相互关系和空间分布规律，通过分析土地区位条件变化导致的区位空间差异，以期达到确定土地价格的目的。但是，其决定地价的思想并未脱离城市土地竞价曲线理论的窠臼。

### 4.1.2.3　城市土地价格的供求理论——基于住宅产业土地的供给

该理论认为城市土地价格是由城市土地市场的供求关系决定的。由于地表面积的有限性，决定了土地的自然供给是无弹性的。另外，土地的需求是一种引致需求。因此，在土地供给无弹性下，土地的价格主要由土地的需求决定（萨缪尔森，1986）。②

但是，对于城市产业用地而言，由于城市化的发展，城市土地面积在不断增加。另外，如果城市中对住宅产业用地的需求增加，就会出现其他产业需求不太紧张的用地转入该行业，如福州市工业路两边原来都是工厂，随着房地产的升温，住宅用地的紧张，加上 20 世纪末叶许多小企业破产倒闭，导致现在工业路两边基本都被开发成住宅小区，"工业路"已经名存实亡。因此，从此角度看，对具体某个产业而言，其城市产业土地供给又是有弹性的。我们可以用图 4 - 1 表示城市住宅产业土地的均衡价格。

一般情况下，住宅产业用地的供给和需求都是有弹性的，图中产业用地的原始供给曲线为 $S_0$，需求曲线为 $D_0$，两曲线相交点为 $E_0$，实现了市场均衡，此时均衡价格为 $P_0$。假定在住宅产业土地供给不变的情况下（指在任何同一个价格水平，不会增加该产业的土地供给），政府的产业政策激活了产业需求，使住宅产业土地需求增加，曲线右移为 D，市场均衡点变为 $E_1$，土地均衡价格上升为 $P_1$。若此时地方政府同时加大城市化步伐或增加市场中的土地供给，供给曲线移到 S，新的均衡点为 $E_2$，均衡价格就下降为 $P_2$。该理论说明市场供求对土地价格的影响方向。

① 曹振良：《房地产经济学通论》，北京大学出版社 2003 年版，第 105～108 页。
② 萨缪尔森：《经济学》（中），商务印书馆 1986 年版，第 254 页。

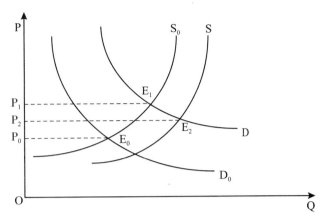

图 4 – 1  城市产业用地均衡价格

### 4.1.2.4  城市土地价格的收益理论

它是土地估价方法之一收益还原法的理论依据，也称为土地资产价格理论。该理论是从土地的需求视角来研究土地的价格，认为土地的购买者即需求方愿意出价购买土地是因为在未来土地的持有期，土地可以给其带来源源不断的收益，该收益包括未来将土地出售所得，因此，购买土地本质上就是购买它未来的预期收益，这样土地价格就与它未来的收益紧密地联系在一起。土地经济学的创始人伊利的观点认为，土地所能带来的收益是确定其资本价值的基础，该资本价值在流行词汇中则称为土地的售价。[①]  对于土地所有权人而言，因为持有期无限，其土地收益价格数学公式为：

$$P = \sum_{t=1}^{N} \frac{A_t}{(1+i)^t} + \frac{P_N}{(1+i)^N} \tag{4.2}$$

式中：P——土地价格；

i——土地的投资收益率；

$A_t$——持有期第 t 年的土地收益；

$P_N$——持有期第 N 年的土地出售所得余额。

由于土地的所有权持有年限为无限年，如果持有期不出售土地，且土地的每年收益均假定为 A，这样，土地的价格 P 就演变为 $P = \frac{A}{i}$，即等于土地收益／土地投资收益率。在收益无限年下，投资收益率即为资本化率。该公式与马克思主义经济学的地租资本化公式是一致的。

通过上述理论分析，我们至少可以得到如下结论：即城市住宅用地价格的本质是土地地租或收益的资本化。也就是说城市住宅地价很大程度上取决于土地的收益和资本化率。

---

① 伊利等：《土地经济学原理》，商务印书馆 1982 年版，第 225 页。

### 4.1.3　住宅用地价格形成要素的本质及其确定

既然城市商品住宅用地价格的本质是土地地租或收益的资本化，因此，资本化中的要素则关系到住宅用地价格的高低和政府管制的路径，下面有必要对经营性商品住宅用地价格的本质要素进行分析。

#### 4.1.3.1　住宅用地收益与确定思路

研究土地价格自然离不开拥有土地所带来的收益。在农业社会，土地的收益是以地租形式来体现。在西方长达 320 多年的历史长河中，地租理论的研究浩如烟海、观点层出不穷。在不同的历史阶段，由于立场与看法的迥异，经济学家们给地租下的定义也各不相同。西方古典经济学主要是针对农业部门来研究地租的，威廉·配第在《赋税论》（1662）中指出地租是劳动产品扣除生产投入维持劳动者生活必需后的余额。[1] 魁奈认为地租是由自然界的帮助而生产的剩余产品，并称为"纯产品"。[2] 杜尔阁则进一步指出了"纯产品"是土地对于农业劳动者劳动的赐予，明确提出地租是劳动者的剩余劳动。[3] 亚当·斯密在《国富论》（1776）也阐明了地租是劳动者所创造的生产物价值的一部分，他给地租的定义是为使用土地而支付的价格。[4] 对古典经济学地租理论做出重大发展的则是与亚当·斯密同时期的安德森，他在《谷物法本质的研究》（1777）中明确提出地租不是来源于土地，而是来源于土地产品的价格，其实质是由劳动创造的，级差地租与土地的相对肥沃有关而与土地绝对生产率无关。李嘉图（1817）则在此基础上发展了级差地租理论，基于劳动价值论基础上，他定义"（级差）地租总是由于使用两份等量资本和劳动而获得的产品之间的差额"。[5] 马歇尔、克拉克和帕累托等新古典经济学家们另辟蹊径，他们用边际方法研究地租而不再使用古典经济学地租"剩余说"来分析，指出地租取决于土地的边际生产力。集众理论之大成者马歇尔创立了价格供求均衡理论，指出地租（地价）大小受制于土地需求，所有地租均具有稀缺（垄断）地租和级差地租的形态。

马克思主义经济学认为地租的本质来源于劳动，指出无论土地优劣，土地所有者都可凭借土地所有权垄断获得绝对地租，否则就意味拥有土地权利的废除。由此推断绝对地租是土地价格的基石，只要存在土地所有权的垄断，地租就不会消散，就会资本化为地价。[6] 从此视角看，地价根基源于其产权。级差地租则与土地的优良等级相关，是土地所有者因拥有较优土地而占有的超额利润，表

---

① 威廉·配第：《赋税论》，商务印书馆 1972 年版，第 43～49 页。
② 魁奈：《魁奈经济著作选集》，商务印书馆 1979 年版，第 300～310 页。
③ 杜尔阁：《关于财富的形成和分配的考察》，商务印书馆 1978 年版，第 52～57 页。
④ 亚当·斯密：《国民财富的性质和原因的研究（上卷）》，商务印书馆 1972 年版，第 140～160 页。
⑤ 李嘉图：《李嘉图著作和通信集》（第 1 卷），（中译本），商务印书馆 1962 年版，第 59 页。
⑥ 马克思、恩格斯：《马克思恩格斯全集》（第 25 卷），人民出版社 1974 年版，第 861～863 页。

现为区域之间、城乡之间、城市中心与市郊之间地价的差别，而且这种差别随着城市基础设施的不断投入而呈现扩大之势，级差地租是地价高低存在的主因。垄断地租的形成来自某些土地特殊的自然条件，反映在土地产品由此产生有别于其他产品的垄断价格，如在风景秀丽的江河湖海边建的住宅价格就特别地高，紧临杭州西湖边的房子比远离它的价格高许多，尽管它们房屋结构都差不多。

现代社会的土地用途已经多样化，土地可用于商业、旅游、文体、住宅、工业、农林牧等，因此，买卖租赁土地不在仅局限于"躬耕农亩"式地支付地租，尽管它仍然是自然资源，但是它更多地以生产要素、投资品、资本品和现代资产的面目出现。地租的用词也逐渐地被土地收益所替代。伴随土地"产品"的多样性，由土地所产生的收益也不同，从而对土地的出价也不同，形成不同用途土地价格的高低落差。

住宅用地收益表示开发企业或投资者从住宅商品上所获得的属于土地部分的收益。开发企业根据住宅用地为其赚取的收益大小来决定地价的高低。同样，若住宅租金中能够将土地部分的租金分离出来，置业投资者也是根据土地租金也即土地收益的高低来决定楼面地价的大小。值得注意的是，城市不同的区位条件决定了土地级差收益的区别，最终表现出不同城市住宅用地价格的等级差异规律。

总之，住宅用地收益是土地上的住宅商品总收入（房价）扣除商品房开发生产经营所耗费的总开发成本、销售税费和开发企业正常利润等后归属于土地部分的收益。住宅用地价格是住宅用地收益资本化的本质决定了它们二者成正比例的关系，这也是土地估价剩余法和租金剥离法的原理。因此，在收入支出项目处于产业中正常客观情况下，住宅用地产生的收益越高，住宅用地价格也越高。

### 4.1.3.2　住宅用地价格资本化率与还原利率的区别及联系[①]

在马克思的土地地租资本化公式中，资本化率"是按普通利息率计算的"，该表述暗含着这样一种逻辑指向，即购买土地的行为等同于存钱于银行的行为，将多余的钱存入银行获取利息其实质是一种投资，只不过属于低风险的投资而已。这就是说，购买住宅用地开发置业投资经营类似于存钱于银行的投资行为。因此，在土地"招拍挂"出让下，购买经营性住宅用地进行住宅投资开发的行为，就是一种投资行为。该过程与其说是购买一定年限土地使用权，还不如说是购买该经营性住宅用地的未来开发收益。这也是地价评估三大方法之一收益还原法的理论基点，从收益法一般式：$V = \sum_{t=1}^{n} \hat{A}_t (1+i)^{-t}$ 中我们已经看到，土地价格 V 等于土地未来创造的净收益之和，当然这种年净收益 $\hat{A}_t$ 的相加不是简单相加，

① 王阿忠：《我国经营性土地基于投资补偿的还原利率实际估价模型》，载《技术经济》2006 年第 4 期，第 88~92 页。

而是要利用一个 i 进行贴现后的相加，原因很简单，因为我们是估价土地使用权的现在价值，而其年净收益均为未来值，未来值贴现为现在值即资金时间价值等效值的大小取决于该贴现率 i，这个贴现率 i 即为土地的还原利率。

土地价格收益还原法是将土地未来年净收益现金流转化为现在价值而求地价的过程。还原利率是这一转化过程的百分率。一般式有多种形式，例如：（1）无限年公式，①即土地年净收益 A 每年不变，且持续无限年，则 $V = \dfrac{A}{i}$；②土地年净收益逐年以 g 递增或递减，且持续无限年时，$V = \dfrac{A}{(i \mp g)}$；（2）有限年公式，土地年净收益有限年 n，$V = A \dfrac{(1+i)^n - 1}{i(1+i)^n}$；等等。无论哪种形式，还原利率均指公式中的贴现率 i。但是，土地资本化率仅指土地未来年净收益常数 A 与资产现值 V 的比值。由此看出，土地资本化率含义仅类似于无限年公式①的情景。既然买地是一种投资行为，那么还原利率就是一种投资收益率。当土地年收益 A 每年稳定，①且持续收益无限年时，地价公式就自然转变为资本化的形式，即 $P = \dfrac{A}{i}$，公式中的还原利率或投资收益率就演化为资本化率。因此资本化率是还原利率的一种特殊形式。

在土地所有权买卖社会里，土地使用期的无限性正好满足数学公式①的无限年要求。马克思用银行的普通利息率表示土地的投资收益率也是恰如其分的，因为，当时的社会经济不发达，不可能有太多的投资渠道，另外，也反映出当时买地投资是属于低风险的投资行为。现代社会由于产业经营的多样化，竞争激烈带来产业经营的风险，并反映在土地收益的不确定性上，收益风险使得土地的投资行为已经不属于低风险投资了。高风险，高收益率，反映出来的土地投资收益率会比银行利息率高。从公式①可见，任何投资于住宅用地的收益率一旦低于还原利率或资本化率，资本化率与地价的反比关系，就会显示出地价偏高，反映土地投资成本的过度投入，造成最终的住宅开发项目收益率达不到产业最低期望收益率水平，从而导致该投资行为就不会发生。因此，土地还原利率和资本化率真正本质是开发投资经营住宅用地的最低期望投资收益率，是投资者开发置业投资住宅产业土地的最低期望收益率或基准收益率，在美国亦称为产业准入收益率。可以这样理解还原利率和资本化率，投资者投资购买该经营性土地的收益率至少要达到还原利率，否则他会认为相对其他机会而言，就是亏损的。还原利率一般有这样一些特征：它会随所投资经营性土地的地段、发生时间、开发的物业类型（如商业、住宅等）等的不同而略显不同。若预期未来开发地产的成本较高，包括融资、建设成本等，或会产生高通货膨胀率，或该经营性用地的未来年收入存在较大风险，投机性较高等，则还原利率就较高，相应的地价就低。反之亦然，

---

① 此处可理解为置业投资行为中的土地年租金收益。

即土地未来所得收入更为确定，或没有明显的通货膨胀、开发成本低等，即投资风险低，则还原利率或资本化率就较低，地价就高。

### 4.1.3.3　住宅用地价格还原利率与资本化率的补偿机理

（1）还原利率的补偿机理。由于开发商投资购买住宅用地使用权属于投资行为，而非消费。因此，住宅用地的还原利率作为投资收益率，在确定其数值时，应认识到还原利率是由如下三项基本的投资补偿构成的。其一是延期消费补偿 $i_1$。开发商受到投资的吸引而购买经营性住宅土地，并为此延期了消费，因此该投资收益率肯定可以获得延期消费的补偿，否则他宁愿消费，也不投资，即使该投资没有任何风险，这个对延期消费的补偿也是必需的。延期消费补偿一定程度上也体现了投资者的实际收益。其二是通货膨胀补偿 $i_2$。其三是风险补偿 $i_3$。风险越高，风险补偿率就越高，还原利率也就越高。如上，商品住宅用地还原利率 $i$ 投资补偿由三项基本构建而成。因此有：

$$还原利率\ i = i_1 + i_2 + i_3 = R_f + i_3 \tag{4.3}$$

（2）住宅用地价格资本化率的补偿机理及实证分析。中国住宅用地价格是基于土地使用权收益基础上的，而住宅用地的使用权年限是 70 年，自 1988 年中国宪法和土地管理法进行修改，允许土地使用权依法出让转让以来，至今已过 19 年，有些经营性住宅用地使用权收益年限仅剩余 50 多年。因此，我们必须注意由此带来的地价有限年公式如 $V = A\dfrac{(1+i)^n - 1}{i(1+i)^n}$ 和无限年公式如 $V = \dfrac{A}{i}$ 中还原利率与资本化率的差别。我们先来具体分析这两个公式中 $i$ 的区别，即还原利率与资本化率的差别如下：

由 $V = A\dfrac{(1+i)^n - 1}{i(1+i)^n}$ 式，可得 $A = Vi + V\dfrac{i}{(1+i)^n - 1} = V\left[i + \dfrac{i}{(1+i)^n - 1}\right]$

$$\tag{4.4}$$

比较 $V = \dfrac{A}{i}$ 式，显然有限年比无限年多了 $\dfrac{i}{(1+i)^n - 1}$，地价确定时无论年限长短，若都用无限年公式且 $i$ 相同，就会使资本化率比还原利率少了 $\dfrac{i}{(1+i)^n - 1}$ 项。进一步分析：（4.4）式中 $V \cdot i$ 是投资者投入土地资本 $V$ 后的年投资回报，而 $V \cdot \dfrac{i}{(1+i)^n - 1}$ 则是年投资回收，因为当土地使用权这一无形资产的年摊销额为 $V \cdot \dfrac{i}{(1+i)^n - 1}$ 时，按折现率 $i$ 折算到期限末的 $F$ 值将等于 $V$，即 $F =$ 年摊销额 $\times \dfrac{(1+i)^n - 1}{i} = V \cdot \dfrac{i}{(1+i)^n - 1} \times \dfrac{(1+i)^n - 1}{i} = V$。这说明刚好 $n$ 年后回收原投资购买的土地价值 $V$。

显然，公式（4.4）中土地的年净收益 $A$ 是由年投资回报与年投资回收构成，即土地年净收益 A = 年投资回报 + 年投资回收。而无限年公式在 n→∞ 的条件下，自然使每年的投资回收 $V \cdot \dfrac{i}{(1+i)^n - 1}$ 趋于 0，从而导致无限年公式仅体现投资回报 A = V·i。因此，与西方一些国家土地所有权下土地使用收益无限年不同，对于中国住宅用地土地有限年使用下，若用无限年公式 $V = \dfrac{A}{i}$ 来评估地价，需对其中的资本化率 i 进行投资回收补偿，否则会造成误差，投资回收补偿率为 $\dfrac{i}{(1+i)^n - 1}$，以使有限年和无限年两公式求取的地价 V 相一致。

若用直线法摊销率 $R = \dfrac{1}{n}$ 来作为投资回收补偿，尽管简单，但不够精确。例如假定某住宅地产及所在行业有关数据如表 4 - 1 所示，其中有限年下还原利率三项基本补偿假定为 10%。表中当剩余年限为 25 年时，估价值应为 9.08A，在现实估价中若用公式 $V = \dfrac{A}{i}$，且还原利率不考虑投资回收补偿（$R_1 = 0$），估价结果却为 V = 10A，高估 10.13%。当 n = 10 时，比真实值 6.14A 高估了 62.87%，相当惊人。说明还原利率与投资回收有很大关系，实际估价中，需特别注意，不可忽略不计。表中可见，若用 $R = \dfrac{1}{n}$ 作补偿率则会低估地价很多。因此实际估价中，特别是用于抵押贷款，对于经营性土地估价采用无限年公式时，要进行投资回收补偿，否则就会带来住宅土地价格确定的虚高现象。

表 4 -1　　　　　　　住宅用地资本化率的投资回收补偿实证说明

| 公式与剩余使用年限 \ i 的补偿构成 | $A\dfrac{(1+i)^n - 1}{i(1+i)^n}$ | | | $V = \dfrac{A}{i}$ | | |
|---|---|---|---|---|---|---|
| | n = 40 年 | 25 年 | 10 年 | N = 40 年 | 25 年 | 10 年 |
| 还原利率 $i_1 + i_2 + i_3$ | 10% | 10% | 10% | 10% | 10% | 10% |
| 投资回收补偿率 $R_1$　　$\dfrac{i}{(1+i)^n - 1}$ | 0 | 0 | 0 | 0.226% | 1.017% | 6.275% |
| 投资回收补偿率 $R_1$　　$\dfrac{1}{n}$ | | | | 2.5% | 4% | 10% |
| 资本化率 $(i_1 + i_2 + i_3 + R_1)$ | | | | 10.226% | 11.017% | 16.275% |
| 资本化率 $(i_1 + i_2 + i_3 + R_1)$ | | | | 12.5% | 14% | 20% |
| 土地价格 V | 9.78A | 9.08A | 6.14A | 9.78A | 9.08A | 6.14A |
| 土地价格 V | | | | 8A | 7.14A | 5A |

表中最后一行可见，资本化率中考虑投资回收补偿率 $\dfrac{i}{(1+i)^n - 1}$ 后，无论经

营性土地剩余使用年限长短，有限年公式与无限年公式求土地价格的结果是一样的。也就是说资本化率等于有限年公式中的还原利率加上投资回收补偿率。

经营性住宅用地收益还原法无限年公式是在有限年公式当 n→∞ 条件下得到的，许多估价师在实际土地估价时，较少考虑公式中由于年限 n 无穷大后对还原利率的影响，下面我们必须将进一步分析住宅用地年净收益不同分布下的无限年地价公式中资本化率的确定问题。

（3）住宅用地价格净收益不同分布下广义资本化率的确定。要管制住宅用地价格，就必须弄清导致地价变动的要素。由于经营性住宅土地年净收益分布的不同，会形成不同土地价格的确定公式。在使用地价无限年公式时，若没有考虑对还原利率进行投资回收补偿，就会高估地价很多。为此，我们有必要将资本化率的概念进行拓展，将所有无限年公式中的利率 i 界定为广义资本化率。显然，只有当土地年净收益值为常数 A 时，且收益年限无限年时，资本化率才等于年净收益 A 与地价的比值。下面，为了确定广义资本化率，我们首先须确定各种土地年收益不同分布情况下的无限年公式中的投资回收补偿率，以便最终确定住宅用地价格。

无限年公式一般有四个：①土地年净收益值为常数 A。地价 $V = \dfrac{A}{i}$。②第 1 年土地年净收益值为 $A_1$，以后按比率 g 增减。则地价 $V = \dfrac{A_1}{(i \mp g)}$，其中 i > g。③土地年净收益值 1 至 t 年每年不同为 $\hat{A}_m$，t 年后固定为 A。$V = \sum\limits_{m=1}^{t} \dfrac{\hat{A}_m}{(1+i)^m} + \dfrac{A}{i(1+i)^t}$。④土地年净收益值 A 按数额 G 增减。$V = \dfrac{A_1}{i} \pm \dfrac{G}{i^2}$。

上述 g 与 G 前面的数字符号写上方的为递增，下方的为递减，针对此四个公式，分别讨论它们资本化率的投资回收补偿率如下：

（1）由前述，投资回收补偿率为：$R_1 = \dfrac{i}{(1+i)^n - 1}$　　　　　　（4.5）

（2）对于公式 $\dfrac{A_1}{(i \mp g)}$，先考虑净年值按 g 递增的，其原始有限年公式为：

$V = \dfrac{A_1}{(i-g)} \left[ 1 - \left( \dfrac{1+g}{1+i} \right)^n \right]$，可移项化为：$A_1 = V(i-g) \dfrac{(1+i)^n}{(1+i)^n - (1+g)^n}$，

即 $A_1 = V(i-g) + V(i-g) \dfrac{(1+g)^n}{(1+i)^n - (1+g)^n}$　　　　　　（4.6）

由于 $A_1 =$ 年投资回报 + 年投资回收，假设 $A_1 = A^{(1)} + A^{(2)}$，即 $A^{(1)} = V(i-g)$，即为无限年公式。前述因 n→∞ 作用，年投资回收近似为 0，因此 $A^{(1)}$ 仅体现年投资回报，包含 g 的贡献。由此可见，$A^{(2)}$ 为年投资回收，由（4.6）式，比较 $A^{(1)} = V(i-g)$ 后，则

$$A^{(2)} = V(i-g)\frac{(1+g)^n}{(1+i)^n - (1+g)^n} \tag{4.7}$$

因此，由公式（4.7）除以 V 后，得出无限年公式 $\frac{A_1}{(i\mp g)}$ 的投资回收补偿率为：

$$(i-g)\frac{(1+g)^n}{(1+i)^n - (1+g)^n} \tag{4.8}$$

例如，假定还原利率的三项基本补偿为 10%，g 为 4%，当土地剩余使用年限 n 为 40 年、25 年、10 年时，由（4.8）式得投资回收补偿率分别为 0.712%；1.958%；7.976%。加上三项基本补偿后，广义资本化率相应为 10.712%；11.958%；17.976%。由公式 $\frac{A_1}{(i-g)}$ 得地价分别为 $14.9A_1$；$12.57A_1$；$7.16A_1$，与将还原利率 10% 代入其原始公式 $V = \frac{A_1}{(i-g)}\left[1 - \left(\frac{1+g}{1+i}\right)^n\right]$ 求出的结果一致，说明（4.8）式是正确的。若使用公式 $\frac{A_1}{(i-g)}$ 时，还原利率不考虑投资回收补偿率，直接将 10% 代入公式，则土地估价值为 $V = 16.67A_1$，当 n = 25 年时，比其精确值 $12.57A_1$ 高估了 32.62%。

对于公式 $\frac{A_1}{(i\mp g)}$，当 g = 0 时，则变为 $\frac{A}{i}$，说明资本化率是该式广义资本化率的一个特例。因此我们可得出上述前两个无限年公式的一个综合投资回收补偿率 $R_1$ 的确定模型为：

$$R_1 = \begin{cases} \dfrac{i}{(1+i)^n - 1} & g = 0 \\ (i-g)\dfrac{(1+g)^n}{(1+i)^n - (1+g)^n} & i>g, g\neq0, \text{净年值逐年按比率 g 递增。} \\ (i+g)\dfrac{(1-g)^n}{(1+i)^n - (1-g)^n} & g\neq0, \text{净年值按比率 g 递减。} \end{cases}$$

其中，$R_1$ 中的 $i = i_1 + i_2 + i_3$。则无限年公式（1）和公式（2）下的广义资本化率为：

$$(i_1 + i_2 + i_3 + R_1)。 \tag{4.9}$$

（3）地价公式 $V = \sum\limits_{m=1}^{t}\frac{\hat{A}_m}{(1+i)^m} + \frac{A}{i(1+i)^t}$ 中的投资回收补偿率假设为 $R_2$，由于补偿后，无限年与有限年公式恒等，则有以下等式（4.10），其中式子的右边为公式（4.4）相对应的有限年公式，式中 i 为还原利率三项基本补偿：

$$\sum_{m=1}^{t}\frac{A_m}{(1+i+R_2)^m} + \frac{A}{(i+R_2)(1+i+R_2)^t}$$
$$= \sum_{m=1}^{t}\frac{A_m}{(1+i)^m} + \frac{A}{i(1+i)^t}\left[1 - \frac{1}{(1+i)^{n-t}}\right] \tag{4.10}$$

显然，由此式计算 $R_2$ 比较难，因此，先将公式 $V = \sum_{m=1}^{t} \frac{\hat{A}_m}{(1+i)^m} + \frac{A}{i(1+i)^t}$

变化为 $\left(V - \sum_{m=1}^{t} \frac{\hat{A}_m}{(1+i)^m}\right)(1+i)^t = \frac{A}{i}$，该式左边相当于土地在 t 年末的价值

$V'$，即有 $V' = \frac{A}{i}$，由公式（4.5）可得，t 年以后的无限年投资回收补偿率为

$\frac{i}{(1+i)^{n-t}-1}$，当 t 很小时，可作为 $R_2$ 的近似值，则 $R_2 \approx \frac{i}{(1+i)^{n-t}-1}$，实际估

价中为了能准确估计 $\hat{A}_m$，t 一般只有一二年，若是时间太长，则无法确定 $\hat{A}_m$ 值。

（4）同理，假设无限年地价 $V = \frac{A_1}{i} \pm \frac{G}{i^2}$ 相应的投资回收补偿率为 $R_3$，考虑

G 递增情况。因为补偿 $R_3$ 后，无限年公式与有限年公式相等，则有：

$$\frac{A_1}{i+R_3} + \frac{G}{(i+R_3)^2} = \left(\frac{A_1}{i} + \frac{G}{i^2}\right)\left[1 - \frac{1}{(1+i)^n}\right] - \frac{G}{i}\frac{n}{(1+i)^n} \qquad (4.11)$$

等式右边的有限年公式为：$V = \left(\frac{A_1}{i} + \frac{G}{i^2}\right)\left[1 - \frac{1}{(1+i)^n}\right] - \frac{G}{i}\frac{n}{(1+i)^n}$

即 $\frac{A_1}{i+R_3} + \frac{G}{(i+R_3)^2} = V$，有 $A_1(i+R_3) + G = V(i+R_3)^2$

展开合并后为：$VR_3^2 + (2iV - A_1)R_3 + (i^2V - A_1i - G) = 0$

其解为：$R_3 = \dfrac{-(2iV - A_1) \pm \sqrt{(2iV - A_1)^2 - 4V(i^2V - A_1i - G)}}{2V}$，

$R_3$ 取正值，化整后得出：$R_3 = \dfrac{A_1}{2V} + \sqrt{\left(\dfrac{A_1}{2V}\right)^2 + \dfrac{G}{V}} - i$ \qquad (4.12)

假设第一年净收益占土地现价的比率为 $a = \dfrac{A_1}{V}$，即为第一年期望收益率；净

年值逐年递增数额占土地现价的比率为 $b = \dfrac{G}{V}$，即为逐年增加的期望收益率。代

入后有 $R_3 = \dfrac{a}{2} + \sqrt{\dfrac{a^2}{4} + b} - i$。实际估价时，可以通过市场比较的方式估出 a 和

b，就可算出 $R_3$。

若考虑前述对还原利率的各种影响因素，则须对其进行修正，假定影响因素综合修正系数为 y，可确定在无限年下，中国经营性住宅用地价格广义资本化率确定模型为：$i = (i_1 + i_2 + i_3 + R_t)(1+y)$，其中 $i_1$、$i_2$ 和 $i_3$ 为还原利率三项基本补偿，$R_t (t = 1, 2, 3)$ 为各种土地收益下的无限年地价公式的投资回收补偿率。在中国住宅土地出让"招拍挂"制度下，对经营性住宅用地价格的确定，必须认识到中国住宅用地使用权的时间界限，对经营性住宅地价的确定，按照收益还原土地资产价格来确定地价是符合土地价格本质的思想。为避免估算住宅地价时因地价本质要素确定偏误导致高估地价的方法缺陷，应区分还原利率与广义资本化

率的区别与联系，必须对广义资本化率进行投资回收补偿。政府对地价进行管制时，必须考虑地价本质要素的技术因素对地价的影响。

# 4.2  房地产价格的多级形成机理

由于中国住宅市场结构的垄断性，导致住宅价格的形成不完全由市场供求关系决定，市场中的垄断定价力量会利用房价多级形成因素来左右市场价格。

## 4.2.1  地价

2004 年，包括住宅在内的经营性土地"8·31 大限"和"招拍挂"政策再次引发地价与房价谁影响谁的激烈争论。国内学者关于地价与房价的关系，目前基本形成三种观点：（1）地价导致房价上涨或地价起主要作用。戚名琛（1992）认为房屋本身不具有增值属性，房屋供不应求价格上涨必定主要是地价上涨引起，[①] 徐燕（2002）、[②] 杨慎（2003）、[③] 包宗华（2004）[④] 和覃晓梅（2005）等认为土地成本上升或地价大幅上涨必然造成房价大幅度提高。况伟大（2005）通过房价与地价的 Granger 因果关系检验表明，短期内二者相互影响，长期内地价则为房价的 Granger 因，因此长期来看，政策主要应抑制地价的过快上涨。[⑤]（2）房价上涨造成地价的上升或房价起主要作用。周京奎（2006）通过实证研究表明房价对地价有显著影响，地价对房价的影响度较小，由此认为抑制房价不能只控制土地价格，还应从金融支持、投资等方面着手。[⑥] 郑光辉等（2004）认为房价上涨增加了对土地的需求而导致地价上涨。[⑦]（3）地价与房价的互动关系。高晓慧（2001）分析认为地价与房价呈正相关关系，鲁礼新（2002）认为二者存在相互制约的关系。[⑧] 而刘琳和刘洪玉（2003）则从经济学和数学角度认为房价和地价的因果关系要从不同的角度、不同的时点来分析，笼统说哪个决定哪个都是片面的。[⑨] 在研究房价与地价关系的分析方法上，主要采用一般均衡分

---

① 戚名琛：《地价房价关系探讨》，载《92 海峡两岸土地学术探讨会论文集》，台北永然文化出版股份有限公司 1992 年版，第 60 页。
② 徐艳：《北京市房价过高的原因和房价控制》，载《城市问题》2002 年第 1 期，第 42～44 页。
③ 杨慎：《客观看待房价上涨问题》，载《中国房地信息》2003 年第 2 期，第 4～5 页。
④ 包宗华：《怎样看待我国的住房价格》，载《中国房地产》2004 年第 1 期，第 18～19 页。
⑤ 况伟大：《房价与地价关系研究：模型及中国数据检验》，载《财贸经济》2005 年第 11 期，第 56～63 页。
⑥ 周京奎：《城市土地价格波动对房地产业的影响——1999～2005 年中国 20 城市的实证分析》，载《当代经济学》2006 年第 7 期，第 1～7 页。
⑦ 郑光辉：《房价与地价因果关系实例分析》，载《中国土地》2004 年第 11 期，第 23～27 期。
⑧ 鲁礼新：《成都市中心城区地价与房价关系分析》，载《四川师范大学学报（自然科学版）》2002 年第 25 期，第 91～93 页。
⑨ 刘琳、刘洪玉：《地价与房价关系的经济学分析》，载《数量经济技术经济研究》2003 年第 7 期，第 27～30 页。

析框架体系（如 Smith，1976；[1] O'Sullivan，2000[2] 等）、空间竞价模型（Alonso，1964；[3] Muth，1969[4] 等）和计量经济模型（如 Davies，1977；[5] Raymond，1998；Glaeser，2002[6] 等）等。

一般意义上，房价受到如下因素的影响：（1）宏观经济景气情况；（2）政府有关的房地产政策，包括住房、土地供应、金融和税收等；（3）地方政府行为；（4）地方居民经济收入水平；（5）含土地等开发建造住宅成本；（6）住宅市场参与主体的投资消费偏好、投机炒作与价格上涨预期；等等。

地价同样也受到宏观经济景气背景以及政府有关房地产政策的影响。值得一提的是，由于地方政府对土地一级市场供给的垄断，在中国经济转型期，地价受到地方政府严重的政治经济利益最大化的影响。除此以外，地价还受到土地市场的供求关系影响，包括：（1）城市土地储备供给的数量与成本；（2）市场经济主体对房价的预期；等等。

由于房地不可分，作为房产生产要素的土地资源对房价的作用自然不可小觑。当需求旺盛时，过热投资需求引致房价上涨，同时也拉动了地价的上升。反过来，地价作为成本进入房价，其对房价也会起推动作用。地价与房价互动关系，在此过程中，价格炒作上涨预期起重要的作用。土地资源的有限性，加上地方政府的土地财政与经济增长的投资冲动，通过土地市场激烈竞买的拍卖方式，推动地价快速上涨，使得地价上涨预期在心理上愈发"发酵"膨胀，造成近些年中国城市地价的升幅还大于房价升幅（见图 4-2），地价占房价比重由原来的 30%～40% 上升到目前的 50%～60%。反过来，地价的快速上涨也通过价格预期信号传递到住宅市场，从而进一步推动房价上涨的预期，最终造成恶性循环，地价与房价相互作用，双双上扬。

应该看到住宅毕竟是消费品，若是将其当作投资品而过度炒作，必然会在市场参与各方的价格操纵下，使房地产失去其原有属性。由于土地市场本身就不是严格意义上的市场，而且土地供给具有自然垄断特征，它与水、电等公用产品一样都是供给垄断，因此，我们必须像管制水、电价格一样，管制住土地使用权价格。也就是说，要建立房地产市场健康稳定发展的长效机制，政府首先必须管控好地价，坚决遏制住宅的投资性需求，才能有效稳定住房价。

① Smith Barton A.，The Supply of Urban Housing. The Quarterly Journal of Economics，Vol. 9，No. 3，1976，pp. 389～405.
② O'Sullivan，Urban Economics. The McGraw-Hill Companies，Inc，2000.
③ Alonso，William，Location and Land Use，Cambridge，MA：Harvard University Press，1964.
④ Muth，Richard F.，Cities and Housing. Chicago：University of Chicago Press，1969.
⑤ Davies Gordon W.，A Model of the Urban Residential Land and Housing Markets. The Canadian Journal of Economics，Vol. 10，No. 3，1977，pp. 393～410.
⑥ Glaeser Edward，Gyourko Joseph，Christian Hilber，Housing Affordability and Land Prices：Is There a Crisis in American Cities，NBER Working Paper No. 8835，2002.

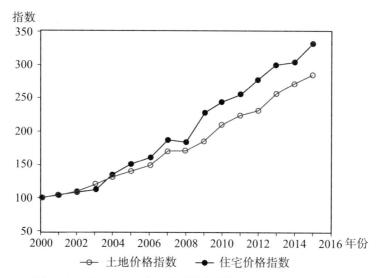

**图 4 - 2　2000～2016 年土地价格指数与住宅价格指数比较图**
资料来源：中国国家统计局和中国城市地价动态监测网。

## 4.2.2　成本价格

从住宅商品供给方角度出发确定的成本价格是房屋开发生产过程中成本累加而成的价格，也称为供给价格。马克思的生产价格理论认为资本家生产的每一个商品价值都包含 $c+v+m$，$c+v$ 为预付资本耗费，$m$ 为剩余价值转化的利润。因此，供给方的供给价格实际上是成本加成利润价格。其公式为：

$$住宅商品成本价格 = 总开发成本 + 销售税费 + 开发商利润 \qquad (4.13)$$

总开发成本主要包括：（1）土地取得成本；（2）开发成本（勘探设计、前期工程费、基础设施建设费、建筑安装工程费、公共配套设施建设费和开发过程中的税费等）；（3）管理费用；（4）财务费用。

尽管由于地段差价及地区物价的差别，各城市住宅开发的成本税费也很悬殊，但住宅价格构成中的成本税费项目却是一样的，主要由征地环节、开发前期环节、开发环节、销售环节和其他费用共五个大项中的成本和税费组成，详细大体分为 40 小项，如图 4 - 3 所示，该图基本反映出 1995 年以来我国全面清理调整房地产不合理税费及 1997 年以来新增土地税费后的价格构成情况。公式（4.13）中总开发成本等于图中 1～40 项（除 34、35、36、37 属销售税费项外）之和。

住宅开发中土地取得有"农转非"和城市旧区改造（包括市内工业地转住宅用地）两种，图 4 - 3 描述的是"农转非"情况。城市地方政府通过拆迁旧区房屋，并以"招拍挂"方式出让土地的，则房价中的土地成本包括企业购买土地的价款和在购买时应缴纳的税费，税费主要是交易手续费和土地契税，而土地价款中包含土地批租价格、房屋拆迁补偿安置费和市地开发利润等。

商品住宅总开发成本税费项 {

征地环节成本（税费） {
1. 征地费
2. 配套费
3. 地段差价
4. 管理费
5. 耕地占用税
6. 契税
7. 菜地改造费
8. 耕地开垦费
9. 耕地专项开发资金
10. 新增建设用地有偿使用费
}

开发前期环节成本税费项目 {
11. 施工前三通一平
12. 单体建审
13. 消防建审
14. 抗震建审
15. 选址意见书
16. 规划许可证
17. 商业网点建配费
18. 人防（易地）建设费
19. 规划管理费
20. 土地放样费
21. 建筑放、核样费
22. 工程勘探、钻探费
23. 可研、规划费
24. 设计费
25. 新型建材资金
26. 碴土处置费
27. 质量监督费
28. 环保噪声费，等等
}

开发环节成本费用项目 {
29. 水、电增容费
30. 建筑安装工程费
31. 室外基础工程
32. 附属工程（道路、围墙、绿化等）
33. 公建配套（居委会、物业办、托儿所等）
}

销售环节成本税费项目 {
34. 营业税及其附加
35. 交易手续费
36. 印花税
37. 销售代理和广告宣传费用
}

其他费用项目 {
38. 管理费
39. 贷款利息等财务费用
40. 不可预见费
}

}

**图 4 - 3　中国城市住宅商品总开发成本、税费构成**

在此，有必要讨论一下中国房地产税费及政府行政事业性收费占住宅开发成本中的比重，它主要指房地产销售过程的税费和开发过程中的政府行政事业性收费或称开发过程中的政府规费等。哪些项目为税费、哪些项目为政府行政事业性收费依据地价的不同界定而有所不同，进而会影响到税费占总开发成本中的比重。若地价是由图 4 - 3 中征地环节成本税费 1 ～ 10 项之和组成，则政府行政事业性收费主要是指图 4 - 3 中开发前期环节中成本税费这一部分，但须扣除其中属于企业行为性质的服务性收费，包括三通一平费用、勘探和钻探费用、可研、规划费用及设计费用，即：政府规费 = 开发前期环节成本税费总和 -（11 + 22 + 23 + 24）。

若地价仅由征地费、配套费和地段差价三项之和构成，则图中征地环节成本（税费）除前三项外的其余项均算作税费，这样房价中的税费就多了征地环节中的税费，由此会提高税费在总开发成本中的比重。但不管地价如何界定，房地产总开发成本这一总量是不变的。

另外，自 1995 年以来，为了整顿房地产市场不合理收费现象，达到降低房价目的，政府明令取消、变更降低或转入消费环节的税费多达 29 项，其具体调整项目如图 4 - 4 所示（包括 1997 年以来新增土地税费有三项）。尽管税费和政府行政事业性收费自 1995 年以来有增有减，但减少明显大于增加。据测算在全面清理房地产税费以后，税费占商品住宅总开发成本的比例分别下降了 8% 以上，[①] 而从绝对数来说，下降了一半还不止，从而一定程度上降低了当时的商品住宅价格。

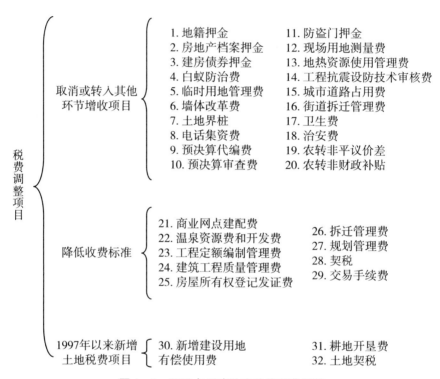

图 4 - 4　1995 年以来住宅价格税费调整

　　若将上述图 4 - 3 中的总成本和销售税费再加上开发商利润就形成房地产成本加成价格，即为（1 + 成本利润率）× 总开发成本 + 销售税费。

　　一般工业项目投资生产中，投资包括流动资金和固定资产投资。由此，相应的生产成本包括了可变成本和固定成本。但是，住宅开发项目的投资与成本构成则有别于此，由于住宅生产过程是以开发项目为单位，项目建设往往通过招投标方式，由建筑公司承建，因此，开发企业不需要投资大量资金在建筑生产机械上，开发企业投入项目中的开发建设资金，都一次性转移到住宅商品上，通过出售住宅就可回收所投入的资金。也就是说住宅商品开发建设所形成的固定资产基

---

　　① 王阿忠：《我国城市住宅商品房价格及市场走向》，载《价格理论与实践》2002 年第 10 期，第 26 ~ 28 页。

本没有，开发企业所投入的建设资金均为流动资金性质，[①] 住宅生产成本均为随住宅建筑面积变化而变化的可变成本，基本没有固定成本。这样，住宅商品价格管制就无须对固定成本进行补偿，从而可以按照边际成本或平均成本加产业合理客观利润来确定管制价格。

## 4.2.3 有效需求价格

住宅商品有效需求价格是从城市居民消费者角度出发确定的价格，可理解为有支付能力的住宅商品的需求价格。量入为出，是消费的基本原则，居民买房时总会根据自己家庭的收入多少来决定是否购房，以及所购房屋位置、户型面积等。当然，一旦决定买房，多采取个人住房抵押贷款方式，而不是等攒够钱到十几年后才买房消费。由此，我国城市居民所能承受的商品住宅价格为：

$$P = \frac{\beta Y \left[ (1+i)^N - 1 \right]}{12\alpha Mi(1+i)^N} \tag{4.14}$$

其中：P——有效需求价格；

Y——居民家庭年可支配收入额；

α——抵押贷款价值比率（贷款成数）；

i——个人住房抵押贷款月利率；

N——个人住房抵押贷款期限内月份数；

β——月收入中可用于偿还个人住房抵押贷款的最高比例；

M——按居民有效需求决定的户型面积。

居民购房能力除了受月收入高低影响外，还受到贷款首付款的制约，若家庭目前可用资产为 H，该资产中用于一次性支付首付款的最高比率为 γ，这主要指变现能力强的流动资产，即房价还受到以下公式的约束：

$$P \leq \frac{\gamma H}{M(1-\alpha)} \tag{4.15}$$

因此，我国城市居民最高所能承受的商品住宅有效需求价格模型为：

$$P = 最小值 \left\{ \frac{\beta Y \left[ (1+i)^N - 1 \right]}{12\alpha Mi(1+i)^N} ; \frac{\gamma H}{M(1-\alpha)} \right\} \tag{4.16}$$

假定居民首付款有能力支付情况下，可以求出城市居民的住宅有效需求价格。在居民收入一定情况下，其选择住宅价格一般在单价和购房面积之间权衡，单价低则面积可适当大一点，反之，档次高、单价高的住宅，其有效需求面积只能选择小点，最终保持总价在其有效需求范围之内。"国六条"政策中关于 90 平方米面积线也是针对中国广大消费者的目前收入水平定的。

---

① 刘洪玉：《房地产开发经营与管理》，中国建筑工业出版社 2005 年版，第 150~151 页。

### 4.2.4 市场价格

显然，无论从哪一个角度看房价，都不可离开居民的有效需求价格，崔新明（2005）通过建立计量回归模型发现居民人均可支配收入、市区非农人口数和住宅销售面积三个变量对住宅价格解释程度达74.6%，[1] 可见有效需求价格的重要性。市场价格一旦超过城市居民消费者的有效需求价格，他们就没有支付能力了。[2] 从理论上我们可以看出要使住宅商品交易成功，在住宅市场上，三个价格的供求关系是：

　　　　成本价格（开发商角度）≤市场价格≤有效需求价格（消费者角度）

但是，由于目前我国居民收入相对房价偏低，在许多城市，有效需求价格低于市场价格，甚至低于成本价格。这就解释了为何北京居民感到房价高，有一半以上五年内不想买房的原因。本书研究的对象是大众消费者，而不是个别能买得起住房的高收入阶层，因此，在此处的有效需求价格针对的是中国绝大部分的城市消费者。实际上，住房问题是一个世界性问题，其核心是居民收入与住房价格的关系问题（Erich Bauer，2003[3]），任何一个国家的政府都有责任和义务保障居民的生存权利（包括衣、食、住）。如果我们研究抛开广大城市居民收入去谈论住宅价格就没有意义。

不可否认，中国住宅消费群体数量庞大，住宅需求者当中收入参差不齐，而且还存在着不小的投机（资）需求队伍，导致一定时期内住宅需求旺盛而供给相对不足。加上住宅商品固有的差异性，使开发企业在市场中占据定价权。在此不完全市场下，为了利润最大化，开发企业控制着开发节奏和市场供给量，分期开发，逐期抬高楼盘价格，演绎着房价只涨不跌的"神话"。开发企业利用定价强势，一方面通过不断提价来刺激投机（资）需求；另一方面也通过控制开发量来进一步达到提高价格的目的。尽管高价房空置不断增加，但由于住宅商品的流动性差，导致价格一时间难以降下来。其过程可用图 4-5 说明，在需求曲线 $D_1$ 处，垄断开发企业为了利润最大化将价格高定在 $P_C$，即 MR = MC 的 N 点处，而不是供求平衡的 E 点、价格 $P_E$ 处。由于价格高，导致供给大于需求，使住宅空置量为 $C_1C_2$（注意：开发企业将房子卖出，不等于房子就进入消费环节，作为投资品它仍然停留在流通环节，只不过房子从开发企业手上倒腾到投机（资）者手上，而且它有可能不停地在投机（资）者手上流转，永远没有进入消费环节，如现在有些城市的"鬼城"，这些房子就形成了空置）。另外，随着经济发展与收入水平的提高，刺激住宅投资和消费需求，造成需求曲线上移到 $D_2$。此时开

① 崔新明：《城市住宅价格的动力因素及其实证研究》，经济科学出版社 2005 年版，第 111 页。
② 这里排除投资（机）行为，因为投资（机）者只要支付30%的首付款，在极短时间内，利用供给紧张加价出售，赚取不菲差价，其收支不符合此处讨论的有效需求价格。
③ 姚玲珍：《中国公共住房政策模式研究》，上海财经大学出版社 2003 年版，第 2~5 页。

发供给虽然有所增加，但供给数量、档次和价位均在开发企业的掌控之中，价格仍然高定在 $P_m$ 处，即 $Q_m$ 点，而伴随着空置面积也增加到 $M_1M_2$。中国住宅市场近些年随着房价的不断攀升而空置面积却也呈现递增的状况，1997 年中国商品房空置面积仅为 7038 万平方米，2005 年 12 月末达到 1.12 亿平方米，有资料表明截止到 2014 年底这数据高达 10 亿平方米，而这种状况在三四线城市则更为严重。

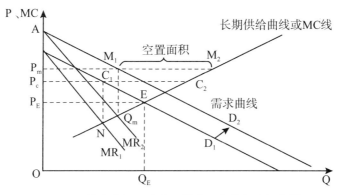

图 4 - 5　住宅市场不完全下的企业定价行为与空置

## 4.2.5　房价影响因素分析

　　房地产定价权或市场的控价力量与房价影响因素是两回事，相对而言，前者才是价格的决定力量。之所以写这部分，是让大家明白市场的定价势力是如何利用房价影响因素作为幌子来掩盖其操纵价格力量的。影响住宅价格的因素可归纳为：政治、经济、行政政策、社会、自身因素和环境因素等。[①] 政治因素包括国际环境、战争动乱、社会治安、政府制度变迁（如香港回归后的政府住宅计划）等因素，一般政局稳定、人民安居乐业则房价趋升。经济因素包括经济增长周期状况、居民收入水平和资产状况、物价和住宅租售比、利率和土地成本、投资环境、金融和信息等产业的发展水平等因素。一般居民收入水平提高房价升，而利率和土地成本高，长期看会导致房价降。行政政策因素包括土地供给政策、地方政府政绩考核体系、保障性住房政策、房地产金融政策、住宅税收政策、房地产价格政策、城市规划和物业管理法规等因素。社会因素包括传统的住宅租售消费观念、投资消费偏好、社会住房福利保障水平、人口数量与受教育水平、家庭人口规模等因素。中国人住宅自持率高的消费偏好也会导致住宅需求旺盛，根据建设部公布的数据，中国大陆城市居民住房自有率已接近 82%，而在国外，城市居民拥有产权房比率最高的是美国为 68%、英国 56%、欧洲等其他国家为

---

　　① 刘洪玉：《房地产开发经营与管理》，中国建筑工业出版社 2005 年版，第 29 页。

30% ~50%。① 住宅自身因素包括住宅本身的实体、权益和区位状况等形成价格的高低落差。具体指建筑物实体品质及其周围配套设施状况、住宅权益状况、区位、土地面积、形状、地质、地形、地势以及周围自然日照景观等因素。环境影响因素包括住宅追求的私密空间环境、低噪音安静环境、无气味粉尘等空气质量环境、人文和水文环境、卫生与绿化环境等因素。也就是说，住宅价格中会混杂着各种各样的影响因素，而所有的房地产价格影响因素都不及房价的控价力量。

# 4.3 房地产价格政府管制方法分析

价格管制是政府经济管制的核心。针对住宅市场因反市场的垄断力量导致价格失效状况，可采取直接方式管制住宅价格。住宅价格经济管制就是以介入的方式直接限制拥有定价权的垄断企业或中介机构的价格决策行为。

直接管制价格可给企业设定一个特定的最高限价，或者要求企业在一定范围内定价，或者限制企业收益率，或者几种管制方式综合使用，等等。理论上，如果政府管制机构认为市场中的垄断企业定价太高，管制就会倾向设定一个最高限价，反之，如果被管制产业存在过度竞争，导致产业的价格战和低价掠夺行为的发生，经济管制就既要设定最低价格，以避免恶性低价竞争，同时也需要设定最高价格，以避免通过低价强迫竞争者退出市场后的垄断高价行为。对于住宅产业的垄断性市场结构，由于土地供给的自然垄断特征和开发企业的垄断定价行为等，它们旨在攫取垄断利润而采取的逐步抬高价格行为，导致社会总剩余（包括消费者剩余和生产者剩余）的损失。因此，住宅价格经济管制的重点是控制地价和限制房价，以避免社会福利的无谓损失和优化资源配置效率。住宅价格采取直接经济管制的主要方式有以下几种。

## 4.3.1 住宅价格理想定价管制方式或 AC 模型②

住宅价格理想管制定价是基于公共利益和经济效率的提高为标准来管制定价的。从理论上说，低于边际成本的定价是无效率的，最有效率的理想定价是将价格定在边际成本位置（Hotelling，1938；③ Braeutigam、Schmalensee、Willig，1989④ 等），因为这个定价与完全竞争模型确定的价格一致，且按照此定价社会

① 秦正长，谢金余：《回归 回归 梯度消费——一步到位渐渐淡去 理性购房崭露头角》，载《浙江日报》2006 年 8 月 29 日，第 7 页。
② W. 吉帕·维斯库斯等：《反垄断与管制经济学》，陈甬军等译，机械工业出版社 2004 年版，第199 页。
③ Hotelling, H. , The General Welfare in Relation to Problems of Taxation and of Railway and Utility Rates. Econometrica, 1938（6），pp：242 – 269.
④ R. Schmalensee, R. D. Willig, Optimal Policies for Natural Monopolies, Handbook of Industrial Organization, Vol. 2, Amsterdam：North – Holland, 1989.

总剩余没有丝毫损失，可实现帕累托最优。价格定在边际成本的理想定价方式一般有线性、非线性的边际成本定价模型和拉姆齐定价模型。

以边际成本作为理想定价的管制方式最大的问题是垄断企业无法收回固定成本，而住宅产品对开发企业而言却恰恰没有固定成本这个问题，所以它非常适合边际成本定价方式。其原理：线性边际成本定价时，企业总成本为 $C(X) = cX + K$，其中等式右边 $c$ 为单位可变成本，$X$ 为产品数量，$K$ 为固定成本。这里边际成本 $MC = c$，按照边际成本 $MC$ 定价（它包含企业的正常利润），企业损失了固定成本 $K$。因此，往往采取政府税收补贴方式来补偿固定成本，但税收补贴也带来一系列弊端：其一是企业失去成本控制的动力；其二是没有购买商品的消费者无端支付了与他无关的税收补贴，损害了社会福利（科斯，1946）；[①] 其三是税收补贴也会导致利益集团的"分肥"行为（植草益，1992）等。为此，后人将线性成本公式两边除以消费者人数，得出非线性边际成本定价公式 $P = \dfrac{K}{N} + MC$，

用于弥补直接用 $MC$ 定价的线性定价方式无法收回固定成本之不足，公式中的 $\dfrac{K}{N}$

用于回收 $K$，$N$ 为消费人数。

实际上，住宅价格采用边际成本定价的管制方式可避免其他产业所遇到的垄断企业无法收回固定成本的问题。由于目前中国的房地产开发企业将许多企业职能"外包"，如将土建职能外包给建筑施工单位，项目策划外包给房产策划公司，在市场不热时，甚至将房屋销售也外包给房屋销售代理公司，物业管理外包给中介物业公司等。中国的房地产开发企业可谓是个大"皮包"公司，许多开发企业仅剩下融资功能了。即使是专业房地产企业自己拥有建筑工程队伍开发建造房屋，但由于开发出的住宅商品"连地带房"全部出售，实现投入资本与利润全部转移到房价上，没有固定成本留下，[②] 所以住宅开发建设固定成本可忽略不计。这样，住宅价格理想定价管制方式所制定的价格就是边际成本 $MC$。此时，开发企业经济利润为零，但开发企业仍可获得客观合理的正常利润，也即正常的资本回报率，它进入开发成本中成为"隐成本"而存在。总开发成本和销售税费等成本费用项目可单位化，用楼面地价[③]和房屋建造单价之和来表示。在住宅市场价格管制实践运作时，可事先让房地产估价师或造价师测算出房屋建造单价，由于获得土地的价格、土地面积和容积率通过土地出让的"招拍挂"方式是公开透明的，因此楼面地价就容易确定。住宅开发客观合理正常利润率，可取成本利润率或资本投资收益率，具体数值由管制机构依据通货膨胀率、利率水平、住宅产业投资收益与风险关系等综合确定。

边际成本定价暗含一个逻辑指向是政府价格经济管制原则上以能够补偿垄断

---

① 著名经济学家科斯在《边际成本的争论》（The Marginal Cost Controversy，1946）中对税收补贴提出多项质疑，反对豪特林（1938）边际成本定价的观点。
② 参见前文住宅价格形成机理 I——供给价格。
③ 楼面地价 = 土地总价 ÷ 建筑总面积 = 土地总价 ÷（土地面积 × 容积率）。

企业的成本（含正常利润）为前提，否则企业不会生产。如图 4 - 6 中，纵轴为住宅价格或开发成本，横轴为开发产量 Q。DD 为市场需求曲线，MR 为边际收益曲线，MC 和 AC 分别表示边际成本和平均成本，由于固定成本忽略不计，所以MC = AC。对垄断开发企业而言，边际收益等于边际成本（MR = MC）为其利润最大化生产点，即 $E_1$ 点，价格高定在 $P_1$ 点，企业攫取垄断利润，导致社会福利的无谓损失。[①] 而政府管制将住宅价格定在供求平衡点 $E_0$ 处，即定价在 $E_0$ 处的边际成本，理论上是最有效率的定价，可实现住宅市场福利最大化。

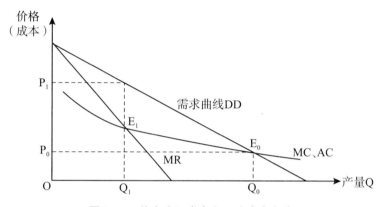

图 4 - 6　住宅边际成本和平均成本定价

目前中国住宅价格管制实践中，经济适用房和廉租房的价格管制也比较适合采用这种理想定价管制模型。理想定价模型除了可以解决垄断性单一产品的价格经济管制外，同样适合于垄断性复合产品的价格管制问题。由于住宅价格经济管制不涉及固定成本补偿问题，也就不会触及当年弗兰克·拉姆齐（1927）[②] 遇到的复合产品垄断价格的管制难题，即在保证净福利损失最小化和总收益刚好等于总成本前提下，为了补偿全部成本，必须提高需求弹性不同的复合商品价格，因为它会导致福利损失的不相同。[③]

由于住宅开发 MC = AC，[④] 因此，对于住宅价格管制而言，实际上采用理想的边际成本定价和平均成本定价即 AC 模型是一样的。它们均能保证总收益能回收总成本（含正常利润）。AC 模型的原理来自管制定价 $P^*$ 可使福利公式 $W(P^*) = V(P^*) + \beta\pi(P^*)$ 最大，其中 $V(P)$ 为消费者剩余，$\beta$ 为介于 0 和 1 之间的分配常数，$\pi(P)$ 为企业经济利润，它等于 $PX(P) - C(X(P))$，这里 $X(P)$为随价格 P 变化的产量，$C(X(P))$ 为总成本。显然，约束条件是 $PX(P) - C(X(P)) \geqslant 0$，在规模报酬递增下，当价格高于 AC 时，企业经济利润将大于 0，此

---

①　参见第二章关于住宅市场失灵与价格失效论中的说明。
②　拉姆齐定价公式 $P^* = (\lambda/\lambda - \eta)MC$，其中 $\lambda$ 为常数，$\eta$ 需求弹性。
③　Frank Ramsey, A Contribution to the Theory of Taxation, Economic Journal, March 1927.
④　平均成本 $AC(X) = c + K/X$，因为住宅开发固定成本 K 忽略不计，则 AC = c。

时产量会增加，利润增加直至 $\pi(P^*)$ 为 0，企业才停止扩张产能，达到最优解，最优价格 $P^* = C(X(P^*))/X(P^*) = AC(X(P^*))$。[①] 因此，理想定价管制方式与 AC 模型定价是一致的。在企业允许有一定经济利润情况下，可采取成本加成[②]定价管制方式，成本加成价格即为住宅供给价格。

## 4.3.2　住宅价格客观合理收益率定价管制方式

一般情况下，管制机构是以管制垄断企业索取超额垄断利润为目的的，但须允许被管制的住宅产业获取客观合理收益，客观合理收益是指排除项目实际收益中属于特殊、偶然因素之后所能得到的一般正常合理收益。[③] 住宅投资管制就是使开发企业投资仅能够获得产业中的客观合理报酬。

由于每年的收益率不同，因此，浮动收益率方法被提出来，并最先用于管制电力公用事业。此时，新的收益率为 $R_t = R_0 + h(R^* - R_0)$，它受到初始认定价格的年实际收益率 $R_0$、住宅产业目标收益率 $R^*$ 和管制调整值 h 的影响。

由于开发商投资开发项目属于投资行为，而非消费。因此，在确定年实际投资收益率 $R_0$ 数值时，应认识到作为投资收益率它是由以下三项基本的投资收益补偿构成的。其一是延期消费补偿 $i_1$。开发商受到投资的吸引而开发投资经营性住宅土地项目，并为此延期了消费，因此该投资收益率肯定可以获得延期消费的补偿，否则他宁愿消费，也不投资，即使该投资没有任何风险，这个对延期消费的补偿也是必需的。延期消费补偿一定程度上也体现了投资者的实际收益。其二是通货膨胀补偿 $i_2$。其三是风险补偿 $i_3$。风险越高，风险补偿率就越高，投资收益率也就越高。如上，年实际投资收益率 $R_0$ 数值由三项基本补偿组成。因此有：

$$年实际投资收益率 R_0 = i_1 + i_2 + i_3 \tag{4.17}$$

调整值 h 介于 0～1 之间，且认定价格下的 $R_0$ 总是小于目标收益率 $R^*$，所以管制结果将使新收益率调到 $R^*$ 与 $R_0$ 之间，当 h = 0 时，就不调整，h = 1 时，一直调整到等于产业的目标收益率也就是基准收益率。通常产业目标收益率 $R^*$ 是由资本资产定价模型 CAPM 来确定的（马柯维茨，1952），[④] 即等于自有资本收益率和借贷资金收益率按各自所占总资本的份额进行的加权平均值，用公式表示为[⑤] $R^* = \sum_{m=1}^{n} i_m w_m$，其中 $i_m$ 表示第 m 种资金来源渠道的融资成本，$w_m$ 表示第 m 种资金来源渠道融资资金占项目投资总额的比重。住宅产业本身就是资本密集型产业，所以该方式也比较适合住宅产业的经济管制。

---

① 肖兴志：《中国铁路产业规制：理论与政策》，经济科学出版社 2004 年版，第 74 页。
② 此处"加成"即指企业利润。
③ 柴强：《房地产估价理论与方法》，中国物价出版社 2001 年版，第 202 页。
④ Markowitz, Harry: Portfolio Selection, Finan. , March, 1952, pp. 77 – 91.
⑤ 日本实行的收益率管制中就采用这种加权平均值，收益率 R = Di/V + EI/V，价格 P = VR/Q。

### 4.3.3 特许开发权竞标与价格经济管制方式

前述的两种管制方式，都存在成本、收益等信息如何获取的问题，而特许开发权竞标则可以避开这个问题。其原理是一种以竞争代替政府直接管制的激励性理论。最早的特许经营权竞标研究应用于法国的自然垄断行业（Chadwick，1859），直至 1968 年 4 月，哈罗德·德姆塞茨在《为什么要管制公用事业?》一文中提出特许经营权竞标方式以替代直接管制的观点，[1] 从而开始特许权竞标价格管制在各垄断性产业的研究与应用。此处我们将其应用到住宅开发项目土地竞标中，则可称为特许（土地）开发权竞标。所谓特许开发权竞标，就是将住宅土地特许开发权授予提出以最低价格提供住宅商品并同时满足一定住宅质量标准的开发商。该开发权竞标又分为竞房价和竞地价两种方式。

#### 4.3.3.1 特许开发权竞标——限地价竞低房价方式

政府将授予一个开发企业特许开发权开发商品房，该特许开发权的授予是通过诸多的投标人竞争性投标方式竞得，投标采取对住宅的房价进行竞标，在要求的楼面地价、住宅产品质量标准等技术经济指标限定条件下，政府管制机构把住宅项目特许开发权授予提出最低房价的投标人，而这个最低房价就是竞标所形成的价格，它们是借助竞争而形成的。该模型的核心思想是竞争使得价格和利润保持在激励管制水平上，项目竞拍过程是采用将房价从高至低往下叫价的"荷式"竞标拍卖法，竞拍机构先开出一个较高的房价，而后不断降低房价叫价直至剩下最后一位投标者，土地开发特许经营权就授予他，若竞争充分，房价下降的结果将可能导致以平均成本定价（含正常利润）。[2] 中标的开发企业将拥有特许开发住宅项目的权力，并要提供特许开发合同所规定的房价、面积和住宅质量标准的商品给消费者。特许权竞标强调在政府价格管制中引入竞争激励机制，通过竞标的形式，在住宅产业中让多家开发企业竞争独家住宅项目开发权，在一定的质量要求下，让提出最低房屋标价者取得特许开发权。因此，可以把特许住宅开发权看作是对愿意以最低房价提供住宅产品的开发企业的一种奖赏，政府在其中的角色是充当拍卖者而不是管制者。

我们首先分析特许开发权竞标原理，在此需了解一下荷兰式拍卖法，它与英国式拍卖法即英式拍卖往上叫价方向刚好相反。由于拍卖标的不是要求房价高价接受，而要求的是低价接受。因此，拍卖师首先开出一个较高的房价，然后不断地降低房价标价，逐步淘汰掉竞拍者，当价格下降到仅剩下最后一位竞拍者时，他将得到竞争标的，所接受价格也就是最后的标价。住宅项目特许开发权竞标是

---

① Harold Demsetz：*Why Regulate Utilities?*［J］，Journal of Law and Economics 11（April），1976，pp：55~65.

② 参见本书第 7 章。

将土地特许开发权授予以最低房价提供住宅商品的开发企业，因此，必须采用这种荷兰式的拍卖法。作为对特许开发权的交换，中标企业为提供住宅商品而收取的房价就是最后的中标价。

拍卖价格形成原理如下，假定经过第一轮资质入围筛选后，有五家企业入围。设 $AC_i(M)$ 代表开发企业 $i(i=1, 2, 3, 4, 5)$ 建设 M 平方米住宅的平均开发成本函数，$D(P)$ 为需求曲线。如图 4 - 6 所示，开发企业具有不同的成本函数，开发成本的差异与房企的项目管理运作水平、成本控制能力有关。由于房地产开发企业可以将许多职能（包括建筑职能等）外包，而且土地成本一次性转移到房价中，因此，对于房企而言，作为项目运作的住宅开发基本没有固定成本，即开发的平均成本 AC 也等于边际开发成本 MC。当一块土地拿到后，其容积率已经确定，最大可允许建筑的面积也就明确了，不可能不受约束地在一块地上建任意大面积的房子。如果企业建筑的面积少于可允许建筑的面积，则平均成本或边际成本就相对高，只有按照最大建筑面积建房屋，其平均成本和边际成本才是最低的，而最大建筑面积的大小是根据市场的需求来决定的。因此，住宅开发的平均成本和边际成本曲线随着面积的增加而逐渐递减，由于受限于最大建筑面积，成本线没有上翘起来。当然，若要增加建筑面积，就需要增加费用改变土地容积率，而假定土地容积率可随时改变（只要不嫌麻烦的话）。社会福利最优是由开发企业 1 在房价 $P_1$ 处提供商品房，表明最有效率的企业按照开发的边际成本或平均成本来提供住宅产品，企业获得正常开发利润，而且按照此价格建得房子，由于价格低，需求量也最多（见图 4 - 7）。

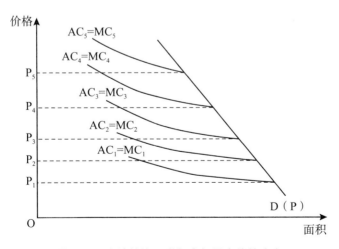

**图 4 - 7　土地特许开发权竞标及房价的决定**

可以想象在竞拍之前，竞标企业就已经根据自己的开发成本测算出在哪个标价下还会积极参与竞价。很显然，当标价大于平均成本 $P_i$ 时，企业 i 仍会继续积极竞争。我们可以更为细致地描述此竞标过程，首先，"荷式"拍卖师开出的标

价高于 $P_5$，五个开发企业都表示他们愿意继续竞价，因为竞拍者不止一个，所以，拍卖师会降低房价标价，当标价低于 $P_5$ 时，企业 5 将退出竞争。此过程会一直继续下去，并不断淘汰掉平均开发成本高的企业，直至标价降低到 $P_3$ 时，企业 3 退出，此时仅剩下企业 1 和企业 2 继续竞价。当标价刚刚低于 $P_2$ 时，企业 2 也退出，仅剩下唯一的企业 1 成为积极竞争者，竞拍的结果是最有效率的企业 1 获得土地特许开发权，并将最后赢得的标价，即稍微低于 $P_2$ 的价格作为商品房的最终定价。商品房最终定价将会落在 $P_1$ 与 $P_2$ 之间（见图 4-7），而不是最理想的 $P_1$ 位置。出现这种情况，与竞争的不充分有关，如果存在与企业 1 一样有效率的其他开发企业与之竞争，情况就会大为改观，即在平均成本 $AC_1$ 或 $MC_1$ 位置不止一个企业。当标价低于 $P_2$ 时，仍然有至少两个企业在竞争，这样可确保价格降低到 $P_1$ 位置。当然，一旦标价降低到 $P_1$ 以下，两家企业都会退出，最后可在其中选择一家开发质量更有保障的企业，质量都有保障的就随机选择。特许开发权竞标合意的结果最关键是使企业在最有效率的成本范围内进行充分的竞争，以确保是最低开发成本的企业开发生产商品房，并在社会福利最佳水平上按照边际开发成本确定房价。当然，为了避免一些企业不计成本恶性拿地开发，可以不进行竞拍，让国有房企直接开发限价商品房。

### 4.3.3.2 特许开发权竞标——限房价竞地价方式

由于土地市场是完全供给垄断市场，所以我们不提倡进行地价竞争，而更应该是对地价进行限制。尽管如此，我们还是要分析该方式。首先，该方式前提是限制房价，而后竞争地价。在房价管制下，可以进行地价竞争叫价。英式拍卖法是最常见的一种拍卖方法，由于拍卖物品要求竞争者高价接受，因此，它是在拍卖师的主持下，竞拍人口头上将价格由低往高处叫价，让其他竞拍人应价，随着价格的抬高，逐步淘汰掉竞拍人，直至剩下最后一位积极的竞拍人，他将获得土地使用权，所支付地价就是最后的叫价。其次，在市场比较热的情况下，由于房价限制，有可能地价封顶后还有多个竞拍人应价，这时应该加入其他竞争指标，如自持物业比例、开发方案或配建保障房比重等，特别是为了防止因成本提高后建设质量的下滑，更应重视高标准开发方案的竞争，让剩余的竞拍人进入后续竞拍阶段。

中国网·地产中国讯①2016 年 11 月 17 日上午，北京"限房价、竞地价"第二批地块迎来现场拍卖。其中，黄村 21 号地（北京市大兴区黄村镇兴华大街 DX00-0202-0305 地块 R2 二类居住用地、DX00-0202-0308 地块 A33 基础教育用地）有 18 家企业参与竞拍，最终，经过总价、自持面积两个阶段的角逐，该地块以 36.75 亿元触顶，万科住总联合体等 7 家企业全部投报 100% 自持商品住房面积。按照竞拍规则，上述 7 家企业能够进入第三轮"投报高标准商品住宅

---

① http://finance.sina.com.cn/china/2016-11-17/doc-ifxxwrwk1321204.shtml

建设方案"程序。几家房企须在 10 日左右做出建筑方案，经过专家评审，以定
出竞拍结果。从北京土地出让前多次设置规范看，北京为了避免出现地王的确做
了各种准备，打出"限销售价格 + 限户型面积 + 限二手房销售时间 + 限持有面
积"组合拳，以对高房价做出堵截。此外，商品住房取得分户不动产登记证书或
契税完税凭证后 5 年内不得出售；销售时不得搭售其他服务、产品，不得捆绑精
装修。同时，对高标准商品住宅建设方案进行了阐述，除规划建设方案及企业自
持商品住房运营方案外，还包括绿色建筑星级、可再生能源利用、绿色建材使用
比例、装配式建筑实施比例、装配式建筑预制率、全装修比例、超低能耗建筑比
例、新风系统和建筑减隔震技术以及其他提升建筑品质和能效的产品和技术措施
等内容。

## 4.3.4　住宅价格激励性管制定价方式

　　显然，若通过企业上报开发成本，必然存在因信息不对称诱发企业虚报成
本现象，从而客观上造成价格管制目标的偏离。为此，政府管制者必须设计足
够的激励因子，以促进企业降低成本、提高生产经营效率。对成本信息要求不
高的激励性管制在 20 世纪 90 年代的西方市场经济国家得到广泛的应用与发展。
按照激励管制理论初期学者的说法，只要被管制价格结构的部分或全部与其申报
的成本无关，并以激励为基础的任何管制都属于激励性管制范畴（Joskow &
Schmalensee，1986）。[①] 后来，日本著名的管（规）制经济学家植草益（1992）
则从给受管制者以竞争压力和提高生产或经营效率的各种管制诱因等视角来认
识激励性管制的内涵。而为了解决激励性管制双方的信息不对称问题，拉丰和
梯若尔（1993，1994）将博弈论和信息经济学中的激励原理用于管制分析，系
统化了激励性管制理论。[②] 目前，可适合于住宅产业的激励性管制定价模型主要
有 L–M 模型、特许权竞标价格管制模型、价格上限管制模型以及区域间竞争管
制模型等。

　　1969 年，勒布和马加特（Loeb & Magat）二人提出的 L–M 激励定价模型[③]。
它与常用的由管制机构安排定价的做法不同，L–M 模型允许垄断企业自行定价，
其基本思想旨在达到激励性管制目的，管制做法是在企业自行确定的价格上由管
制者给垄断企业一个等量消费者剩余的补贴。由于垄断市场需求曲线斜向下，垄
断企业选定的价格越低，则消费者剩余越多，补贴也越多，就会刺激企业选定低
价。L–M 模型最终发现企业价格选定在 MC 上时，消费者剩余最大，补贴最多。
从管制价格选定在 MC 上看，它也属于理想定价模型。另外，在选定的价格之

---

　　① 　Paul L. Joskow and Richard Schmalensee：Incentive Regulation for Electric Utilities，Yale Journal of Reg-
ulation 4，NO. 1，1986.
　　② 　余东华：《激励性规制的理论与实践述评》，载《外国经济与管理》2003 年第 7 期，第 44 ~ 48 页。
　　③ 　维斯库斯：《反垄断与管制经济学》，陈甫军等译，机械工业出版社 2004 年版，第 204 页。

下，企业为了获得更多利润，会去考虑降低生产成本，从而达到激励的效果。L－M 模型问题在于：一是垄断企业侵占经济剩余；二是需求曲线的确定；三是补贴资金来源等，这些问题导致该方式在住宅价格管制中的应用前景有限。

在 20 世纪 80 年代美国价格经济管制实践中，有数据表明价格上限管制比收益率管制更有效率（Mathios & Rogers，1989[①]），实行有弹性的、多样化的最高限价对企业产生的激励效果更明显（Braeutigam & Panzar，1993[②]），国内学者于立（2003）[③] 认为价格上限管制是传统收益率管制的替代形式。价格上限管制模型为 $P_{t+1} = P_t[1 + (RPI - X)]$，即下一期提价与通货膨胀率 RPI 和生产率 X 有关，把价格限定在一个合理范围内。而且，在价格没有超出规定的上限界线内，还可设计多样化的管制方式，以达到激励效果。实践上，该模型操作简便，在最高限价内，企业为获更多利润会寻求降低成本，它属于激励性管制定价。但是，值得注意的是过度降低成本会影响住宅商品的品质。

## 4.3.5 住宅价格的其他管制方式

住宅价格其他管制方式包括以不直接介入市场经济主体的价格决策行为而仅制衡那些阻碍市场价格机制发挥作用的行为之政府产业管制政策，目的是为市场价格机制发挥创造有效的运行环境。但是，中国政府对产业市场层面的经济调控政策（如货币、利率等政策）已经超出了微观产业的范畴，由于宏观调控政策影响面广，各种掣肘的结果往往导致宏观调控政策效果的不理想。严格来说，这些产业管制政策相对直接管制价格方式而言力量要弱得多。

### 4.3.5.1 积极介入商品房供给，建立与完善住房保障体系

政府应积极介入住宅市场，解决目前住房供给结构矛盾，把解决中低收入阶层居住问题作为促进社会和谐的重要手段，实现"居者有其屋"计划。前面分析可知，市场垄断力量为了利润最大化，控制住宅市场供给节奏和价格，开发住宅项目价位越来越高，当市场被控制时，想要通过供求关系来影响价格显然行不通，供求关系决定价格只适合完全竞争市场，不适合垄断性市场。

因此，政府应积极介入普通商品房供给，甚至可借鉴新加坡的经验，由政府控制的建设局[④]或大型国有房企向广大居民提供普通商品房，建设与储备经营一定数量的普通商品房以解决老百姓的居住问题。这些普通商品的回报率可以控制

① A. D. Mathios and R. P. Rogers, "The Impact of Alternative Forms of State Regulation of AT&T on Direct - Dial, Long - Distance Telephone Rates," The Rand Journal of Economics, Autumn 1989.

② R. R. Braeutigam and J. C. Panzar, Effects of the Change form Rate-of - Return to Price - Cap Regulation, American Economic Review, May 1993.

③ 于立：《美国报酬率规制与英国价格上限规制的比较研究》，载《产业经济学》2003 年第 1 期，第 11～18 页。

④ 唐相道：《新加坡安居工程》，上海社会科学院出版社 1997 年版，第 2 页。新加坡建设局的住宅建设量占整个建筑业的一半以上。

在较低水平，以确保国企的正常运转即可，其也可以实现"房子是用来住的，不是用来炒的"这一目标。

政府"国六条"中"90 平方米和土地供给量的双 70% 供给限制线"① 就是为了扩大中低价位住房供应给普通老百姓而设计的，但是各地执行情况并不理想，如福州 2006 年 12 月 90 平方米供给仅为 16%，这还是最好的，其他月份均在 16% 以下。② 另外，作为垄断土地供应的地方政府，应制定长远的和年度的土地供应计划，按照城市规划的要求进行土地开发和建设，保证面向中低收入阶层的普通住房、限价房、公租房和廉租房的土地供给力度，建立与完善住房保障体系。

### 4.3.5.2　禁止住宅投机与投资行为，构建与完善税收、信贷等调控体系

"房子是用来住的，不是用来炒的"，也就是说炒房收入是不合理的，可以通过税收的方式进行处理。由于近年来的国民经济持续快速健康的发展、人民收入水平的提高，使得生活需求、改善住房需求和多余资金的投资（机）需求得以存在，在房价不断上涨的操纵下，导致住宅市场的投机投资需求过旺。为了抑制住宅投机投资需求，发挥货币金融政策的作用，国家近年来也采取了"小步多次"的升息策略。尽管加大投资（机）的购房成本。但是，不可否认，小步加息对于快速上涨的房价抑制效果不显著。因此，管制房价是一项系统工程，必须引导住宅理性消费预期和传统住房消费观念的建立，完善二手房市场和租赁市场，以实现住宅的"梯次"消费而不是一步到位。除了加息引导投资外，还要设计开征包括住宅"保有环节税"和高端住宅消费税在内的住宅分类税制，赋予高价住宅重税，以抑制高档住宅开发与消费，从经济角度正确引导开发建设和消费低价普通住房。完善住房转让环节营业税、所得税以及住宅用地闲置费、转让增值税或所得税的征收工作，以有效运用税收、住房开发信贷和消费信贷等经济杠杆遏制住宅市场的投机炒房需求。合理控制城市改造房屋拆迁规模，减缓住房被动性需求的过快增长。

### 4.3.5.3　整顿住宅市场经济秩序，建立和完善住房消费信息服务制度

住宅市场的信息不对称导致信息优势一方最大限度地利用它增进自身效用，他们通过捂盘惜售、囤积房源、楼盘概念策划、虚构景观、虚假广告、不实信息、投机炒作、雇请"房托"等手段哄抬房价，加上媒体捕风捉影，金融机构贷款逐利行为的推波助澜等，误导刺激了住房消费，扰乱市场经济秩序。因此，要稳定房价，就必须要进一步整顿和规范住宅市场交易行为与经济秩序，整治住宅交易环节违法违规现象，规范二手次新房中介收费标准。规范或取消商品房预售制度，强化销售合同对开发商的约束，避免利用预售期房导致信息不对称等谋利行为的发生。

---

① 建设部等九部委：《关于调整住房供应结构稳定住房价格的意见》，2006 年 5 月。
② 王阿忠 2006 年各月福州住宅市场价格指数市场分析报告，载《海峡都市报》，每月中旬 11～19 日。

建立与完善住宅市场信息系统和信息发布等服务制度，增强房地产市场信息透明度，及时公开住房供给总量；各价位段分布情况及供给数量；各住宅项目名称、地点、楼面地价信息、项目建筑总面积、明确应公摊部分及其面积、套间建筑面积、使用面积和公摊面积、项目环境条件说明、建设标准与造价说明、开发商资质；房屋价位与居住条件、房屋品质等的联系说明；住房消费特征说明；政府规定的住房开发规费说明；二手房源情况说明；本年度保障性住房开发量、进度、申购条件；当地中长期住房发展规划、远景预测说明等信息。完善市场监测分析工作机制，统计和房地产主管部门要定期全面、及时、准确地发布市场有关的住房供求信息。

### 4.3.5.4 打击防范价格合谋行为，构建与规范住宅状况价格修正系数体系

价格合谋会弱化竞争，住宅市场的垄断性为利润最大化的市场经济主体价格合谋行为提供了便利，开发企业不断在相同区域不同地块间的重复博弈均衡的最优策略是"合作"与"合谋"（苗天青，2004）。[①] 因此，政府必须深入介入房地产市场，规范市场供给与定价行为，以避免市场交易中价格合谋的产生。另外，由于土地与住房价格具有横向"替代"的市场比较性，要注意一种通过土地拍卖的恶意抬价行为。例如一些前期拥有大量土地的开发商，故意参与关键地段位置小幅地块土地的拍卖，并不断拉抬地价，其目的有二：一是抬高关键地段住宅用地价格，旨在提高其手中土地的市值；二是地价提高，可带动其周边新开发楼盘的价格。可谓"一石双鸟"的高招，又可迎合地方政府希望高价出让土地的心理。这种现象导致一些城市"地王"的不断更迭出新，受让的土地价格让人无法相信其上开发的商品房还能赢利。因此，要稳定房价，需各部门协调配合，单靠一个部门的力量是不够的，而且，对于地方政府垄断土地供给下的地价，并非越高越能体现其就达到了资源的优化配置，[②] 理性的、正常投资回报率的价格才是市场健康发展的保证。

构建住宅状况价格修正加价系数计算体系，完善与规范商品住宅的楼层、朝向、位置（繁华与交通便捷因素）、景观环境与公共配套设施完备度的价格修正加价系数计算表，并事先或可在土地"招拍挂"中作为项目开发条件予以公示，接受物价管理部门的监督检查。建立住宅商品价格涨幅申报交易审核制度，包括一手房中分期开发的楼盘和二手房，特别是二手次新房价格涨幅交易申报制度，以保证政府可以有效地监控市场价格上涨幅度的效果。

---

① 苗天青：《我国房地产业：结构、行为与绩效》，经济科学出版社 2004 年版，第 174～175 页。
② 实际上前面也分析土地用于住宅用途，这块地基本"废"了，未来将不会给地方经济带来任何益处。

# 第 5 章

# 房地产价格政府管制组织架构与设计

## 5.1 住宅市场价格经济管制原则与架构

### 5.1.1 住宅价格经济管制的目标与原则

#### 5.1.1.1 目标

由于土地既是住宅商品重要的生产投入要素，又是资源性资产，且在住宅商品使用期内其价值不仅不会减损，还具有价格上涨刚性（林荣茂，2005），而相比之下，地上的建筑物却在不断地折旧，价值在减少，因此地价上涨才是住宅价格上涨的最大贡献者。对住宅价格的经济管制离不开其用地价格管制，而对住宅用地价格的经济管制目标则是在建立市场稳定健康发展的框架下，防止地产市场投机与地价泡沫生成，避免地价失效，维护土地市场正常的经济秩序。

1998~2005 年我国地价增幅为 40.6%，年均增长了 5.8%，其中 2003 年、2004 年和 2005 年三年年涨幅分别为 8.32%、9.3% 和 9.05%，而 2005 年第二季度有 35 个大中城市居住用地交易价格与上年同季度相比涨幅高达 12.9%，[①] 大大高于同期的城镇化增长率，甚至一些地方地价上涨幅度已经大大超过 GDP 的增长率，并且呈现地价涨幅高于房价涨幅的现象（见第四章图 4-2），形成地价—房价螺旋式上涨怪圈，这很类似于经济学中的工资—物价螺旋上涨催生成本推进型通货膨胀的现象。一般地价上涨预期高昂，就会吸引市场投机性资金流入，极易生成地价投机与泡沫，美国、日本的泡沫经济首先来源于地产泡沫，表明其对经济危害极大。另外，高地价高房价也提高了土地资本和城市居住的成本，长期来看会导致年轻人才、技术与投资资金的外流，最终会削弱城市持续发展的核心竞争力。因此，政府必须管制高地价，对于地价涨幅较大的地区，需采取地价

---

① 数据来源各年的《中国经济统计快报》，经过笔者整理。

监控甚至限价措施。

合理的住宅市场供给结构应与中国居民的收入结构相匹配，住宅毕竟是老百姓衣食住行的生活必需品之一，与水电价格一样都必须被管控，这样才能使各收入阶层都可买到或租到适合自己经济能力的住房。要管制住宅供给结构，首先必须抓住源头，规范约束地方政府出让土地的收益最大化行为，从严管制土地供给结构，确保每年低价位普通住宅、限价房和保障性用房的土地供给比重，由于当前普通住宅在市场中的占比基数还过低，因此，必须要保证普通住宅与保障房土地供给每年以一定的比率递增。在这些住宅用地出让时，应以招标方式为主，严控地价的上涨幅度，这样才能达到管制住房供给结构，从而最终达到稳定房地产价格的目的。

### 5.1.1.2　原则

住宅价格经济管制应以满足市民消费居住为主，坚持提供普通舒适商品住宅为主的原则。具体来说包括：市场匡正原则、依法强制原则、经济激励原则和成本收益原则。

（1）市场匡正原则是指政府价格经济管制是用于消除靠市场自身力量无法解决的市场垄断问题，将畸高的房地产价格予以匡正，使其复归到市场正常运行轨道。价格经济管制不是计划经济取代市场经济，而是要求政府弥补市场经济的不足，匡正并维护市场经济正常运行秩序，毕竟现实市场与理想化的完全竞争市场有差距。

（2）依法强制原则是指政府住宅价格经济管制，具有依法规范、限制相关事业单位、市场微观组织和个人定价行为的强制性职能。正如日本学者植草益在其经济管制定义里所描述的那样，在存在垄断因素和信息不对称问题的部门，"以防止无效率的资源配置的发生和确保需要者的公平利用为主要目的，通过被认可和许可的各种手段，对企业的进入、退出、价格、服务的质量以及投资、财务、会计等方面的活动所进行的管（规）制。"[1]　其中"认可和许可"应理解为法律法规等方面的许可。因此，价格经济管制必须立法，依法管制。当然，在法律制度较完善的国家如美国，只要它认为有利于公众利益，政府就可以对价格进行管制，体现政府管制市场的强制力。[2]　为此，政府必须完善市场基础制度建设，包括地价评估制、公示制、预警预报制和交易监控制等，只有掌握住宅市场运行规律和市场价格信息，才能提高政府管制地价和房价的管理技术水平。

（3）经济激励原则是指政府在稳定住宅价格的同时，还要从经济上激励开发企业节能降耗，开发舒适的、品质中上的住宅商品。经济管制并非压制因提高住宅品质而导致的房价的成本性上涨，因此，经济管制需具备激励微观企业主体的功能。经济管制是建立在了解住宅市场价格运行规律的基础上，采用科学的方法

---

① 植草益：《微观管制经济学》，中国发展出版社 1992 年版，第 22 页。

② 维斯库斯：《反垄断与管制经济学》，陈甬军译，机械工业出版社 2004 年版，第 175 页。

进行的管制，从而达到既管制市场投机泡沫，又激励企业开发高品质住宅的目的。

（4）成本效益原则是指政府的住宅价格经济管制结果需确保社会总效益大于社会总成本。中国住房制度市场化改革的取向是正确的，但是由于住宅市场自身先天特有的不完全竞争性（垄断与产品差异），导致房价被人为操纵。因消费者对住房需求的价格弹性较小，导致弱势的消费者承受了大部分的市场化改革成本，福利损失最为严重。尽管当前政府的住宅价格经济管制对不同利益主体产生了不同的影响，管制的社会成本也较高，但是，我们必须要让住宅市场价格失效性上涨导致弱势群体福利损失严重局面得以扭转，并要权衡利得，使市场回归理性，确保市场化改革的成果和社会总效益大于社会总支出。

## 5.1.2　住宅价格经济管制对策：基于制度建设

由于房地不可分割，作为重要的要素资源价格，地价在住宅价格中是极为重要的前导价格。因此，住宅商品市场价格经济管制具体包括地产价格经济管制和房产价格经济管制。地产价格经济管制主要针对地方政府的土地供给结构和土地出让方式方面，因此，其管制应从完善制度建设，改革行政管理体制入手，以达到建立稳定健康发展的长效机制之功效。而市场中的房价经济管制，则应管制开发项目微观企业垄断定价行为和置业投资（机）者炒作房价的行为。科学管制住宅价格的对策有以下几个方面。

### 5.1.2.1　要改革地方政府行政管理体制，[1] 尤其要完善地方政府政绩考核标准，建立兼顾效率与公平的全绩效多元考核目标体系

中央政府调控房地产价格的政策在中央与地方政府的博弈中受到地方牵制，地方政府无疑抓住了住宅用地"8·31大限"[2] 土地"招拍挂"的出让良机，各地几乎清一色地采取"价高者得"的拍卖出让方式，既省力又来钱快，还不违反土地出让政策，何乐而不为。由此，造成2004年土地"8·31大限"和2005年的"国八条"稳定市场价格政策的效果不明显。针对中国房地产热，有些人曾指出，国内房地产业"要挟着"整个中国经济，如果国内房地产崩盘，整个国家经济就可能发生危机。这种带恐吓性质的"崩盘论"真会发生吗？首先，住宅市场没有杠杆，[3] 不会出现卖压而导致崩盘；其次，绝大多数房子还是被人住着，只有20%多的空置才有可能形成卖压，这种卖压力量相对弱了；最后，目前大家还有房价上涨预期，怎么可能会形成卖压？

---

① 《求解中国宏观调控目标方程》，载《经济参考报》2004年第10期，第2页。
② 2004年的土地"8·31大限"即为禁止协议出让土地的最后期限。它解决了土地出让价格双轨制，杜绝寻租腐败，防止低地价出让导致暴利和土地投机等效果显著。但因各种原因，其稳定价格作用不明显。
③ 2015年股灾是因为杠杆导致的连锁抛售引起。

实际上，在市场经济条件下，无论是中央政府还是地方政府，它们都不是市场中追逐利润最大化的利益主体，它们应是市场的组织管理者和维护监督者。因此，追求经济利益并非地方政府内生的原动力，而是源于政绩考核的外部激励引致。中央政府早已强调要把地方政府单纯追求 GDP 改变为"综合发展"，[①] 并提出要加强"五项统筹"，即统筹城乡发展、统筹区域发展、统筹经济社会发展、统筹人与自然和谐发展、统筹国内发展和对外开放等的要求。政府地价管制政策就是要创造公平的市场竞争环境来增进社会福利。当管制政策的效果被非合作行为所抵消时，中央政府不会放任不管，通常会增加管制条款，堵塞政策漏洞，使政策更加完善。中国房地产市场的现象说明了同市场经济体制建设进程相比，中国地方行政管理体制改革较为滞后，特别是地方政府政绩考核制度明显与市场经济不相适应，已经到非改不可的地步了。也只有改变地方政府短期经济利益行为，才能建立房地产市场长期稳定健康发展机制。

### 5.1.2.2 要完善中央与地方的土地收益分配制度[②]

随着土地市场化进程的不断深化，土地收益也大幅度增加，它已经形成为地方政府的"第四财政"，[③] 有数据表明目前其占地方可支配财政收入的比重高达 40% ~ 60%，地方政府自然不愿放弃这个"香馍馍"。一直以来中国中央政府与地方政府在土地收益分配上存在着长时间博弈：1989 年 9 月，财政部出台的"四六分成制"规定土地收益 20% 留给城市政府作为城市土地开发建设费用外，其余 80% 按照中央四，地方六的比例分成。该法一出台，就引起先期一些批租土地城市的"反弹"。为此，财政部又于 1990 年和 1991 年两年内，改为由地方上缴中央的土地收益根据收入情况按 85% ~95% 比例分批返回，返回结果表明中央实际收入最多还不到 5%。但地方仍不"领情"，而是想方设法"只赚不赔"，其采用的博弈逃避分成措施包括牺牲地价的收取实物地租方式；[④] 细化土地收益，分为出让金、配套费和开发费等，只将出让金纳入到中央分成范围；经营性用地"斩而不奏"；通过地方立法，减少上缴分成等，使得中央政府难以足成分到应得收入。1992 年 9 月 21 日，财政部又颁发《关于国有土地使用权有偿使用收入征收管理的暂行办法》规定土地出让金总额的 5% 应上缴中央财政，但截止到 1994 年财政"分灶"前，中央实际上收缴土地出让金仅 5 亿元，只占应收交的 9%。[⑤] 1999 年 1 月 1 日实施的新《土地管理法》规定：新增建设用地的土地有偿使用费由中央与地方三七分成。但从执行情况看，也不令人满意。纵观中央与地方的

① 中央在 2003 年 10 月的十六届三中全会上强调把单纯追求 GDP 改变为"综合发展"。
② 本书土地收益是指政府出让城市国有住宅经营性用地的所得收益。实践中名称有土地出让金、出让收益、地价款等。
③ 第一财政指预算内收入，第二财政指预算外收入，第三财政指制度外收入，而土地出让金也就成了"第四财政"了。
④ 指城市政府免费把土地划拨给开发商，作为回报，企业要完成一定的基础设施建设。这是地租的低级形式，显然不利于市场经济条件下的土地资源优化配置。
⑤ 李铃：《中国地产价格与评估》，中国人民大学出版社 1999 年版，第 98 ~99 页。

土地收益分成博弈结果，由于相较上缴中央财政，地方政府更宁愿"藏富于本地"，所以收益分成政策无一不受到地方政府的掣肘。然而，按照新的《土地管理法》"国家所有土地的所有权由国务院代表国家行使"，若中央分文不取土地收益，显然法理上不通。地方政府是中央授权的一级国家政权机构，亦代表国家行使管理权。分配比重偏向中央政府，不利于调动地方政府开展城市建设的能动性，反而使土地收益严重流失到开发企业手中，他们获得低地价的土地，开发的住宅商品最终也不会按低价卖，城市居民并没有从中受益，最终造成全局利益的损害。比重偏向地方政府，尽管利于调动地方政府的积极性，解决地方财政公共收支问题，但是，目前地方政府唯 GDP 为上的主要制度安排会造成重视短期政绩的地方政府过分追求短期利益而推高地价，而且，土地的过度供给也会导致粗放经营，其结果会影响土地资源的市场优化配置，最终必扭曲土地价格。

实际上，中央与地方在土地收益问题上的关键是如何管理使用好土地收益，而非分成比例多少。中央政府的最优选择是降低土地收益分成比例，改革地方政府的政绩考核体制，在财政监督体制、产权机制、土地基金专项管理机制等约束机制上加大对地方政府的约束力，以对地方土地收益使用进行规范管理。

### 5.1.2.3　必须加强与完善住宅市场的制度建设

它是规范住宅市场秩序，保持地价与房价稳定的根本。这里的住宅市场制度主要包括住宅价格标准化估价公示制；土地出让方式调控制；公开交易审查制；住房税收调控与征管制；住宅信贷融资制；房地产统计和信息披露制度；房产、地产价格预警预报制和城镇住房保障制等。

（1）住宅价格标准化估价公示制。此处的标准化估价公示制包括各地市县形成由国家注册房地产估价师为主干成员的估价团体，估算出标准化基准地价和标定地价[①]并予公布的制度，以及在完善基准地价基础上的宗地估价修正体系，[②]同时，对基准地价、标定地价须定期更新和对外公示，并将上述土地标准化价格资料在第一时间向独立的住宅价格管制机构登记备案。另外，要建立面向征税、抵押和交易等标准化的住宅价格评估制，当然，要使住宅价格估价科学规范首先必须建立完备的房地产估价制度和土地估价师、房地产估价师资格认证制度。

（2）土地出让方式调控制。由于通过土地出让方式的不同组合（招拍挂）可起到调节土地价格的作用，同时，调控土地出让方式也可起到管制土地用途，进而达到调控住宅供给结构的目的，因此，国家必须建立土地出让方式调控制。当住宅地价快速上涨时，尽量少用拍卖方式，多用竞争目标多元化的招标方式；当地价明显低于市场价格时，须减少出让，政府甚至可用优先购买权购进低价土

---

[①]　基准地价是按照一个城镇中各级土地或均质地区内的商业、住宅、工业等不同用地而分别评估的某一时点单位面积土地使用权出让的平均价格。标定地价是在各级各类用地中，根据宗地本身状况（如大小、形状和地貌等）、微观区位状况、容积率限制等等条件挑选出的若干块具有代表性的宗地，在基准地价的基础上进行调整而求出的宗地价格。

[②]　全国土地估价师资格考试委员会编著：《土地估价理论与方法》，地质出版社 2004 年版，第 356 页。

地，保持市场价格稳定。目前首先须完善土地"招拍挂"制，包括针对市场价格
剧烈波动时，科学调节"招拍挂"三种出让方式土地的比例，以达到稳定地价的
效果。另外，要规范三种出让方式的程序，建立德才兼优的招投标专家库，完善
有形土地交易市场，包括土地出让和出租市场等。同时，针对中国人多地少、城
市家庭经济收入中偏下居多的现状，未来若干年内，应重点发展中低价位、中小
套型普通商品住房，并编入年度住房建设规划和用地计划，明确并保证各年新建
普通住宅和相应的用地供给比例。对普通住宅用地，其出让方式须采取稳地价、
竞"低房价"的"招拍挂"方式来确定开发建设单位。

　　（3）公开交易审查制。公开交易审查制指政府价格经济管制部门通过强化市
场配置土地资源，防止开发商利用信息不对称，进行误导、暗箱操作和投机爆炒
房产与地产，公示市场交易价格，审查判断房地产交易价格的合理性，从而达到
规范市场经济秩序的目的。其主要包括土地出让的集体决策制和重要媒体渠道公
告制，建立土地一、二级市场交易登记、交易价格的许可和可查询制度等。

　　（4）住房税收调控与征管制。国家可通过调整住房转让环节营业税等来进一
步抑制投机和投资性购房需求，达到稳定住房价格的目的。因此，要使国家通过
税收调控机制来管制住宅价格的政策不致失效，就必须完善住宅市场的税收征收
管理制度。住房税收调控与征管制包括构建合理的住宅税收体系、纳税申报征管
制和调整税率。为了抑制市场投机行为，应适时提高短期内转手的住房交易税率
和所得税率，对囤积土地与房产的，可开征房产税等新税种。

　　（5）住宅信贷融资制。住宅产业是个资金密集型产业，中国房地产开发贷款
中利用银行贷款比重在55%以上。[①]因此，国家可以通过调控信贷融资条件达到
启动和约制住宅市场的目的。为此，我们必须完善住宅信贷融资制，包括开发信
贷和消费信贷融资制度。目前，为抑制房地产开发企业利用银行贷款囤积土地和
房源，须严格规定房地产开发信贷条件。对消费贷款可通过调控个人住房按揭贷
款利率和首付款比例来达到理性消费的目的，当然，对于消费与投资应有区别地
适度调整住房消费信贷政策。

　　（6）房地产统计和信息披露制。这里指为了防止企业和投机者利用住宅市场
信息不对称，提供虚假信息、恶意炒作、误导消费预期等行为，政府相关部门要
定期公布住宅市场供求、房价情况、住房总量、结构、居住条件、消费特征等信
息。政府统计和房地产主管部门须建立健全的房地产市场信息系统和信息发布制
度，以增强房地产市场信息透明度，并且要坚持正确的舆论导向，加强对房地产
市场调控政策的宣传，客观、公正报道房地产市场情况，引导居民树立正确的住
房消费观念等。

　　（7）房产、地产价格预警预报制。指以政府土地和住宅管理部门会同统计部
门广泛采集整理市场交易价格资料，通过建立科学的、同质化的房价、地价指数

---

　　①　牛风瑞主编：《中国房地产发展报告 NO.3》，社会科学文献出版社 2006 年版，第 99 页。

预警预报体系，达到分析预测市场价格走势，研判住宅市场是否过热或是否存在泡沫的目的。与一般商品不同的是房地产价格指数设计必须解决土地与住宅的异质性①问题，若用"平均地价"指数，其变化中就会混杂非市场因素的作用，难以客观体现市场供求关系的变化。为此，在地价指数设计中须剔除这些非市场因素，仅凸显市场因素即供求关系对价格的影响，这样的指数才能反映市场的走势，起到"风向标"的作用。为完善市场监测分析工作机制，中国物价管理委员会早已会同国土资源部、建设部在全国建立房价、地价预警预报监测体系，但由于各地系统建立与发展参差不齐，从而影响了系统的整体运行和监测市场的功能。

此外，还应加快城镇保障性住房制度建设（后面讨论）和完善住宅租赁市场，以实现住房的分类消费和满足供给的结构性要求。当然，上述主要属于规范住宅市场经济秩序的宏观层面的制度建设范畴。但显然仅有这些还不够，我们还必须建立相对独立的专业性住宅价格经济管制机构，依法对微观层面的企业和个人的住宅价格投机、投资行为进行更为精细的直接经济管制。

### 5.1.3 住宅价格的相对独立经济管制组织架构建设

住宅价格经济管制组织架构建设包括管制立法、管制机构设置、管制监督体系和管制资金预算等方面。依据与政府的关系程度，奥古斯（Ogus，2002）将管制机构划分为四种类型：（1）官办机构。（2）半独立机构。即半独立于政府之外，不向政府负责，但政府对其影响包括任命成员、派驻代表、依照政府政策或方针制定管制、管制实施方式须经政府审批等等。（3）独立管制机构。根据法律授权的一个由社会专业人员组成的公共机构，依法管制，与政府没有行政隶属关系。（4）独立于政府之外的行业自律管制组织。

可竞争市场理论认为在一个具有高度竞争威胁的市场中，即使市场上仅有一家企业完全垄断，但由于存在着新企业随时进入市场的潜在竞争压力，它也只能制定超额利润为零的可维持价格，从而使高度集中的市场结构也可以与分配效率并存。但是，目前中国住宅市场并不属于高度竞争威胁的市场，市场中除了要求开发商开发项目资本金不能低于项目总投资35%的正常资金限制外，再没有其他法律限制合格企业的进入。尽管如此，住宅市场还是在商品差异性、信息不对称、较高的地价、获得土地后开发的垄断性以及开发企业间有意错开项目开盘时间等方面，使住宅市场缺乏有效的竞争威胁，并呈现寡头垄断特征，导致开发企业在追求利润最大化时倾向于制定高于只有在完全竞争条件下才能形成的供求均衡价格，造成社会福利的损失，社会分配效率低下，这是我们对住宅价格进行经济管制的重要前提。

---

① 即任何两块土地都不一样，从而导致土地单价也不同。土地异质性或差异性造成的地价变动属于土地自身因素而非市场供求关系因素对地价的影响。

然而，政府自身具有的公益本质属性和"自利"从属属性将影响价格经济管制目标的完成，甚至会导致政府管制失效。因此，要实现价格经济管制目标的公共利益，目前我国管制机构必须由政府与监管合一的形式向独立管制机构的形式过渡（张会恒，2005）。若住宅价格经济管制机构不独立，它就会与在位开发商存在千丝万缕的关系，导致价格管制政策倾向于某些定价强势的开发企业，形成价格管制者与开发商相互勾结的产业利益集团，造成价格经济管制偏离预定目标，成为垄断性开发商的"避风港"。因此，如果要防止住宅价格管制失灵，科学的做法是完善并加强管制机构的独立性建设，确保管制机构独立公正地行使职权，而不是简单地取消政府管制（于良春、葛铸聪，2005）。实际上，从西方市场经济较为成熟的国家如美国的政府管制与市场互动关系演变中可见，市场经济是一种典型的受管制的市场经济，而所谓的放松管制、取消管制，仅是政府提高管制质量、改进管制效率的必由之路，① 了解此点，或许会增强我们对住宅价格管制的信心和决心。

国内学者肖兴志（2003）根据中国实际情况将管制机构设置划分为三种基本模式：独立的、权力集中型的管制机构；在政府相关部门下设立相对独立的管制机构；政府部门直接承担管制职能。② 从权威性、专业技术、管理职能和成本资金角度来看，目前中国住宅价格经济管制机构的设立要完全脱离政府部门成立独立的公共管制机构并不现实。

作为转型期的中国经济，随着市场经济体系逐步取代了计划经济体系，一方面是以往计划经济下的严格"内生"价格管制的放松，政府对微观经济主体的全面干预被打破；另一方面住宅价格经济管制也面临适应市场经济条件下的"外生"价格管制新体系的建立和实施过程。③ 然而，此过程中，通过法律和法规授权专门机构执行的以市场经济为导向的新价格经济管制机制却没有得到应有的重视，造成目前中国住宅市场价格严重失效的后果。

基于上述分析，住宅价格经济管制组织架构建设主要从重建市场经济管制法律、再造相对独立的组织机构以及价格监督体系角度考虑，如图 5-1 所示。相对独立管制组织机构应由国家反垄断局牵头，由建设部的住宅与房地产业司和国土资源部的土地利用管理司两家管理职能部门配合进行房产价格和地产价格的管制工作，为了使地方管制机构能有相对的独立性，其对地方管制机构应有一定的人事任免权。地方管制机构可放置在各地市的市场反垄断机构主管下，各地方房地产建设管理部门配合。各级地方价格管制机构应依法行使管制权利，要按照市场经济规律进行管制，若被管制者不服，可提起诉讼，并依照国家管制法律由司法机关判定裁决。因此，必须在《中华人民共和国价格法》和各部委有关城市住

① 宇燕、席涛：《监管型市场与政府管制：美国政府管制制度演变分析》，载《世界经济》2003 年第 5 期，第 16～19 页。
② 肖兴志：《自然垄断产业规制改革模式研究》，东北财经大学出版社 2003 年版，第 190～192 页。
③ 肖兴志：《中国铁路产业规制：理论与政策》，经济科学出版社 2004 年版，第 141 页。

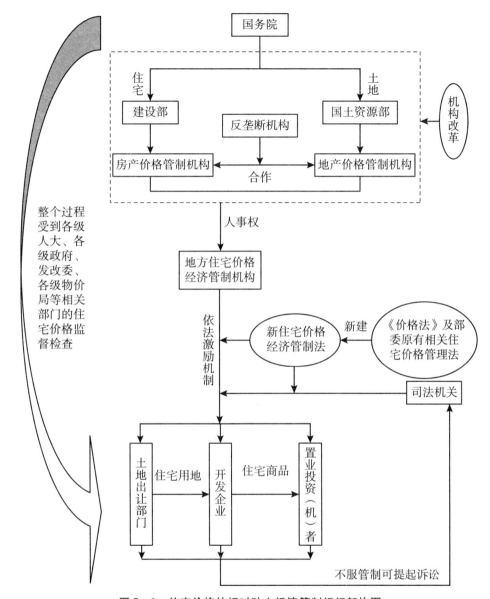

**图 5 - 1　住宅价格的相对独立经济管制组织架构图**

宅价格管理办法的基础上，重建适合市场经济运作规则的住宅价格经济管制法律，且纳入到反垄断法律框架中。另外，机构是否"不作为"或被利益集团"俘虏"，将受到人大、物价管理部门的监督检察。管制机构应本着公共利益至上的原则，来管制市场中垄断企业或利用市场不完全竞争性从事有悖于市场经济公平原则的投机者的定价行为。机构运作经费也应本着取之于民，用之于民的原则由财政划拨使用。美国 2000 年联邦管制年度成本开支中关于"价格和进入控制"

项目下的支出为 2180 亿美元，① 由此可见其工作力度之大。

## 5.2 地价管制实践：基于土地出让制度的管制安排

### 5.2.1 我国土地出让方式演进与地价高低决定

中国的土地市场是供给方完全垄断的市场，即地方政府垄断了土地供给，它是个垄断性市场。在垄断性市场，商品的价格不是由供求关系决定，而是由垄断方决定。我国土地市场地方政府是通过土地出让方式的不同来决定地价的高低，在现在的"招拍挂"出让方式中，地方政府对住宅用地出让都选择拍卖方式，这样可以卖个好"价钱"。当然以前还有协议出让方式，可惜现在被取消了。由于地价最终会进入到房价中，不是由开发商买单，所以开发商也乐于做个人情，尽量拍个高价地王，而且这对刺激房地产市场也有好处。

实际上，在老百姓衣食住行的生活必需品中，除了房地产供给有限性外，水电也是供给有限性的生活必需品，但我们对水电价格有管制，却没有对土地价格进行管制，确实有失偏颇。因为供给有限性的产品特别是需求量大的生活必需品其价格都容易被操纵而失效，纵观世界其他国家，对这样供给有限性的生活必需品市场（如水电）都需要政府介入进行价格管制，前面章节我们分析也知道国外其他国家政府都毫无例外地积极介入对土地价格的管制，无论它们的土地制度是公有制的还是私有制的。

当然，如果土地价格过低，自然达不到资源优化配置的效果，但是，如果走向反面，地价畸高，也易导致投机与泡沫。因此，土地价格管制的目的就是针对过度低或过度高的地价，使其回归到客观合理稳定的价格。为此，我们有必要梳理一下城市土地市场化经营以来土地出让政策引发的土地价格经济管制的收紧与放松，② 以便于今后在此基础上总结经验教训，提出更好的土地出让方式与地价管制对策。我国地价管制与放松的研究脉络应从土地有偿制度开始，政府对地价经济管制松紧与房地产和宏观经济周期有一定的关系。

#### 5.2.1.1 1987~1992 年住宅用地"适中的地价"出让属于放松经济管制阶段

该阶段的主要特征表现在绝大部分土地出让采用的是适中出让金的协议方

---

① W. 吉帕·维斯库斯、约翰·M·弗农、小约瑟夫·E·哈林顿：《反垄断与管制经济学》，陈甫军等译，机械工业出版社 2004 年版，第 30 页。
② 本书是从价格经济规制视角来分析住宅用地出让方式的。这是由于与土地出让方式相关的政策会影响到地价和企业微观价格行为的缘故。

式。1987 年我国正式开始了土地有偿有期限使用的批租制度，此间与土地市场化出让相关的重要法律法规有 1987 年 4 月的宪法关于土地使用权转让的修正案；[①] 1987 年 12 月颁布的《中华人民共和国土地管理法》关于"国家依法实行国有土地有偿使用制度"的规定；国务院 1990 年 5 月颁发《城镇国有土地使用权出让和转让暂行条例》对土地使用权在一定年限内的出让、转让、出租、抵押、终止等的规定。实际上早在 1988 年 1 月《深圳特区土地管理条例》就已经拉开了中国土地使用制度改革的序幕。按照《城镇国有土地使用权出让和转让暂行条例》，我国土地有偿出让方式有协议、招标、拍卖三种。[②] 这三种方式中，相比较而言拍卖和招标方式出让的地价较高。1987～1992 年间通过拍卖和招标方式确定的平均地价是协议方式的 6.3 倍和 4.2 倍，各出让方式的地价具体比照情况如图 5－2 所示。国务院 55 号令没有硬性规定商品住宅等经营性用地须用哪种方式出让，三种方式都被允许和肯定。土地受让人自然会极力争取适中地价的协议方式。可以说，在中国土地市场化经营开始初期的一段时期内，由于市场刚起步有个适应过程，加上房地产经济周期从 1988 年的高涨期转入到 1989～1992 年间的萧条期，[③] 使得该阶段协议出让方式一直占据主流。截至 1992 年底，我国土地出让中，协议方式占 92%，招标和拍卖各占 6% 和 2%，后二者合计仅占 8%。因而，该时间段属于适中地价出让的放松管制阶段。

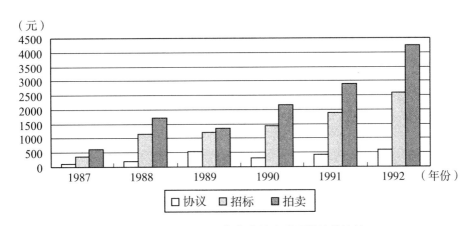

**图 5－2　1987～1992 年各出让方式下的地价比较**

资料来源：根据《中国土地科学》1994 年第 3 期第 10 页的数据笔者整理而成。

尽管如此，我国土地有偿制度还是迈出关键性的一步，它对于 1984 年开始的住房制度改革以及我国经济市场化取向中将土地作为经济系统内资源要素的意识是具有划时代意义的。

---

① 1988 年《中华人民共和国宪法修正案》确定"土地使用权可以依照法律的规定转让"。
② 《中华人民共和国城镇国有土地使用权出让和转让暂行条例》第十条第一款。
③ 何国钊、曹振良、李晟：《中国房地产周期研究》，载《经济研究》1996 年第 12 期，第 51～77 页。

### 5.2.1.2 1993～1995 年住宅用地适中地价出让进行管制阶段

1992～1993 年由于政策目标要加快房地产发展，促使房地产市场进入一个高涨期。而适中地价出让方式使得企业在市场热时可以通过"低买高卖"进行土地投机，适中地价出让问题在 1992 年底开始的地产经济高涨期中凸显出来。为了规范土地、房地产市场交易秩序，合理调节土地增值收益，针对海南、北海等出现较严重的"炒地皮"土地投机现象，我国于 1993 年 12 月颁布了《中华人民共和国土地增值税暂行条例》，[①] 加强对土地投机行为的管制，房地产业随即进入了调整、理顺、稳步发展期。相对而言，此阶段出台的土地政策明显是针对投机性地价的经济管制，强制减少采用适中地价的协议出让方式，如 1993 年建设部等一部三局的《意见》中提到："商品房屋和涉外工程项目建设用地的供应不再搞行政划拨，……并尽可能采用招标或拍卖的方式公开、公平竞争，减少协议出让，制止利用各种'关系'取得土地"，"对出让土地的地块，由政府组织评估机构确定基准价格，避免低价出让，……对不做投资和开发，靠炒卖房地产哄抬地价、房价而获取暴利，扰乱房地产市场秩序的行为要坚决制止，严肃查处"。[②] 1995 年 5 月《国务院关于严格控制高档房地产开发项目的通知》规定："高档房地产开发项目用地一律采取招标或拍卖的方式提供"[③] 等。实际上，该阶段协议出让土地并没有大错，错在没有管制炒地皮现象和管制房价，从而留给企业一个暴利炒作空间。

### 5.2.1.3 1996～1998 年适中地价出让的适度放松经济管制阶段

经过 1993～1995 年的调整，经济面临复苏，我国及时提出了房地产作为国民经济新增长点和消费热点的政策指导方针。该阶段土地出让方式延续 1995 年 1 月房地产管理法中"有条件的必须用招标、拍卖方式出让，无条件的可以采用双方协议方式"[④] 的规定进行，对土地出让方式的限定较为宽松，"有条件的"字眼表明政策是对适中地价出让的适度放松管制。

### 5.2.1.4 1999～2004 年的住宅用地适中地价出让的逐渐从严管制阶段

1998 年 12 月 1 日起我国住宅市场全面市场化，长期被压抑的住宅需求得到完全释放，市场供求不平衡的结果使得房价节节攀升，伴随房价的上涨，土地带来的收益也随之提高，导致地价也跟着上涨（见表 5 - 1），地价的上涨反过来以成本推动方式进一步助推房价上涨，由此形成恶性循环，地价房价双双不断创出

---

① 《中华人民共和国土地增值税暂行条例》第二条："转让国有土地使用权、……并取得收入的单位和个人，土地增值税的纳税义务人，应当依照本条例缴纳土地增值税"，最低增值税率为 30%。
② 参见 1993 年 8 月 10 日建设部等一部三局联合发布的《关于加强房地产市场宏观管理促进房地产业健康持续发展的意见》第 4 条。
③ 参见 1995 年 5 月 26 日国务院《关于严格控制高档房地产开发项目的通知》第 4 条。
④ 参见 1994 年 7 月 5 日颁布的《中华人民共和国城市房地产管理法》第 12 条第一款规定。

新高，并引发了房地产市场的投机投资行为。

表 5 - 1　　　　　　　　　　1999 ~ 2004 年地价年均增幅　　　　　　　　单位：%

| 年份 | 1999 | 2000 | 2001 | 2002 | 2003 | 2004 |
|------|------|------|------|------|------|------|
| 地价平均增幅 | - 0.8 | 0.2 | 1.7 | 6.8 | 8.35 | 9.3 |

资料来源：1999 ~ 2004 年《中国经济统计快报》和《中国统计月报》笔者整理。

　　此过程中，土地出让方式作为利益主体角逐的核心被推到了台前，成为各方关注的焦点。随着市场的逐步升温，由于房价没有被管制，房价的上涨导致土地权力寻租的利润空间变大，为避免寻租腐败现象升级，我国土地适中价格的出让方式也逐渐被从严管制。

　　该阶段的适中地价出让被管制开始于 1999 年 1 月的国土资源部《关于进一步推行招标拍卖出让国有土地使用权的通知》规定："要严格限制协议出让国有土地使用权的范围，除划拨土地使用权转让、国有企业改革中处置划拨土地使用权以及特殊用途等用地外，都不得协议出让国有土地使用权"；[1] 而后，为防止开发企业出现新的炒卖地皮升温和利用土地变相非法集资，1999 年 5 月，国务院办公厅《关于加强土地转让管理严禁炒卖土地的通知》中"严禁非法占用农民集体土地进行房地产开发，农民集体土地使用权不得出让、转让或出租用于非农业建设"规定，并且重申了"豪华住宅等经营性用地原则上必须以招标、拍卖方式提供"。[2] 2000 年 1 月的国土资源部《关于建立土地有形市场促进土地使用权规范交易的通知》规定："在有形市场内公开交易的土地，凡属于经营性房地产项目和其他具有竞争性项目用地的交易，应采用招标、拍卖方式进行。其他用地类型应挂牌公告，规定期限内有多个申请者的，亦应采用招标、拍卖方式交易"，"招标、拍卖时，参与竞投式竞买的人员应达到规定的人数，属于政府出让土地的还应设立最低保护价"。[3] 回顾《关于加强土地转让管理严禁炒卖土地的通知》和《关于建立土地有形市场促进土地使用权规范交易的通知》，发现两者重要目的之一就是针对新抬头的地价投机行为进行管制。而 2001 年的国务院《关于加强国有土地资产管理的通知》则是防止通过随意减免地价，使得国有土地资产中大量应归属于国家的收益而流失到少数单位和个人手中，尽管管制目的有所不同，但目标还是针对适中地价出让。该通知规定："为体现市场经济原则，确保土地使用权交易的公开、公平和公正，各地要大力推行土地使用权招标、拍卖"，"市、县人民政府要依法定期确定、公布当地的基准地价的标定地价，切实加强

---

　　① 参见 1999 年 1 月 27 日《关于进一步推行招标拍卖出让国有土地使用权的通知》第 2 条。
　　② 参见 1999 年 5 月 6 日国务院办公厅《关于加强土地转让管理严禁炒卖土地的通知》第 2 条和第 5 条。
　　③ 参见 2000 年 1 月 6 日国土资源部《关于建立土地有形市场促进土地使用权规范交易的通知》第 4 条。

地价管理"。① 如果说 1999～2001 年为了培育刚刚起步的住宅市场，住宅用地适中地价出让方式被放松管制的话，那么其后的住宅等经营性土地供应，则随着住宅市场的升温而逐渐被从严管制，这也导致中国土地价格从此走上漫漫上涨的长途，此后地价一路上涨，尽管 2008 年有调整，但幅度有限。

伴随着房地产市场的不断升温、住宅空置率的提高，对适中地价出让方式被管制政策也从量变发展到质变。2002 年的国土资源部《招标拍卖挂牌出让国有土地使用权规定》可谓是质变，该文件规定："商业、旅游、娱乐和商品住宅等各类经营性用地，必须以招标、拍卖或者挂牌方式出让"，"应当以招标拍卖挂牌方式出让国有土地使用权，而擅自采用协议方式出让的，对直接负责的主管人员和其他直接责任人员依法给予行政处分；土地行政主管部门工作人员在招标拍卖挂牌出让活动中玩忽职守、滥用职权、徇私舞弊的，依法给予行政处分；构成犯罪的，依法追究刑事责任"。② 该文件第一次明确了住宅等经营性土地必须实行"招拍挂"方式出让，第一次详细规定了"招拍挂"出让的原则、范围、程序、"招拍挂"标底或底价、法律责任等。针对部分地区房价增长过快问题，2002 年 8 月建设部等六部委的《若干意见》进一步强调商品住宅等各类经营性用地，必须按照法定的规划条件，采取招标、拍卖和挂牌方式供应。③ 上述文件对土地出让方式的措辞都比较强硬，而中纪委以及监察部介入土地出让问题则说明了我国对土地适中地价出让被管制的严厉程度。2002 年中央纪委七次会议和国务院第四次廉政工作会议明确要求各地区、各部门都要实行经营性土地使用权招标拍卖制度。④ 同时，监察部与国土资源部分别于 2002 年 8 月和 2004 年 4 月先后共同发布《关于严格实行经营性土地使用权招标拍卖挂牌出让的通知》和《关于继续开展经营性土地使用权招标拍卖挂牌出让情况执法监察工作的通知》规定 2004 年 6 月底前全国各市县必须建立"招拍挂"制度，8 月 31 日前必须将经营性土地历史遗留问题处理完毕，8 月 31 日后，不得再以历史遗留问题为由采用协议方式出让经营性土地使用权，这就是著名的土地"8·31 大限"。2004 年 8 月 31 日成为我国商品住宅等经营性土地适中地价出让终止的一个"分水岭"，它结束了开发企业靠"关系"以相对低价拿地的历史，房地产企业可凭其资金实力打破地域界限，在全国扩张开发住宅项目。

伴随着土地适中地价的协议出让被严厉管制，接下来数据显示房价和地价投机性上涨有从东南沿海城市往内陆和东北老工业城市蔓延的趋势。⑤ 实际上，"8·31 大限"之后，中国城市住宅用地出让基本都是采用拍卖和挂牌方式，而

① 参见 2001 年 4 月 30 日国务院《关于加强国有土地资产管理的通知》第 3 条和第 5 条。
② 参见 2002 年 5 月的国土资源部第 11 号令《招标拍卖挂牌出让国有土地使用权规定》第 4 条、第 24 条和第 26 条。
③ 参见 2002 年 8 月 26 日建设部国家计委财政部国土资源部 中国人民银行和国家税务总局《关于加强房地产市场宏观调控促进房地产市场健康发展的若干意见》第 3 条。
④ 戚名琛：《开发商，你为什么否定招拍挂？》，载《中国土地》2004 年第 12 期，第 24～26 页。
⑤ 胡修存：《2004 年 4 季度全国房屋销售价格上涨 10.8%》，载《中国物价》2005 年第 3 期，第 44～45 页；《2005 年一季度全国房屋销售价格上涨 9.8%》，载《中国物价》2005 年第 5 期，第 52～53 页。

少有采用价格适中的招标方式（见表 5 - 2），竞争更激烈的拍卖和挂牌出让方式"价高者得"的特点也符合地方政府利益。这源于地方政府的经济政绩考核体制与预算软约束，[①] 在地方政府较短的任期内，让房价不断上涨来保持市场的热度，以便使土地出让能拍得一个好价钱，地方投资又能带动经济增长，对地方财政收入增加就能达到立竿见影的效果。因此，地方政府一改观望态度，许多城市市政府还专门成立土地批租领导工作小组，由市一把手负总责亲自抓土地出让，显示出少有的热情，一般的城市一年仅卖地就有几百亿元的财政收入。这样就出现一种局面，为了防止土地适中地价出让方式带来的土地寻租腐败和"低买高卖"的土地投机或开发项目暴利行为，政府采取了严厉管制土地适中地价出让方式。然而，平抑房价的努力却在地方政府"高地价出让"的有形之手作用下化为无形。由此引发对房地产调控政策有效性的质疑，也为我国地价经济管制深层次问题研究提出了进一步的要求。

表 5 - 2　　　　　　中国部分城市 2004 ~ 2005 年住宅用地转让情况

| 年份 城市 \ 出让方式 | 2004 | | | 2005 | | |
|---|---|---|---|---|---|---|
| | 招标（宗） | 拍卖（宗） | 挂牌（宗） | 招标（宗） | 拍卖（宗） | 挂牌（宗） |
| 北京 | 2 | 0 | 30 | 1 | 0 | 32 |
| 广州 | 0 | 1 | 3 | 0 | 3 | 17 |
| 深圳 | 0 | 6 | 0 | 0 | 8 | 1 |
| 福州 | 0 | 16 | 5 | 0 | 18 | 13 |
| 厦门 | 0 | 0 | 5 | 0 | 3 | 21 |
| 杭州 | 8 | 0 | 16 | 3 | 5 | 36 |
| 宁波 | 0 | 0 | 7 | 0 | 0 | 6 |
| 武汉 | 0 | 0 | 39 | 0 | 0 | 43 |
| 合计 | 10 | 23 | 105 | 4 | 37 | 169 |
| 占比 | 7% | 17% | 76% | 2% | 18% | 80% |

资料来源：中国土地挂牌网。

### 5.2.1.5　2005 年至今的土地供给结构管制与高地价出让方式并重阶段

2005 年以后至今出台的政策都是为了管制连续不断上涨的地价和房价。开发企业们通过激烈竞拍方式得到的高昂地价，全部转嫁到房价上，羊毛出在羊身上，最后由买房者买单。这点开发企业很清楚，所以他们敢大胆拿地，只要地方政府喜欢多高的地价，他们就敢把地价推多高，并不断灌输房地产还有 20 年的

---

①　参见张晓晶、孙涛：《中国房地产周期与金融稳定》，载《经济研究》2006 年第 1 期，第 23 ~ 33 页。

发展期，现在不买房，将来会越来越买不起，控制着地价与房价屡创新高。当然，追求利润最大化的开发企业竞得的高地价自然不会去赔本开发平价普通商品房，这导致城市中低价位房源供应越来越严重不足。面对节节攀升的房价，从2005年"国八条"、① "七部委文件"，② 到2006年的"国六条"③ 无不一致地提出要调整住宅用地供应结构，增加普通商品房和经济适用住房土地供应。"国八条"首次以行政问责制形式将稳定房价提高到政治的高度。④ 但是"国八条"原则性东西多，将具体实施留给地方政府，效果自然弱化了许多。值得一提的是"国六条"实施细则⑤更是在土地供应结构上提出具体比例要求，即中低价位、中小套型普通商品住房（含经济适用住房）和廉租房，其土地年度供应量不得低于居住用地供应总量的70%，首次提出了土地的供给应在限套型、限房价的基础上，采取竞地价、竞房价的办法，以招标方式确定开发建设单位。换句话说，在高地价出让方式上，最多留30%给竞争更为激烈的拍卖方式，未来有近70%的土地供应将采取非价高者得的土地招标出让方式，这一方面有助于政府可控制住七成左右楼盘的价格；另一方面也有助于引导开发商注重住宅项目的性价比。显然，"国六条"的实施细则比"国八条"更具有管制地价的效果，操作性更强。但是受2008年美国次贷危机的影响，如脱缰野马的房价刚刚有所减慢下来，我国却又开始救市了。2009年初在救市政策与4万亿元投入下，中国房价出现一波巨幅的暴涨。这次老百姓真真正正感觉房子非常的贵了。

　　上述对土地出让方式及其地价的管制与放松是伴随着房地产市场的冷热程度而发生变化，当市场低迷时，实行适中地价出让政策，而在市场热时，反而采取了竞卖激烈的高地价出让方式（见表5－3），这样政策的结果，当然地价控制不下来，房价也自然下不去，所以，中国的房价就越调控反而越高了。

表5－3　　　　　中国房地产政策周期与住宅地价管制松紧（1987～2006年）

| 年份 | 发展目标或指导方针 | 政策内容 | 对房地产业经济影响 | 地价管制与放松 |
|------|------|------|------|------|
| 1988 | 扩大房地产业发展 | 允许土地批租，扩大市场机制 | 经济高涨 | 市场刚起步，放松地价管制 |
| 1989～1991 | 规范房地产发展 | 清理在建项目，压缩基建规模，紧缩银根 | 经济萧条 | 采用适中地价出让方式 |

① 2005年3月26日国务院办公厅下发《关于切实稳定住房价格的通知》共八条，简称"国八条"，第3条"大力调整住房供应结构，调整用地供应结构，增加普通商品房和经济住房土地供应，并督促建设"。
② 2005年5月9日国务院办公厅转发建设部和发展改革委等等七部门《关于做好稳定住房价格工作的意见》，被称为新"国八条"，参见第2条。
③ 2006年5月24日国务院转发建设部等九部门《关于调整住房供应结构稳定住房价格的意见》共六条，简称"国六条"。
④ 参见《关于切实稳定住房价格的通知》第2条。
⑤ 参见2006年5月24日建设部等九部门的《关于调整住房供应结构稳定住房价格的意见》第6条。

续表

| 年份 | 发展目标或指导方针 | 政策内容 | 对房地产业经济影响 | 地价管制与放松 |
|---|---|---|---|---|
| 1992～1993 | 加快房地产业发展 | 开放房地产价格，扩大市场调控范围，下放权力，发放开发消费贷款 | 经济高涨 | 1993年减少采用适中地价出让方式 |
| 1993～1995 | 理顺房地产业，持续，稳定，协调，健康发展 | 加强房地产业宏观管理，颁布增值税法，房地产管理法，整顿金融秩序 | 经济消退 | 采用适中地价出让方式 |
| 1996～1999 | 房地产成为国民经济新增长点和消费热点 | 加大房地产抵押贷款力度，改革住房公积金制度 | 经济复苏 | 适中地价出让方式适度放松阶段 |
| 1999～2004 | 刺激房地产消费 | 收紧资金（银行贷款）和土地供应，提高存款准备金率和项目资本金比例 | 经济逐渐高涨 | 对适中地价出让方式从严管制 |
| 2005～2006 | 促进房地产业有序健康发展 | 调整住房供应结构、稳定住房价格 | 经济持续高涨 | 适中地价出让被严厉管制与高地价出让并重阶段 |

## 5.2.2　我国土地出让方式与地价管制

经过二十多年的城市土地市场化经营实践，我国商品住宅等经营性用地的市场化已经初具规模，"招拍挂"交易规则已在全国普遍建立。时至今日，我国住宅用地市场化经营已采用四种出让方式，即城市土地批租的出让方式，各种方式的地价博弈特征及对地价影响如表5－4所示。

表 5 – 4　　　　　　　　住宅用地不同出让方式的地价高低比较

| 出让方式 | 拍卖 | 招标 | 挂牌 | 协议（划拨） |
|---|---|---|---|---|
| 博弈方式 | 一对多 | 一对多（一定资质等要求） | 一对多 | 一对多（有选择） |
| 竞争目标 | 土地价格 | 目标多元 | 地价与项目 | 目标多元 |
| 出价次数 | 多次 | 一次 | 多次 | 价格协商 |
| 出价时间间隔 | 很短 | 无 | 较长（通常一个月之内） | 无 |
| 竞争激烈程度 | 最激烈 | 比较激烈 | 激烈 | 政府指定 |
| 博弈地价高低 | 最高 | 适中 | 次高 | 中等偏下 |
| 企业竞争力体现 | 资金 | 综合实力 | 资金为重，其他为辅 | 综合 |

在所有出让方式中，住宅用地拍卖方式属于"价高者得"的激烈竞卖模式，因此，越多人参与竞价，竞争越激烈，地价就会越高。由于其在很短时间内多次竞价，"价高者得"的结果会将价格推高到极点。当然，如果地方政府想抑制地价上涨，可以采用其他不以价格竞争为主的出让方式。挂牌①方式由于挂牌出价时间间隔长，竞争程度稍逊于拍卖方式。若将拍卖比作百米短跑，则挂牌就是万米长跑，而且往往在最后冲刺时刻，挂牌价格才会更新频繁，竞争也会剧烈。另外，挂牌通常会提出具体的开发方案给竞争者以充分斟酌后再出价。相对而言，招标方式竞争的目标更为多元化，它不仅仅可设计成地价竞争模式，也可同时考虑房价、开发项目面积、开发档次质量等方面的要求。无论是地价还是房价的标价只能在投标标书中"出价"一次，最后决定将住宅用地给谁开发，而不一定取决于他出的地价高低，而是取决于整体开发方案的优劣和对房价的要求等综合评判。因此，招标方式对开发企业的综合实力要求很高，招投标操作过程的管理必须公平、规范，对评标专家水平要求高，不但要求其技术过硬，而且道德和操守俱佳才行。总之，招标不像拍卖和挂牌那么简单，而且，该方式有利于政府管制地价和房价，适合于住宅市场需求较旺盛、投机气氛渐浓时的地价经济管制。协议出让方式也有利于政府管制地价和房价，协议价是在国有土地部门公告的基准地价或标定地价基础上进行修正取得的，而且在出让过程中，该价格还可以协商、讨价还价。该出让方式在2004年土地"8·31大限"中被禁用。值得一提的是任何一个国家无论其土地是公有、私有还是公私混合型的，都无法回避解决中低收入群体的住房问题。我国住宅用地划拨出让方式一般用于公共住房②即中低收入阶层住房的土地使用中，如我国的公租房、经济适用房和廉租房用地，目前我国公租房土地是无偿划拨，免征土地出让金。

通过上述分析，我们知道要管制房价，首先应管制地价。因此，国家必须建立土地出让方式调控地价的制度。当房地产价格快速上涨时，应禁止采用土地拍卖方式，避免"地王"出现。而应采用目标多元化竞争的招标方式；当地价明显过低时，须减少土地出让，政府甚至可用优先购买权购进低价土地，保持市场价格稳定。另外，要规范土地出让方式的程序，建立德才兼优的招投标专家库，完善有形土地交易市场，包括土地出让和出租市场等。同时，针对中国人多地少、城市家庭经济收入中偏下居多的现状，未来若干年内，应重点发展中低价位、中小套型普通商品住房，并编入年度住房建设规划和用地计划，明确并保证各年新建普通住宅和相应的用地供给比例。

### 5.2.3 管制地价的核心是管制房价

1979年之前，我国的土地使用是无偿无期限的，没有土地市场和土地价格，

---

① 挂牌出让国有土地使用权，是指出让人发布挂牌公告，按公告规定的期限将拟出让宗地的交易条件在指定的土地交易场所挂牌公布，接受竞买人的报价申请并更新挂牌价格，根据挂牌期限截止时的出价结果来确定土地使用者的出让方式。

② 即我国的保障性住房。

土地主管部门给用地单位土地采用的是无偿划拨方式。中国城市土地作为一个大的生产要素的无偿使用，显然不利于资源的优化配置。为此，1987 年在我国宪法通过的关于"土地使用权可以依照法律规定转让"的修正案框架下，深圳市首次公开拍卖国有土地，拉开了新中国成立以来我国城市土地使用权可以定价出让的帷幕。在土地使用权可以出让这个批租制度下，住宅用地土地所有权与使用权分离，因此，土地所有权价格和使用权价格内涵就发生了变化。由于土地是自然禀赋，其价格是按照土地使用的收益来确定，按照马克思土地价格理论，土地价格是地租的资本化，即地价 = 地租 ÷ 资本化率。因此，土地所有权价格是无限年下的地租资本化。而土地使用权价格则是土地批租年限内年地租的贴现价格。因土地所有权年限是无期限的，如果不出售土地所有权，那么在其持有期内将有无数次的批租。假定土地现在批租，且使用权批租价格为 $P_z$，土地批租期限为 T，租约期土地年平均租金为 A，贴现率为 r，租期结束后土地价格设为 $P_T$，那么，土地所有权价格 P 与使用权批租价格 $P_z$ 的关系为：

$$则：P = P_z + \frac{P_T}{(1+i)^T} \qquad 其中 P_z = A \frac{(1+i)^T - 1}{i(1+i)^T}$$

容易验证土地所有权价格 P 就是地租 A 的资本化，即 $P = A/i$。前提是租约期 T 结束以后的土地持有期内年租金平均也为 A，因为是无限年，则 T 年末的土地价格 $P_T = \frac{A}{i}$。有：$P = P_z + \frac{P_T}{(1+i)^T} = A \frac{(1+i)^T - 1}{i(1+i)^T} + \frac{A}{i(1+i)^T} = A \frac{(1+i)^T}{i(1+i)^T} = \frac{A}{i}$（得证）

由此可见，土地所有权价格和使用权价格都是通过获取土地收益（年地租 A）来实现的，只不过，两者收益时间不同而已，土地收益预期还会影响土地价格。另外，若年租金不相等，则地价的一般式为：$P_z = \sum_{t=1}^{T} \frac{A_t}{(1+i)^t}$。

由地租地价理论可知，土地收益 A 应为正常客观合理收益，这样确定的地价才是客观合理的。因此，地价的收益应不包含土地市场中投机产生的非正常泡沫收益，属于土地正常"干净"的客观收益，应为土地的绝对地租、级差地租（Ⅰ、Ⅱ）和垄断地租之和。[①] 因此，理论上土地收益价格等于三项地租总和的资本化。台湾学者将收益地价界定为素地地租（未经人为改良所产生的地租）与改良地租总和的资本化也属此意。尽管除了土地的客观合理收益外，土地市场还包含有投机操作收益和对土地价格预期上涨带来的收益，[②] 在市场很热、需求高涨时，市场地价往往会高于正常客观收益的地价。但是，正是由于此，才需要政府进行价格管制，由于土地的有限性，容易导致土地市场的垄断性操作与价格操纵，通过政府的经济管制，使土地市场回归正常，价格稳定。另外，值得注意的是，上述讨论的土地收益适合于商业用途的土地。对于住宅用途，由于住宅是消

---

① 周诚：《土地经济学原理》，商务印书馆 2003 年版，第 381 页。
② 许文昌：《土地经济学新论》，文笙书局 1991 年版，第 60 ~ 61 页。收益地价 = （素地地租 + 改良地租）÷ 还原利率。土地市价 = （素地地租 + 改良地租 + 投机地租 + 预期地租）÷ 还原利率。

费品，不存在土地年收益 A，所以，住宅用途的土地价格不应超过商业用途的地价。否则，说明住宅用途的地价偏高，存在价格泡沫，毕竟住宅是消费性资产，而不是收益性资产。

由于土地是自然禀赋，不是生产出来的产品，所以无法通过成本累加方式来决定其成本价。当然，土地成本价也可以通过基准地价修正法来确定，毕竟在垄断性市场通过供求关系决定的地价容易失真，易被操纵。然而在实际操作中，因地价与房价有紧密的关系，开发企业也会采用住宅项目未来预测的房价倒推测算出土地价格。所以，只要我们管制并稳定住房价，自然也会稳定住地价。

在土地资料如规划用途、容积率和覆盖率等确定下，通过开发项目未来的房价倒推测算出地价公式如下：

$$土地总价 = 建成的房屋卖价 - 建安造价 - 管理费用 - 销售税费$$
$$- 投资利息 - 开发利润 - 购买土地应负税费① \qquad (5.1)$$

假设住宅开发期 T 年，建成后整个住宅项目将来销售均价定为 F，折现率为 i，则房屋现价为 $P = F(1+i)^{-T}$，该地容积率为 v，土地面积为 m，建筑面积则为 vm，建安造价（含专业人员费用）为 $C_f$，管理费用占建安造价比例为 g，开发成本于开发期 T 年中均匀投入，造价现值 $C = C_f(1+i)^{-T/2}$，销售税费占房价收入的比率为 f，购买土地应付税率为 d，开发利润率为 R，按照国家标准的《房地产估价规范》，② 计算利润的基数可取开发完成后的房地产价值。则公式 (5.1) 可用数学符号表示如下，其中土地单价为 L：

$$L_m(1+d)(1+i)^T = Pvm(1-f-R) - Cvm(1+g)(1+i)^{T/2}$$

移项整理后得地价：

$$L = \left[ F(1-f-R)(1+i)^{-T} - C_f(1+g)(1+i)^{-T/2} \right] \frac{v}{1+d}$$

$$L = \left[ P(1-f-R) - C(1+g) \right] \frac{v}{1+d} \quad \cdots\cdots \qquad (5.2)$$

通过对公式 (5.2) 的分析可知，土地单价 L 与房价 P 线性正相关，说明住宅地价受制于房价，反过来，地价也会对房价产生成本推动作用。

除了房价外，政府要管制地价，还可通过调节土地容积率 v、房产交易税 f 和土地交易税 d 等经济手段来调控地价。另外，也可改变土地供给方式，加大土地的招标出让方式调控地价，对开发商而言，地价受制于房价 P、建安成本 C、开发利润率 R 和管理费用 g 等。当然，各因素对地价的影响程度不同，我们可以通过改变一个因素并保持其他因素不变，例如，容积率 V 增加 10%，其他因素不变，地价 L 就会提高 10%，而房价提高 10%，L 提高的幅度就会超过 10%，这样，我们就可以把各个因素对地价的影响列成表，各因素增加或者减少 10%

---

① 柴强：《房地产估价理论与方法》，中国物价出版社 2002 年版，第 104 页。
② 国家质量技术监督局、中华人民共和国建设部：《房地产估价规范》，1999 年，GB/T 50291 - 1999。

对土地单价 L 的影响如表 5 -5 所示。

表 5 -5　　　　　　　　各因素对住宅地价的敏感度分析

| 影响排序 | 影响因素 | 变动幅度 | 引发地价 L 提高幅度 | 备注 |
|---|---|---|---|---|
| 1 | 住宅现在销售均价 P | + 10% | $\dfrac{10\%}{(1-A)}$ | |
| 2 | 建安造价 C 现值 | - 10% | $\dfrac{A}{1-A}10\%$ | 采用单因素变动法研究。下标 0 表示初始值。 $A = \dfrac{C_0(1+g_0)(1+R_0)}{P_0(1-f_0)}$ A 值小于 1，且比较接近 1。 |
| 3 | 容积率 v | + 10% | + 10% | |
| 4 | 管理费用占 C 的比例 g | - 10% | $\dfrac{g_0 A10\%}{(1+g_0)(1-A)}$ | |
| 5 | 房屋交易税费 f | - 10% | $\dfrac{f_0 10\%}{(1+f_0)(1-A)}$ | |
| 6 | 土地税率 d | - 10% | $\dfrac{d_0 10\%}{1+d_0 90\%}$ | |

　　由表 5 -5 可知，房价对土地单价的影响最大，是地价的最敏感因素，其次是建安造价和土地容积率，对地价影响较小的是土地出让税费率。

　　除房价 P 和开发利润率 R 外，其他影响因素是开发项目的固定项，在已知土地面积和容积率下，住宅开发项目总建筑面积即建造规模也就确定了，这就决定项目建筑造价 C 不会有太大变化。因此，由公式（5.2）可知，土地单价实际上取决于房价 P 和开发利润率 R。当 P 越大，R 越小时，土地竞买人愿意出的地价就越高。当然，开发企业目的总是要赚钱的，他不会让 R 降下来，因此，他唯有将房价提高，去开发高价房，才能在土地竞拍中敢出高价竞买土地。可以说"价高者得"的土地竞买争夺，"逼迫"开发商开发高价房，而唯有越来越高的房价，才容得下激烈竞争的高地价。一旦房价稳住不涨，开发企业要想赢利，它就不敢高价竞买土地，地价自然就无法快速上扬了。因此，管制地价的核心是管制房价。

## 5.3　房价管制实践：限价普通商品房的运作

### 5.3.1　住房分类供应制度的设想与限价普通商品房

从世界各国住房市场发展历史与成功经验来看，针对住宅商品与一般商品的巨大差异，许多国家并未对住宅市场采取放任不管的做法，相反，政府却是积极地介入市场以解决中低收入群体的住宅问题。实质上，各个国家住宅问题就是中低收入阶层的收入与房价之间不可调和的矛盾问题。世界上住宅问题处理较好的国家，政府都积极建立住房分类供应体系（参见第 3.2 节），从法律与相关政策制度设计上以有效地解决他们的居住困难，这些做法可为中国的住房市场发展提供启示与借鉴。只有很好地解决好中低收入阶层的住房供应，提供满足适合其收入水平的住宅，政府再辅以财政、金融、税收等的政策扶助，中低收入者的低收入与市场高房价的矛盾自然会迎刃而解。相对而言，因市场投机行为导致的高房价泡沫问题解决起来就比较有针对性了。

1998 年 7 月国务院发布《关于深化住房制度改革加快住宅建设的通知》，决定在全国实行住房分类供应体系，对不同收入家庭实行不同的住房供应政策。供应高收入者市场价格商品房，供应中低收入者政府限价的经济适用房，供应最低收入者政府提供的廉租房，推行住房分类供应体系及其制度建设是合理地解决中国中低收入阶层住房问题的重要保证。但是，从目前执行情况看，不容乐观，特别是面向中低收入者的住房无论从供应量还是对象上都没有达到应该供给的水平，这还必须从立法和制度建设上加以规范与完善。

针对目前房地产市场价格不断攀升的现象，有必要进一步完善与细化我国的住房分类供应体系，对于既买不起市场价商品房又满足不了购买保障房条件的中等收入者，政府必须大力推广供应中国的限价商品房，也就是政府管制房价的普通商品房。因为限价商品房不是保障性住房，无须政府的财力投入，这点与经济适用房有着本质的不同。限价房是市场价格受到政府管制、价格适中、符合中等收入阶层的普通商品住房。可以说，限价商品房是最符合目前中国中等收入阶层占多数的现实状况，用以解决广大中等工薪阶层住房问题的商品房。只有这样，中国住房分类供应体系才会得到完善，房地产市场健康稳定发展的长效机制才能得到建立。

我国未来的住宅市场房源供应应该出现如下几种形式：廉租房、公租房、经济适用房、限价普通商品房和高端住房。而且限价普通商品房应该占主流，它和保障房将是中国住房分类供应体系的核心，是满足中低收入阶层的住宅，特别是作为满足广大中等收入阶层的限价普通商品房应大量供应。

实际上，与其他国家一样，中国住房分类供应体系是政府、机构、企业、民间与个人共同参与全面解决住房问题的好办法，是一种从高中低收入者不同的经济承担能力出发，在住房建设、消费、租赁方面，让高中低收入者各尽所能地各居其屋。

## 5.3.2 限价普通商品房出台的背景

中国限价（普通）商品房管理办法最先在宁波市颁布，2003 年 12 月宁波市

出台了《宁波市市区普通（限价）商品住房销售管理办法（试行）》，并于 2004
年推出了 5012 套限价普通商品住房，以满足该市中低收入家庭的购房需求，缓
解市场供需结构问题，成为了国内第一个"吃螃蟹"者。大连市 2005 年 8 月也
推出限价商品房，并制定了《限价商品房建设和销售管理暂行办法的通知》。而
真正把限价房归入中国房地产调控政策之中是在 2006 年 5 月 29 日国务院办公
厅转发的建设部等九部委《关于调整住房供应结构稳定住房价格的意见》（即
"国六条"），其中第二条第六款规定："土地的供应应在限套型、限房价的基
础上，采取竞地价、竞房价的办法，以招标方式确定开发建设单位"，即所谓
的"两限两竞"政策。套型建筑面积限制为 90 平方米以下，这种住房（含经
济适用住房）面积所占比重，必须达到开发建设总面积的 70% 以上，"国六
条"中的"两限"房子也就成为了"限价房"。并规定要优先保证限价商品住
房、经济适用住房和廉租住房的土地供应，其年度供应量不得低于居住用地供应
总量的 70%。①
　　中国限价房是一种价格介于市场商品房和保障性经济适用房之间的普通商品
住宅。市场商品房价格太高，中低收入家庭买不起；经济适用房尽管价格低，但
是近几年开发量逐年萎缩，且准入门槛太高、管理失序，不容易购买。于是，由
政府直接介入管制的限价普通商品房就产生了。
　　中国限价普通商品房作为政府管制住宅市场供给政策的出台，其目的在于消
除市场供给垄断，缓解住房供应结构性矛盾带来的房价上涨过快问题，满足中低
收入阶层的购房需求，实现房价的平稳发展，给中国式住宅分类供应体系增添了
新的一员。2005 年是中国进行房地产宏观调控政策最严格的一年，但宏观调控
之后，国内大多城市的房价依旧保持着高增长，如 2005 年北京全年房价增幅仍
高达 20.1%。导致调控不理想的主要原因是中低价位的普通商品房供应明显下
降。在住宅市场微观供应结构问题严重，房价居高不下的市场状况下，政府从住
宅市场微观供给层面介入干预的限价普通商品房政策就自然孕育而生了。

### 5.3.3　限价普通商品房的含义与本质

　　限价普通商品房对中国住宅市场而言是个新生事物，其含义还没有统一界
定。各城市在具体实践中，有各自不同的理解和做法，并设置不同的申购条件，
许多城市都把住房困难和拆迁户作为购买限价房的基本条件。从"国六条"配套
细则和一些城市的规定看，基本是从土地出让方式和对房屋价格等设限方面来界
定限价房，如《大连市限价商品房建设和销售管理暂行办法的通知》规定："本
办法所称限价商品房，是指政府通过组织监管、市场化运作，以直接定价招标方
式出让国有土地使用权，并限定房屋销售价格、建设标准和销售对象的普通商品

---

① 　参见建设部等九部委：《关于调整住房供应结构稳定住房价格的意见》第 1、2 条，2006 年 5 月。

房"。"国六条"中的"两限两竞"政策也是如此。

实际上，限价普通商品房是政府与开发企业之间存在的住宅开发委托代理关系。政府从解决中等收入阶层的住房困难角度出发，将市场中的部分商品住宅最高价格的制定时间前置，不由开发企业在开发建成后定价，在土地出让环节中设定各种房屋限制条款委托开发企业参与开发的过程。为此，本书界定中国限价普通商品房是政府与合意开发商订立特许建设限价普通商品房的特许开发契约，特许契约规定了房价、户型、质量以及销售对象等政府规定的受限条款，中标开发商要按契约规定的条款来开发销售普通商品住房。

顾名思义，限价普通商品房本质上还是商品房，只不过是价格受到管制的普通商品房，这一点与福利保障性质的经济适用房有着本质的区别。未来中国住宅市场上供应的房屋种类将分为：廉租房、公租房、经济适用房、限价普通商品房和市场价高端商品房。由于限价普通商品房和保障性的经济适用房均由政府管制开发供给、房价和销售环节，因此，二者最容易引起混淆。我们可通过分析限价普通商品房与经济适用房的区别来达到厘清限价普通商品房本质的目的。

第一，"两房"性质不同。尽管限价商品房和经济适用房都是为了解决中低收入家庭的住房问题，而且都是政府限价，但是前者是商品房的一种，必须按章纳税，这主要是指通过招标等方式获取土地时需缴纳的土地出让金，该部分以成本形式进入房价中。由于经济适用房属于社会保障性用房，土地供给是政府划拨的，免收土地出让金，并享受一系列减免税费的优惠，其价格自然会更低。

第二，"两房"的利润不同。政府规定经济适用房开发利润为3%，[①] 价格实行政府指导价，规定了可以纳入经济适用房开发成本的各项费用、税金和利润，并据此来定价，开发企业按照政府的定价来销售，没有回旋的余地。而限价普通商品房的开发利润政府没有限定，政府只限定最高房价和最低地价，由开发企业去竞标，经过优胜劣汰后，特许胜出的开发企业建设。一般限价普通商品房的利润会高于经济适用房，往往注重企业内部成本核算管理的有实力开发企业更有竞胜的把握。

第三，"两房"管制目标不同。限价普通商品房的管制目标是为了遏制因垄断住宅供给导致的房价虚高现象，防止房地产市场投机泡沫，减少市场经济主体的超额垄断利润和社会福利的损失，解决中低收入阶层的购房需求等。因为，毕竟房子是用来住的，而不是用来炒的。而经济适用房管制目标是为了提供保障性住房给中低收入"双困"[②] 家庭，满足其居住需求，以实现"居者有其屋"和社会的稳定目标。

住宅作为一个关系国计民生的必需品，不能因为市场结构的垄断性而导致价格操纵现象的存在，政府对这样的市场进行管制将成为一种常态，是对市场经济不足的弥补与完善。

---

① 参见 2002 年 11 月 17 日国家计委和建设部联合下发《经济适用住房价格管理办法》中的规定。
② 指住房困难和收入困难。

### 5.3.4　限价普通商品房的购买群体与申购程序分析

由于政府掌控了限价普通商品房的土地供给，在土地出让环节上，政府就可设定各种限制性的条款，包括售价、户型和销售对象。如宁波、福州的限价商品房政府就直接限定最高价格；大连则规定限价商品房的基准价格，原则上比同期同地段商品房评估市场价格低 20%，利润率和管理费分别控制在 10% 和 4%。在对户型的限制上，福州的限价房则要求全部建成 90 平方米以下的户型；大连则规定 70% 设计为"中户型"，中户型建筑面积控制在 85 平方米以下，并辅以少量的其他户型。实际上，限价普通商品房也是一种住宅，是用于满足广大中等收入阶层的普通商品房，其限制应该是价格，其他方面的限制包括面积等应该减少，这样才能达到满足住宅需求的要求，而不是相反。

由于国六条中"两限两竞"政策并未界定限价房购买群体，实际上它应该是面向广大的中等收入、住房困难家庭。我们可以借鉴结合宁波市的做法来探讨限价房购买群体的界定问题。根据《宁波市市区普通（限价）商品住房销售管理办法》，首先，限价房申请对象必须是满足一定户籍条件，具有本地户口，或者来本地工作 5 年及 5 年以上的外地人士。其次，对申请者当前人均住房建筑面积状况应设定上限。如无自有住房、无承租公房或所拥有自有住房、承租公房人均住房建筑面积小于 18 平方米，人口 2 人或 2 人以上的家庭。最后，定向购买的中低收入的被拆迁户。与全国统一的经济适用房的受惠群体政策相比，相对保障性质的经济适用房而言，限价房并不太注重申请对象的收入状况，而较为关注其目前的居住条件，这在一定程度上与中国个人诚信体系尚未完全建立、个人收入指标难以界定有关。相反，经济适用房政策则必须是"两困"的申请对象。从目前经济适用房开发量逐年萎缩上看，[1] 限价商品房的供应对象范围应该要比经济房宽松，才符合"国六条"政策 70% 的供给限制线精神。

政府在限价房销售环节上应该把好购买程序关，房管部门必须事先设计并公开限价房购买资格审定标准条件，申购者可向房管部门提出申请，并经过户口所在地街道或单位（包括配偶的）负责对《申请表》中的收入情况和住房状况进行初审，合格后加盖公章。房管部门、公积金管理中心等单位进行终审，将结果对外公示一段时间。申请人必须实名登记，不得转让，不得代登记，并遵守政府有关规定。申请人登记时，应明确希望认购的住宅面积，并接受 10% 的设计误差等。若限价房的需求大于供给，可采用公开摇号的方法确定准购家庭，购买房顺序号可依照申请顺序或摇号决定，应严格按照申请顺序，办理销售登记手续，并对申请人公开其申请序号。限价商品房在取得房屋所有权证 5 年内不得出售，售房家庭不得二度申请购买限价商品房等。

---

① 参见第八章，许多城市经济适用房开发量占住宅市场总开发量不到 10%。

### 5.3.5 特许开发权竞价的限价房多元目标经济管制分析

2006 年 5 月出台的"国六条"中，限价普通商品房"两限两竞"政策的价格管制方式属于多元目标混合价格经济管制方式，是将住宅最高限价和土地最低限价（保留价格或底价）综合在一起的特许住宅开发权投标的价格经济管制方式。一般情况下，政府管制机构希望房价低点，地价高点，以确保既能管制限价房价格又不造成地价过低的理想效用状态。而开发商则与之相反，其目的是达到利润最大化，使土地最低限价与住宅最高限价之间的差距拉大。如图 5－3（1）所示，在政府房价和地价"两限"下，最终特许开发中标的房价应落在 A 与 B 的价位点之间。政府制定的住宅最高限价太高则达不到价格管制的目的，但是定太低或者土地最低限价定太高（如图 5－3（2）和（3）所示），都可能导致特许招标土地开发限价房项目的"流标"，即因为地价加上建筑开发成本、销售税费和客观合理利润后的住宅成本价高于政府规定的住宅最高限价导致开发企业亏损而不参与竞标。除了"两价"竞标外，限价房还要考虑到住房建筑质量、档次是否适时、套型面积限制等问题，因此，限价房特许开发投标可谓是多元目标混合的价格管制博弈，其不同的价格管制运作程序将会产生不同的价格管制效果。理论上价格管制运作程序有如下几种情况：其一是先由政府限最高房价和最低地价，再由开发商在政府限制的价格基础上竞房价和地价；其二是先投标让开发商竞房价与地价，而后政府在此基础上再限房价和地价；其三是先限房价竞标，再限地价竞标，或者反之。这里存在着政府与开发企业在限价房价格管制上的博弈过程。但是具体操作时，第三种方式将房价与地价分开竞标显然不可行，由于房地不可分，脱离地价去竞争压低房价，或者脱离房价管制去竞争抬高地价都没有现实操作的可能性。因此，在限价房竞标中我们基本可以排除将"两价"单独分

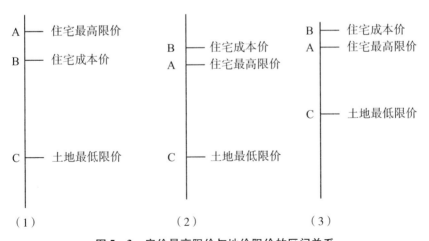

图 5－3 房价最高限价与地价限价的区间关系

开考虑，而应该建议开发企业将各竞争目标作为一揽子方案加以综合考量。这样，政府可选择的行动方式只有前面两种。从目前可操作的实践来看，一般采取限房价竞地价方式，或者限地价竞房价方式（参见4.3）。相对而言，限地价竞房价方式由于是往低竞拍房价，所以该方式对降低房价的作用会更大。在竞价中，还要考虑诸如建筑质量等因素。

### 5.3.5.1 多维度目标的组合价格管制分析

由于限价普通商品房除了房价受到管制外，其土地价格、建筑质量等都受到政府的管制，属于多维度目标的组合价格管制。这样，采用特许开发权竞标制就面临多维目标竞争问题。这里竞争地价和竞争"低房价"的方向相反，当加入土地价格这一维度时，由于政府要管制它，确保出让时地价不能太低，并要求以较高的地价出让，而不是像房价那样要求越低越好。尽管用英式拍卖法可拍出愿出最高地价的开发企业，但是，无论是采取先竞拍地价后拍房价，抑或是反之，都可能出现愿出最高地价者不一定愿出最低房价，而愿出最低房价的企业不一定是出最高地价的那家。这样会出现"两竞"目标的错位，达不到"两竞"所要求的同时管制房价和地价的目的。也就是说，使用特许开发权竞标制可确保按照最低平均价格定价，但是即使拍出最高的地价，在增进地方政府财政收入的同时，却随着"水涨船高"，限价普通商品房价格也将随之提高，其结果将无助于解决中低收入阶层的住房问题。

针对此问题，本书提出基于特许开发权竞标制的限价普通商品房"限房价、竞地价"或者"限地价、竞房价"的三段式组合价格管制模式（如图5-4）。我们以"限地价、竞房价"为例，第一阶段为土地价格的招投标，由地方政府相关部门根据土地市场状况给出一个合理的地价范围，让开发企业根据地价范围，通过招投标竞投地价，这符合"国六条"第二条第六款以招标方式确定开发建设单位的要求。企业投标书应详细提出限价房开发建设方案。由于开发成本信息不对称，为达到激励企业的目的，可允许企业自行在投标书中提出并标明愿出的地价、房价数据以及住宅质量标准、套型面积等。通过充分的招投标竞争后，政府将各家提出的合理地价进行综合，以确定出一个基本反映土地公允市场价格的地价。政府可在此公允地价基础上对其进行20%~30%的折扣作为限价房土地的最低限制价格，即地价底价。第二阶段为房价的特许开发权竞标，即在第一阶段得出地价底价基础上再按照"低价拍卖法"（参见第4.3节）进行限价普通商品房项目特许开发权竞标制往低价竞拍房价。限价房"限地价、竞房价"的价格管制模式可以确保实现"国六条"中"两竞"的目的。若是经过第二阶段后，仍然还有几家合意开发企业存在，未决出胜负，则可以进入第三阶段竞争开发项目方案，由专家给各个企业申报的开发建设方案打分，由最高分者得到该限价普通商品房的特许开发权，该中标企业必须按照第一和第二阶段竞标的土地价格与房价开发销售普通限价商品房。

图5-4 限价房三段式经济管制竞争模式

### 5.3.5.2 限价商品房质量等目标的管制分析

中国限价商品房的价格受到管制，价格比市场高端商品房价格低，是面向广大的中低收入者的住宅消费用房。限价普通商品房尽管价格受到管制，但它毕竟是商品房，价格也不是非常低，低到购房者可以任意买非常大的面积。所以限价普通商品房的户型、面积等指标必须要走市场需求路线，根据市场需求实际来决定。另外，住宅产品的质量会涉及住宅的耐久性和可靠性，建筑质量要求住宅质量稳定可靠，在地基、结构、墙体、防水、保温、卫生管线等施工方面要求质量优良，分部分项工程竣工优良比率应该在90%以上。由于住宅质量水平与成本投入存在正相关关系，这样就可能会出现住宅产品质量因投入成本的减少而产生不良品率递增的情况。特许开发权竞标针对限价房价格进行，竞争使得按照最低平均开发成本确定房价的开发企业获得了限价房特许开发权，因此，竞争使房价降低的同时也存在着使住宅质量下降的风险。然而，现实的选择却是消费者可能不满意低价格与低质量的商品，更乐意接受更高质量和相对高价格的商品，而不是"豆腐渣"项目。在使用特许开发权竞标制度过程中，由于质量涉及未来的监控与相对软性的因素多，若将质量以成本的形式作为一个竞标的维度，也许它比房价更难以竞标，使竞拍大为复杂。解决此问题的办法，可采取在特许开发权竞标合同中以组合管制的形式给予确定，开发企业必须要有高资质的要求，而且必须要求开发企业在竞拍限价房价格的同时，也要对住宅质量标准以合同条款的形式写入，并具有法律效应。同时，政府要提高限价房工程项目建设质量监理的标准，加强监理工作力度，完善相关法规，确保限价房住宅质量的合格品率。

由上述分析可知，基于特许开发权竞标制的限价普通商品房价格等目标组合管制，采用三段式竞标模式，其最终竞争结果得出的地价、房价、住宅质量标准以及开发方案等均应以组合管制方案形式在限价房特许开发权合同条款中予以明确。

## 5.3.6 基于特许开发权的三段式竞价步骤

中国限价普通商品房基于特许开发权竞价基础上的三段式竞价模式，其具体竞价运作程式如下：

步骤一：市政府或管制机构以行文方式明确限价房"限地价，竞（低）房价"或者"限房价、竞地价"的三段式竞价，委托土地交易中心或相关建设职能部门具体执行。土地交易中心或相关建设职能部门根据政府委托文件及限价房项目的相关资料等对项目的招标竞拍进行立项。

步骤二：执行部门对市场进行调研分析，明确限价房项目开发的规模、土地面积、标的、招标竞拍与开发企业资质准入条件等，并制定项目的《限价房招标竞拍工作方案》，报请市政府或管制机构审批。

步骤三：按照审批后的工作方案，执行部门成立限价房招标竞拍工作领导小组，转入限价房开发项目招标竞拍程序。

步骤四：根据市政府或管制机构批准的工作方案，工作小组制定《限价房招标竞拍文件》，并报管制机构审批。

步骤五：通过电视、报纸及相关土地、建设部门网站等媒体渠道发布限价房招标竞拍公告。发放招标文件，明确招标竞拍公告发布日至投标人提交土地投标文件截止日的时间，由于是三段式招标竞拍，可适当延长投标准备时间。执行部门须对限价房招标竞拍项目进行市场推广，并提供电话、来人、网络等形式的招标竞拍咨询服务。

步骤六：接受参与开发企业关于限价房与开发方案的招投标文件及投标保证金，开具回执单据。限价房土地投标文件应包括土地价格或房价范围、开发的详细方案以及开发住宅质量标准的说明。

步骤七：由专家对企业的投标文件进行开标、评标，最后由限价房招标竞拍项目工作领导小组综合确定管制的土地价格底价或房价，并报市政府或管制机构审定。

步骤八：向申报地价高于土地价格底价的投标企业发放房价竞拍入围通知书，低于土地价格底价的投标企业淘汰出局，并退还其投标竞拍保证金，旋即转入第二阶段的房价竞拍。

步骤九：通知入围企业在规定时间、地点参加限价房往低房价的竞拍（限地价、竞低房价方式）。愿意出价最低的企业将获得限价房特许开发权，并将最后赢得的中标标价定为限价房价格。

步骤十：限价房特许开发权授予企业须在规定时间与授权甲方签订《某地块限价房特许开发权项目合同》，合同中应明确价格、质量标准等条款。

步骤十一：限价房招标竞拍项目工作组向落标方退还投标竞拍保证金，招标竞拍工作结束。

某一个地块的限价房项目开发销售结束，则此地块特许开发权合同自然终止，它属于短期开发项目合同。

## 5.3.7　特许开发权竞标制的优劣势与限价房管制的对策分析

### 5.3.7.1　限价房特许开发权竞标的优劣势

只要往低房价竞标阶段保证充分的竞争，限价房特许开发权房价竞标就能确保平均开发成本或边际开发成本定价以及让最有效率的开发企业去开发限价房（参见第4.3节）。因此，特许开发权竞标的优点很明显，主要有：其一，确保公平定价。住宅是差异性大的商品，不同地段位置、不同地块、不同小区、户型、楼层等，价格都不一样，若政府采用统一的价格标准进行直接限价，好位置与差位置、好地块与差地块一个样，就体现不出管制的公平合理性，而进行特许开发权竞标房价，不同地块会得出不同的限价结果，就避免了由政府统一定价带来的弊端。其二，减少信息不对称的影响。它不要求政府的价格管制机构或代理机构必须掌握企业的住宅开发成本和利润信息，如果政府实行直接限价管制，政府为达到理想的住宅开发平均成本确定房价，让开发企业仅获得正常开发利润，就必须要拥有相关的开发成本费用、利润以及市场需求等信息。而采用住宅特许开发权竞标，就不需要这方面的信息，因为是竞争而不是价格管制者的"拍脑袋"决定，导致了房价按照其开发的平均成本定价。因此，特许开发权竞标能够达到与直接限价管制同样的结果，并且无须设立专门的管制机构和花费较多的时间和费用去收集开发成本等信息，管制的成本会更低。其三，对被管制企业有较强的激励作用。它可以避免采用对限价房开发项目收益率管制的无效率现象的发生。收益率管制会使企业过度投资，以加大投资回报率计算的基数，从而刺激企业过度增加投资，以获得更多的回报，进而引发生产成本上升，生产效率下降，即产生靠资本过度密集投入来获取利润的 A—J 效应。而特许开发权竞标则相反，它可激励中标企业降低成本，以获取更多的利润。其四，只要竞争充分，可确保限价房按理想的边际成本定价。由于住宅开发基本无固定成本，使得平均成本等于边际成本。而特许投标制度利用了竞争机制，如果在竞标阶段有比较充分的竞争，那么与完全竞争市场的结果一样，获得特许开发权的企业将只能获得正常利润，确保限价房在平均成本或边际成本水平处定价，这将会达到理想的管制结果，使消费者福利最大化。

限价房特许开发权竞标优点很明显，不是由政府直接定价，价格由市场竞争来决定。其潜在劣势是若有实力的企业参与竞争的数量有限，将不能保证充分的投标竞争，导致参加竞投者之间容易达成妥协与存在价格合谋的风险，从而使该方法的优势大打折扣。其次是特许开发权竞标合同的顺利实施和事后开发住宅质量监督必须到位，否则会出现限价房商品"价低质次"的不良结果。

### 5.3.7.2 中国限价普通商品房经济管制对策分析

（1）从立法和制度上，建立面向中低收入者的住宅分类供应制度。为了调整住宅市场供给结构矛盾，着力解决中低收入住房困难者的居住问题，应从住宅建设立法和财政、金融、信贷保险、土地供给和价格管制等制度上，建立面向中低收入者的住宅分类供应制，确保我国高中低收入者各尽经济所能地各享其屋。

目前中国城市中有相当大的中等收入阶层，他们既不够条件购买经济适用房（目前被取消），又无资金实力购买市场商品房，即所谓的"夹心层"。中国限价房的推出就是要解决这些群体的住房困难问题，要防止供给主体自行提高限价房价格，超出限价部分应由税务部门收回，并处罚金，以提高开发商的违约成本。严格禁止投资（机）者进入购房队伍，以避免引发市场供求关系失衡，各城市应对这部分住房消费群体需求进行调查，分析预期的市场供应，其供给量应比照"国六条"的标准分期分批进行。

（2）给予优惠政策配套，激励各类开发企业参与竞争开发限价房。由于目前住宅市场属于供不应求的卖方市场，加上住宅市场结构的垄断特征，使得开发企业拥有强势定价权，能够获取超额垄断利润。而限价商品房价格受到政府管制，这势必影响开发利润和企业的开发热情。因此，政府一方面要重点扶持国有开发企业建造限价房与保障性住房；另一方面，应在土地出让价格折扣、津贴补助、开发贷款优惠和税收减免等方面给予开发优惠政策配套，吸引各种类型企业参与开发建设限价普通商品房，确保开发商获得合理的开发收益，以形成充分的竞争氛围。

（3）构建"三段式"竞标体系，探索多种形式的限价房经济管制方式。由于中国限价房建设中房价和地价"一低一高"的反向竞价标的特点，以及两者基于成本角度的"水涨船高"关系，因此，我们必须构建"三段式"竞价体系，力图实现政府的经济管制目标。另外，基于规范限价房价格经济管制之目的，应参照建设部颁发的《房地产开发项目经济评价方法》，尽快规范住宅开发成本核算体系，明晰成本标准和计量方法，预防企业逃税和虚增开发成本行为，并建立由物价、国土资源、建委房管等主管部门联合定期测算房价成本的监测公开制度。各城市要结合自身发展实际，探索最合理的限价房价格经济管制方式，可采用最高限价、特许开发权竞价、"标杆"竞争或多种方式混合的经济管制。最后，要全社会动员起来，积极开展房价诚信活动，提高消费者对房价构成的认识。

（4）加大打击价格合谋力度，规范住宅市场经济秩序。中国住宅市场价格合谋不但表现在住宅商品房定价上，[①] 而且还表现在土地出让价格的竞标上。因此，在权衡打击价格合谋成本与信息不对称的政府管制成本下，我们必须加大打击开发商的价格合谋行为，整顿与规范住宅与土地出让市场的经济秩序，只有这样，才能够真正达到管制中国限价房、激励开发企业提高成本管理水平和生产效率的目的。

（5）建立全过程开发销售监督管理机制，确保限价房建筑质量。一旦特许开发权授予，限价房开发合同签署，限价房的地价与房价就已明确。但是，开发商在开发建设过程中因信息不对称存在着为了利润而减少建设成本、降低建设标准和工程质量的诱因。为保证开发的限价房住宅小区档次与质量，在合同中对限价

---

① 袁一泓：《CBD 涨价：三个地产商的"餐桌阴谋"》，载《21 世纪经济报道》，2002 年 6 月 24 日。以及《海峡财经导报》2006 年 12 月 22 日披露福州开发商形成价格联盟计划将市中心房屋单价推到 7000～8000 元。

房特许开发项目必须实行"一揽子"的组合管制方案，应事先在招投标书中明确限价房开发设计方案、建设质量、档次标准等，开发权中标的同时也将其给予确定下来。其次，对限价房的质量要有系统和严格的开发过程监控，确保工程质量。应建立限价房全过程的监督管理机制，成立专门的限价商品房开发建设销售监督检查小组，对限价商品住房开发建设销售的全过程进行跟踪督查，定期检查工程质量。再次，要加强限价房的土地使用权专门用途管制。限价房用地相对便宜，如果限期内开发商未开发土地，必须收回，应禁止在开发商之间转让和改变用途，更要防止土地资源的寻租行为。

# 5.4　开发项目利润率管制的理论与实践：一手房市场

由于房子是用来住的，不是用来炒的。而住宅投资分为开发投资和置业投资，因此，本节将转入分析如何对微观层面的企业与个人投资者进行住宅价格经济管制。住宅商品定价与住宅投资项目有关，开发投资与置业投资分别处于住宅的一级市场和二级市场。前面分析表明，中国住宅一级市场的开发投资中，寡头垄断企业凭借其拥有的市场定价强势力量获取住宅开发项目的超额利润，导致住宅一级市场开发项目的利润率大大高于完全竞争市场的客观合理（或公平）利润率。另外，在住宅的置业投资中，置业投资（机）者和中介机构对二手新房市场（特别是次新房）的炒作，加剧了房价的二度上涨。因此，在设计房价经济管制模型时，须考虑这两个市场投资（机）因素导致的房价非理性涨幅。在住宅开发项目投资的客观合理利润率管制模型设计中，笔者认为采用成本利润率和房价利润率管制模型，就可以达到管制一级市场垄断开发企业攫取高利润的目的。客观合理或公平数值是指排除实际数值中属于特殊偶然的、人为炒作的、非住宅项目自身品质等因素之后所能得到的市场客观合理、一般正常水平的利润数值。

## 5.4.1　客观合理成本利润率管制模型

住宅开发投资项目与一般投资项目的开发经营周期不同，一般项目建设期通常短于经营收益期。但是，对中国的开发商而言，住宅开发投资项目较少有经营收益期，开发商开发的住宅商品基本都出售出去。这与我国国民的消费观念有关，也导致住宅市场重开发销售轻租赁经营，而一些西方国家住宅开发往往租售各占一半，它们就有较长的置业租赁经营收益期。中国住宅开发项目在开发过程中，就已经开始预售，市场热时，在很短时间，[①] 甚至几个月内，住宅商品就销售一空。由于目前开发投资项目基本上没有租赁经营收益期，也就不像置业投资

---

① 一般一个住宅开发项目周期两年，实行土地收购开发储备制度后，开发商免除拆迁安置花费的时间，使开发周期更短。

那样有正常的租赁经营年份的年净收益数据。因此，住宅开发投资项目的静态评价相对值指标①更多采用的是利润率，而非收益率指标。另外，开发商通常将住宅建筑以招投标方式承包给建筑公司，自己并没有建筑设备的投资，住宅项目开发完成后，开发商的所有投资包括土地等，均一次性转移到住宅商品价格中，通过住宅出售将投入收回。因此，对于开发销售模式下的住宅项目而言，住宅开发投资项目没有形成固定资产，表现为项目总开发成本②为土地成本和开发建设过程的成本费用之和。因此，成本利润率③指标为评价住宅开发投资项目常用指标。

### 5.4.1.1  模型构建

住宅开发项目成本利润率（$R_C$）等于开发利润占总开发成本的比率。假设住宅项目开发量为 X，项目均价为 P，项目的总开发价值为 V(X)，它等于总销售收入 PX 扣减销售税金 f 后的净销售收入，④ 即 V(X) = PX(1 - f)。若项目总开发成本为 C(X)，它等于土地费用 $C_L(X)$、开发成本 $C_b(X)$ 和开发费用 $C_f(X)$ 之和，即 C(X) = $C_L(X)$ + $C_b(X)$ + $C_f(X)$。其中开发成本包括前期工程费用、基础设施建设费用、建筑安装工程费用、公共配套设施建设费用、开发间接费用、行政性收费等。开发费用包括财务费用、管理费用和销售费用。⑤

这样，开发项目成本利润率（$R_C$）可以表示为：

$$R_C = [V(X) - C(X)]/C(X)$$
$$= [PX(1 - f) - C(X)]/C(X)，移项后得到房价 P 为：$$

$$P = \frac{(1 + R_C)[C_L(X) + C_b(X) + C_f(X)]}{X(1 - f)} \tag{5.3}$$

式中住宅销售税费率 f 主要指营业税、城市建设维护税和教育费附加等，可根据国家和地方的税率规定要求确定，它不包括开发过程中的税费，开发期税费计入总开发成本中。而开发量 X 等于土地面积与规划容积率的乘积，土地出让时，就已经明确了土地面积和容积率指标，因此开发量 X 容易确定，而土地竞买后，开发项目的土地费用 $C_L(X)$ 也就确定了。

### 5.4.1.2  激励性管制模型设置

对于城市区域板块寡占型住宅开发项目市场，只要把开发项目成本利润率控制在一般市场的客观合理利润率水平，就等于控制了住宅项目的垄断定价。这

---

① 静态指标指不考虑资金时间价值的指标，分为绝对值指标和相对值指标。
② 项目总开发成本是开发投资项目在开发经营期内的实际支出成本。包括土地费用、前期工程费用、基础设施建设费用、建筑安装工程费用、公共配套设施建设费用、开发间接费用、财务费用、管理费用、销售费用、开发期税费、其他费用和不可预见费用等。
③ 刘洪玉：《房地产开发经营与管理》，中国建筑工业出版社 2005 年版，第 155 页。
④ 这里假定企业将住宅全部出售。若有出租则 V 要加上持有期租金净收益和净转售收入的现值累计之和。
⑤ 刘洪玉：《房地产开发经营与管理》，中国建筑工业出版社 2005 年版，第 175 页。

里，所谓的一般市场的客观合理成本利润率原则上是指资本在相似产业、相似风险的投资中，排除项目实际利润中属于特殊、偶然因素之后所能得到的平均市场成本利润率水平。客观合理成本利润率管制就是通过管制垄断开发企业的成本利润率来达到管制开发项目房价的目的。由管制机构测算确定客观合理成本利润率 $R_C^*$，并用 $R_C^*$ 替代公式（5.3）中的实际值 $R_C$，这样可以剔除价格虚高因素，可以使得到的房价更为合理。

另外，由于开发效率不同，即使是同一项目，让不同开发企业去开发，其开发成本也不同。因此，我们可以设置一个标准的，按照房屋建安造价定额标准计算的开发成本，它是个标准值。[①] 用 $C_b^B(X)$ 来表示，公式（5.3）中的 $C_b(X)$ 用定额标准值 $C_b^B(X)$ 来替代，用定额标准值替代的目的就是要剔除实际数值的水分，由其得出的房价更为合理，也会使企业更注重生产效率，管控开发成本，优秀企业的开发成本若是低于 $C_b^B(X)$ 的话，低出来的成本就是优秀企业的利润，因此，这样的替代具有激励企业管控开发成本的效果。

$C(X) = C_L(X) + C_b(X) + C_f(X)$，用 $C_b^B(X)$ 替代 $C_b(X)$，由公式（5.3）得到房价经济管制公式为：

$$P^* = \frac{(1 + R_C^*)[C_L(X) + C_b^B(X) + C_f(X)]}{X(1 - f)} \tag{5.4}$$

由于模型中的管制价格 $P^*$ 仍然受到总开发成本 $C(X)$ 基数值大小的影响，二者的正相关关系表明，随地价 $C_L(X)$ 的上涨仍会抬高政府管制的房价 $P^*$，因此，成本利润率模型必须对地价进行管制。由于建材是全国性市场，相对来说，总开发成本中的建安费用等在全国范围内的涨幅较为一致，易于监测，并可通过统一的建安造价标准来测度，即建安费用占主要比重的 $C_b^B(X)$ 可以测算出来。

为了使模型具备激励效果，在设置模型时，使用管制期初的定额标准值 $C_b^B(X)$ 来制定管制价格 $P^*$，这样在一定的管制时期内，因实际值滞后于标准值，就会使标准值与实际值之间因时滞而产生一个利差空间，从而达到刺激开发企业提高生产效率，控制实际开发成本，以获取更多利润的激励目的。标准值可请国家注册造价师或者房地产估价师依据建安造价定额指标标准测算，并考虑住宅品质的投入而设置修正因子。由于标准值随造价定额标准的定期修改而变化，这样就保证在 4~5 年时间内标准值不变，使得标准值与实际值之间存在利差。我们在确定住宅管制价格 $P^*$ 时使用的是统一的标准值，而随着生产建设效率的提高，能耗的节约，时滞会使成本实际值越来越接近标准值，而崇尚成本节约的企业产生的利差空间会变大，在管制价格按照成本标准值确定的条件下，企业获得的利润就会更多，从而达到激励企业控制开发成本、提高效率的目的。

### 5.4.1.3 关于客观合理成本利润率的确定

此处讨论的住宅开发项目成本利润率，是指项目利润率，与通常使用的年销

---

① 开发成本一般可以用房屋建安造价进行定额标准化。

售利润率不同。二者区别一是在于项目利润率中的利润是取自整个项目开发周期，其计算年限会大于一年，而年销售利润是按照企业一年内的利润计算的。二是两者分母不同，成本利润率分母是总开发成本，销售利润率是年销售额。在确定客观合理成本利润率管制数值 $R_C^*$ 时，要注意住宅开发项目利润有实际利润和客观利润之别，实际利润是在不同开发项目现状下实际取得的利润，它受各具体项目经理经营能力的影响很大，如经营能力低下的经理可能在开发一宗交通便利的住宅项目时，因经营不善，导致亏损，利润为负数，但这并不意味着该住宅价格应该低于其成本。相反一宗交通不便、环境不佳的住宅用地，因人为虚假策划包装、投机炒作，导致房价虚高，项目获利颇丰，也不意味该住宅真实合理价格就一定须高定。因此，客观合理利润是排除实际利润中属于特殊偶然的、人为炒作的、非住宅项目自身品质因素之后所能得到的一般正常利润，它与住宅品质、住宅产业的开发生产技术经济效率水平和项目风险等成正相关。由于成本中已经包含通货膨胀的影响，因此，此处客观合理成本利润率的确定不应再考虑通胀因素。实际操作时，可以通过与其他行业成本费用利润率横向比较风险因素后求出。

从 2005 年至 2006 年分别在上海和深圳上市的房地产企业最近五个财务报告期的主营业务利润率（如表 5－6、表 5－7）可见，中国房地产上市公司这五个报告期的平均主营利润率在 31% 以上，其中两市 2006 年中期财务报告主营利润率最高的分别是陆家嘴和旭飞投资，各高达 74.89% 和 94.56%。尽管主营业务利润尚未扣除营业费用等，[①] 但也显示该行业的利润率较高，这种高利润使得社会各行业纷纷进军房地产市场。

表 5－6　　　　中国房企上市（上海）公司主营业务利润率一览表　　　单位：%

| 代码 | 公司名称 | 时间 | | | | |
|---|---|---|---|---|---|---|
| | | 2006－6－30 | 2006－3－31 | 2005－12－31 | 2005－9－30 | 2005－6－30 |
| 600007 | 中国国贸 | 60.29 | 60.24 | 57.71 | 58.86 | 59.79 |
| 600052 | 浙江广厦 | 31.14 | 57.61 | 31.04 | 24.88 | 25.91 |
| 600246 | 先锋股份 | 41.78 | 43.68 | 22.64 | 21.44 | 21.61 |
| 600322 | 天房发展 | 17.84 | 19.45 | 29.26 | 39.56 | 38.26 |
| 600325 | 华发股份 | 29.45 | 30.12 | 28.90 | 30.30 | 34.21 |
| 600376 | 天鸿宝业 | 17.35 | 11.88 | 17.70 | 26.09 | 26.77 |
| 600383 | 金地集团 | 28.05 | 24.72 | 30.63 | 28.40 | 27.32 |
| 600393 | 东华实业 | 11.35 | 24.68 | 18.52 | 24.23 | 62.48 |
| 600533 | 栖霞建设 | 26.10 | 25.64 | 23.94 | 22.71 | 20.24 |

① 参见王洪辉：《房地产开发是否存在暴利》，载《中国房地产发展报告 NO.3》，北京社会科学文献出版社 2006 年版，第 295 页。

续表

| 代码 | 公司名称 | 时间 | | | | |
|---|---|---|---|---|---|---|
| | | 2006 - 6 - 30 | 2006 - 3 - 31 | 2005 - 12 - 31 | 2005 - 9 - 30 | 2005 - 6 - 30 |
| 600606 | 金丰投资 | 62.71 | 60.50 | 41.18 | 41.74 | 40.78 |
| 600638 | 新黄浦 | 34.82 | 34.22 | 42.13 | 41.06 | 42.44 |
| 600639 | 浦东金桥 | 48.45 | 52.50 | 44.89 | 43.75 | 43.00 |
| 600641 | 中远发展 | 24.29 | 24.26 | 40.05 | 44.96 | 43.75 |
| 600648 | 外高桥 | 30.77 | 28.75 | 38.37 | 35.49 | 37.99 |
| 600067 | 陆家嘴 | 74.89 | 58.58 | 57.91 | 43.91 | 41.58 |
| 600665 | 天地源 | 14.06 | 13.22 | 17.90 | 16.12 | 16.21 |
| 600675 | 中华企业 | 40.86 | 43.47 | 31.10 | 40.21 | 37.87 |
| 600684 | 珠江实业 | 37.50 | 33.49 | 27.63 | 23.98 | 29.26 |
| 600732 | 上海新梅 | 49.96 | 46.19 | 42.78 | 42.62 | 41.93 |
| 600736 | 苏州高新 | 12.88 | 9.45 | 23.49 | 29.56 | 27.93 |
| 600748 | 上实发展 | 10.39 | 20.58 | 42.75 | 44.48 | 41.81 |
| 600791 | 天创置业 | 29.03 | 24.93 | 28.40 | 37.81 | 37.79 |
| 600823 | 世茂股份 | 18.61 | 63.83 | 36.02 | 31.91 | 31.95 |
| 600895 | 张江高科 | 36.29 | 31.25 | 38.86 | 39.80 | 32.38 |
| 600463 | 空港股份 | 31.42 | 52.42 | 24.08 | 26.27 | 30.55 |
| 600240 | 华业地产 | 8.73 | - 11.25 | 46.99 | 50.43 | 50.88 |
| 600048 | 保利地产 | 31.67 | 35.97 | 34.70 | 27.12 | 27.31 |
| | 平均值 | 31.88 | 33.67 | 34.06 | 34.73 | 36.00 |

资料来源：http://gjs.cass.cn/zls/db_stocks.htm，笔者根据最近五个报告期上海上市房企财务资料整理。

表 5 - 7　　　　中国房企上市（深圳）公司主营业务利润率一览表　　　单位：%

| 排名 | 公司名称 | 时间 | | | | |
|---|---|---|---|---|---|---|
| | | 2006 - 6 - 30 | 2006 - 3 - 31 | 2005 - 12 - 31 | 2005 - 9 - 30 | 2005 - 6 - 30 |
| 000002 | 深万科 A | 34.21 | 32.53 | 28.72 | 35.43 | 34.98 |
| 000005 | ST 星源 | 41.08 | 42.63 | 32.89 | 44.46 | 44.32 |
| 000024 | 招商局 A | 26.76 | 28.09 | 23.62 | 27.38 | 30.74 |
| 000006 | 深振业 | 30.88 | 33.90 | 19.56 | 14.79 | 12.40 |
| 000007 | 深达声 A | 75.58 | 75.10 | 37.01 | 80.04 | 82.17 |
| 000009 | 深宝安 | 29.10 | 31.52 | 28.35 | 31.09 | 32.46 |
| 000011 | 深物业 A | 22.69 | 27.35 | 29.96 | 26.77 | 28.64 |

续表

| 排名 | 公司名称 | 时间 | | | | |
|---|---|---|---|---|---|---|
| | | 2006 – 6 – 30 | 2006 – 3 – 31 | 2005 – 12 – 31 | 2005 – 9 – 30 | 2005 – 6 – 30 |
| 000014 | G 沙河 | 29. 49 | 26. 10 | 26. 12 | 22. 44 | 22. 56 |
| 000029 | 深深房 A | 14. 86 | 19. 07 | 9. 97 | 19. 60 | 21. 27 |
| 000031 | 深宝恒 A | 50. 49 | 43. 69 | 47. 31 | 46. 60 | 46. 88 |
| 000042 | 深长城 A | 48. 37 | 35. 85 | 23. 30 | 25. 12 | 21. 38 |
| 000046 | G 泛海 | 25. 60 | 21. 65 | 19. 69 | 19. 63 | 19. 28 |
| 000402 | 金融街 | 25. 58 | 47. 51 | 31. 99 | 33. 26 | 30. 62 |
| 000426 | 大地基础 | 27. 46 | 23. 12 | 11. 19 | 29. 75 | 23. 55 |
| 000502 | 恒大地产 | 33. 34 | 29. 45 | 35. 37 | 34. 37 | 35. 76 |
| 000511 | 银基发展 | 23. 10 | 17. 64 | 21. 65 | 22. 60 | 21. 56 |
| 000514 | 渝开发 | 22. 36 | 21. 96 | 21. 98 | 26. 51 | 25. 00 |
| 000526 | 旭飞投资 | 94. 56 | 95. 44 | 95. 59 | 94. 12 | 94. 30 |
| 000540 | 世纪中天 | 38. 46 | 37. 30 | 28. 45 | 24. 90 | 24. 32 |
| 000546 | ST 吉光华 | 58. 61 | 19. 27 | 51. 26 | 22. 99 | 23. 98 |
| 000558 | 莱茵置业 | 19. 33 | 25. 12 | 31. 58 | 33. 98 | 30. 40 |
| 000567 | 海德股份 | 35. 03 | 33. 90 | 57. 98 | 78. 56 | 79. 54 |
| 000573 | 粤宏远 A | 26. 59 | 32. 59 | 23. 81 | 25. 08 | 22. 80 |
| 000608 | 阳光股份 | 38. 22 | 38. 19 | 30. 08 | 31. 21 | 32. 54 |
| 000616 | 亿城股份 | 46. 35 | 17. 55 | 21. 20 | 16. 02 | 33. 62 |
| 000628 | 倍特高新 | 19. 09 | 21. 57 | 24. 64 | 38. 25 | 39. 09 |
| 000667 | 名流置业 | 34. 89 | 34. 94 | 31. 34 | 28. 99 | 28. 66 |
| 000716 | 南方控股 | 43. 50 | 45. 97 | 34. 66 | 47. 27 | 47. 10 |
| | 平均值 | 36. 00 | 33. 82 | 31. 28 | 34. 59 | 34. 92 |

资料来源：http：//gjs. cass. cn/zls/db_stocks. htm，笔者根据最近五个报告期深圳上市房企财务资料整理。

　　而同一时期的其他行业成本利润率就没有那么高，表 5 – 8 显示 2004 年中国工业行业平均成本利润率仅为 8. 33%，相对而言，房地产业属于高风险行业，其利润率高点也属正常，但也不能高得离谱。一般情况下，对于一个开发周期为 2 年左右的住宅项目，其客观合理目标成本利润率应在 35% ~45% 之间（刘洪玉，2002）。[①] 而实践中，成本利润率数值往往偏高，如中国南方某市物价局公布 23 个楼盘成本清单中显示住宅开发项目的成本利润率平均高于 50%。[②] 但从国外许多国家住宅市场情况看，房地产开发商的平均利润率一般在 5% 左右，高的也只

---

[①]　刘洪玉：《房地产开发经营与管理》，中国建筑工业出版社 2002 年，第 159 页。
[②]　陈芳、宋振远、沈汝发：《一份住宅楼盘的"成本清单"》，新华网福州，2005 年 8 月 24 日。

有 6% ~ 8% ,[1] 足见我国住宅产业的开发项目实际房价利润率偏高,因此必须对其进行管制。

表 5 - 8 　　　　　　　　　　2004 年中国工业行业成本利润率一览表

| 序号 | 行业 | 成本利润率（%） | 序号 | 行业 | 成本利润率（%） |
|---|---|---|---|---|---|
| 1 | 煤炭开采和洗选业 | 8.89 | 21 | 医药制造业 | 9.53 |
| 2 | 石油和天然气开采业 | 79.84 | 22 | 化学纤维制造业 | 3.46 |
| 3 | 黑色金属矿采选业 | 18.05 | 23 | 橡胶制品业 | 4.93 |
| 4 | 有色金属矿采选业 | 17.87 | 24 | 塑料制品业 | 4.03 |
| 5 | 非金属矿采选业 | 6.27 | 25 | 非金属矿物制品业 | 6.01 |
| 6 | 其他采矿业 | 9.18 | 26 | 黑色金属冶炼及压延加工业 | 7.03 |
| 7 | 农副食品加工业 | 3.12 | 27 | 有色金属冶炼及压延加工业 | 5.46 |
| 8 | 食品制造业 | 5.20 | 28 | 金属制品业 | 5.04 |
| 9 | 饮料制造业 | 8.02 | 29 | 通用设备制造业 | 6.06 |
| 10 | 烟草制品业 | 29.99 | 30 | 专用设备制造业 | 5.02 |
| 11 | 纺织业 | 3.09 | 31 | 交通运输设备制造业 | 6.19 |
| 12 | 纺织服装、鞋、帽制造业 | 4.14 | 32 | 电气机械及器材制造业 | 5.10 |
| 13 | 皮革、毛皮、羽毛（绒）及其制品业 | 4.04 | 33 | 通信设备、计算机及其他电子设备 | 3.99 |
| 14 | 木材加工及木、竹、藤、棕、草 | 4.60 | 34 | 仪器仪表及文化、办公用机械 | 4.94 |
| 15 | 家具制造业 | 4.63 | 35 | 工艺品及其他制造业 | 4.11 |
| 16 | 造纸及纸制品业 | 4.97 | 36 | 废弃资源和废旧材料回收加工业 | 1.55 |
| 17 | 印刷业和记录媒介的复制 | 7.67 | 37 | 电力、热力的生产和供应业 | 5.55 |
| 18 | 文教体育用品制造业 | 4.02 | 38 | 燃气生产和供应业 | 1.81 |
| 19 | 石油加工、炼焦及核燃料加工业 | 3.31 | 39 | 水的生产和供应业 | 1.06 |
| 20 | 化学原料及化学制品制造业 | 7.73 | 40 | 平均值 | 8.33 |

资料来源：国家统计局：《2005 年中国工业统计年鉴》,中国统计出版社 2005 年版。

---

① 牛凤瑞主编：《中国房地产发展报告 NO.2》,社会科学文献出版社 2005 年版,第 67 页。

尽管开发项目每年的成本投入和产生的利润不同，但是，我们若将项目利润按照 2 年均摊，则客观合理年平均成本利润率或称年目标成本利润率管制值定在17% ~ 22% 之间较为合理，尽管如此，该目标数值管制值也是工业行业简单平均年成本利润率的 2 倍。另外，针对目前中国住宅产业成本利润率畸高现象，要一步管制到位并不现实。可考虑分阶段进行，每阶段下降 3 ~ 5 个百分点，直至最后管制到客观合理的成本利润率水平。

### 5.4.1.4　模型的优点

本书设计的客观合理成本利润率房价激励性管制模型具有如下优点：（1）模型简单易行。从制定客观合理成本利润率的出发点来看，可绕过直接制定价格的信息等繁杂问题，并间接地对垄断开发企业定价行为进行管制，从而达到通过控制被管制者的开发项目成本利润率来达到管制住宅项目房价的目的。（2）只要控制地价，就可以避免资本过度投资问题的出现。从价格管制模型（5.4）可以发现，利用被管制确定的客观合理成本利润率来计算开发项目利润，其基数是所有的开发成本，由于住宅项目属于资本密集型投资项目，也就不存在传统的公平收益率管制模型中出现的被管制企业通过过度增加资本投入来增加收益的错误激励问题。（3）无须企业提供开发项目的"私人"成本信息，以免所提供的数据因信息不对称导致带有倾向性误导因素而使价格管制失效。当然，这需要住宅项目开发方案和住宅品质的相关信息资料。（4）具有激励性效果，激励开发企业提高效率、控制实际开发建造成本的效果。

## 5.4.2　客观合理房价利润率管制模型

在房价管制实践中，各国常使用房价中开发利润所占比例大小来判断开发项目定价的高低和产业是否存在"暴利"。中国当前的住宅开发一级市场上，拿到一大块土地后，开发商往往采取分期开发加价的经营开发模式。这种模式使得同一地块上的项目，后期开发的，即使品质没有提高多少，但加价却不少。由于后期开发楼盘价格的层层加码，导致房价越加越高，第一期不买，第二期房价肯定要涨，"逼迫"消费者赶紧买房。这种提价营销模式通过横向比价后对周边新开发项目也产生影响，它们会按照加价后的价格来定价，从而造成该区域住宅项目板块整体房价水平的上扬。

这种"一次拿地，分期开发"加价模式导致管制机构与开发企业间存在前后期开发的土地信息不对称，政府管制机构无法确切划分各期开发的土地面积，以至于较难确定各期的土地开发成本费用。这给成本利润率管制模型的成本确定造成一定的困难。为了不涉及土地面积问题，本文构建房价利润率激励性管制模型。

房价利润率是我国住宅产业业内人士惯常使用的一个指标，可以用它来分析住宅产业盈利状况。若对该指标进行管制，在一定程度上也易于被大家所认同和接受。与对客观合理成本利润率管制相类似的，对房价利润率进行合理管制也可以达到规范住宅开发市场经济秩序的目的。

住宅开发项目房价利润率（$R_P$）等于单位面积开发利润占住宅单价的比率。假设住宅开发项目每单位平方米建筑面积的总开发成本为 $c(X)$，它等于项目总开发成本 $C(X)$ 与总开发建筑面积 $X$ 的比值。由上述分析可知，它等于楼面地价 $c_L$、[1] 单位开发成本 $c_b$ 和单位开发费用 $c_f$ 构成。为了达到激励管制效果，此处的单位开发成本也是用单位定额标准值 $c_b^B$，而不用实际值。销售税金为 $f$，其他符号同前。这样，单位房价中的利润为：

$$P(1-f) - c(X) = P(1-f) - c_L - c_b^B - c_f$$

则房价利润率等于利润除以房价，即 $R_P = [P(1-f) - c_L - c_b^B - c_f]/P$

受到管制后，客观合理房价利润率 $R_P^*$ 已确定情况下，将其替代 $R_P$，移项得到房价经济管制模型为：

$$P^* = \frac{c_L + c_b^B + c_f}{(1 - f - R_P^*)} \tag{5.5}$$

与公式（5.4）相类似，销售税费率 $f$ 可根据国家和地方的税率规定执行。对于首期楼盘的楼面地价 $c_L$ 可在土地出让时得到的总地价数据除以项目预计总开发量 $X$，$X$ 等于土地出让总面积和容积率的乘积。后期开发楼盘的 $c_L$ 可通过周边新开发项目的横向比较方式确定，或咨询国土资源有关管理部门获得地价信息。而单位开发成本标准值 $c_b^B$ 的测算方式与成本利润率管制模型中的测算方式相同，并考虑了住宅品质因素的修正，成本数据无须开发企业提供。由于模型中使用的是成本定额标准值 $c_b^B$，开发企业通过控制开发实际成本会赚取更多的利润，因此，该客观合理房价利润率管制模型也具有激励性效果。从房价利润率管制模型来看，它除了具备客观合理成本利润率房价管制模型的优点外，还更为简单明了，减少了对开发量 $X$ 数据的要求。

由于目前中国开发商将开发出来的商品房均用于出售，基本没有拿去出租，因此，理论上，房价利润率应等于开发项目的销售利润率。由表 5-6 和表 5-7 可见，中国沪深上市公司房地产企业 2005～2006 年的主营业务销售利润率在 31%～36% 之间，即使没有考虑部分费用，其利润率也远高于其他行业的平均利润率水平。客观合理房价利润率管制值的确定，原则上应随着住宅品质、项目投资风险的提高而提高，相反，随着住宅产业的开发生产技术经济发展水平和资本有机构成的提高，应呈非常缓慢的下降走势。具体确定时，可参照国外一些房地产市场比较良性发展的国家的住宅产业平均利润率水平，结合我国市场发展实际状况等有步骤、分阶段、渐近式地通过设定不同阶段的客观合理房价利润率来逐步降低住宅管制价格。

以上两种开发项目利润率的管制是针对每个住宅开发项目进行的，尽管不同

---

[1]　此处指土地费用与总建筑面积之比。

开发项目总开发成本不同，利润总额也不同，导致各开发项目具体的房价高低有别，但是管制的利润率是完全统一、一致的。实际管制时，可根据政策要求，对不同档次、品质的住宅采取区别对待，特别是可以适当降低对普通住宅开发项目利润率的管制要求，以激励开发商多开发普通住宅。只要我们通过对各项目的利润率实行严格管制，就能够对整个住宅一级市场房价非理性上涨因素进行有效的遏制，以确保住宅市场健康有序地向前发展。

## 5.4.3　客观合理利润率房价管制的实践分析

### 5.4.3.1　项目基本概况

以福州北江滨一开发项目进行客观合理利润率管制分析，该开发项目基本情况是：占地面积：213926.91 平方米，容积率：2.27，绿化率：20.10%，建筑面积：485374.00 平方米，建筑基底面积：50700.68 平方米。2003 年 7 月 1 日开始投资建设，年开发建设成本涨价率为 3%，年贷款利率按 6.34% 计。房屋造价按照高层 1600 元/平方米计算。[1] 开盘时间：2004 年 1 月 15 日，开始入住时间：2005 年 5 月 1 日，总户数：4000 户，楼层状况：51 幢，每栋 33 层。整个项目开盘均价定为 5225 元/平方米。

### 5.4.3.2　项目销售收入与成本费用情况

由于项目成本利润率属于静态评价方法，[2] 因此，本项目销售收入和总成本费用的计算均不考虑资金时间价值问题，不同时间点发生的收支直接相加减（见表 5 - 9 ~ 表 5 - 14）。本项目收入来自于住宅等出售收入，销售收入共计253611.15 万元，销售税金及附加为 13948.61 万元（见表 5 - 9），总开发成本为146753.67 万元（见表 5 - 10）。

表 5 - 9　　　　　　　销售收入与销售税金及附加估算表　　　　单位：万元

| 序号 | 项目 | 合计 | 2004 年 | | 2005 年上半年 |
|---|---|---|---|---|---|
| | | | 上半年 | 下半年 | |
| 1 | 销售收入 | 253611.15 | 69651.17 | 117001.67 | 66958.32 |
| 2 | 销售税金及附加 | 13948.61 | 3830.81 | 6435.09 | 3682.71 |
| 2.1 | 营业税 | 12680.56 | 3482.56 | 5850.08 | 3347.92 |
| 2.2 | 城市维护建设税 | 887.64 | 243.78 | 409.51 | 234.35 |
| 2.3 | 教育费附加 | 380.42 | 104.48 | 175.50 | 100.44 |

[1]　参考 2004 年福建经济与社会统计年鉴（投资篇）中房屋造价数据。
[2]　刘洪玉：《房地产开发经营与管理》，中国建筑工业出版社 2005 年版，第 155 页。

表 5-10                 项目开发成本及费用汇总表              单位：万元

| 序号 | 项目 | 金额 |
|---|---|---|
| 1 | 土地费用 | 36110.00 |
| 2 | 前期工程费 | 2885.47 |
| 2.1 | 三通一平费 | 534.82 |
| 2.2 | 勘察设计费 | 2350.65 |
| 3 | 城建费用 | 2157.49 |
| 4 | 建安总造价 | 79945.01 |
| 4.1 | 住宅部分（单价1600） | 77659.84 |
| 4.2 | 绿化和道路 | 2285.17 |
| 5 | 监理费用（按建安总造价1%） | 799.45 |
| 6 | 管理费用（按1-5项和的2%） | 2437.95 |
| 7 | 销售费用 | 7608.33 |
| 8 | 预备费 | 13600.24 |
| 8.1 | 基本预备费（2-6项和的10%） | 8822.54 |
| 8.2 | 涨价预备费（2-6项+8.1项和的3%计） | 4777.70 |
| 9 | 建设期利息*（见表5-12） | 1209.74 |
| 10 | 总开发成本 | 146753.67 |

*由于是静态方法，所以财务费用仅考虑贷款利息的实际支出，不再计算土地等投入的时间价值收益问题。

表5-9和表5-10数据计算明细来自于表5-11~表5-14。

表 5-11             历年开发成本费用（除利息）投入估算表         单位：万元

| 序号 | 费用项目 | 费用小计 | 2003年下半年 | 2004年 上半年 | 2004年 下半年 | 2005年上半年 |
|---|---|---|---|---|---|---|
| 1 | 土地费用 | 36110.00 | 36110.00 | | | |
| 2 | 前期费用 | 2885.47 | 2885.47 | | | |
| 3 | 城建费用 | 2157.49 | 2157.49 | | | |
| 4 | 建安总造价 | 79945.02 | 26648.34 | 26648.34 | 26648.34 | |
| 5 | 监理费用 | 799.45 | 266.48 | 266.48 | 266.48 | |
| 6 | 管理费用 | 2437.95 | 1361.36 | 538.30 | 538.30 | |
| 7 | 销售费用 | 7608.33 | | 2089.54 | 3510.05 | 2008.75 |
| 8 | 预备费 | 13600.24 | 4431.44 | 4584.40 | 4584.40 | |
| 8.1 | 基本预备费 | 8822.54 | 3331.91 | 2745.31 | 2745.31 | |
| 8.2 | 涨价预备费 | 4777.70 | 1099.53 | 1839.08 | 1839.08 | |
| | 合计 | 145543.33 | 73860.58 | 34127.05 | 35547.56 | 2008.75 |

表 5－12　　　　　　　　　　　资金筹措与使用计划表　　　　　　　　　单位：万元

| 序号 | 项目 | 合计项 | 2003 年下半年 | 2004 年 | |
| --- | --- | --- | --- | --- | --- |
| | | | | 上半年 | 下半年 |
| 1 | 总开发成本 | 139145.34 | 74259.67 | 32848.16 | 32037.51 |
| 1.1 | 开发成本费用 | 137935.60 | 73860.58 | 32037.51 | 32037.51 |
| 1.2 | 贷款利息 | 1209.74 | 399.10 | 810.65 | 0.00 |
| 2 | 资金筹措 | | | | |
| 2.1 | 自有资金 | | | | |
| 2.1.1 | 资本金 | 48277.46 | 48277.46 | | |
| 2.1.2 | 销售收入的滚动使用 | | | 32037.51 | 32037.51 |
| 2.2 | 借款 | | | | |
| 2.2.1 | 贷款本金 | | 25583.12 | 0.00 | 0.00 |
| 2.2.2 | 贷款利息 | | 399.10 | 810.65 | 0.00 |

表 5－13　　　　　　　　　　　借款还本付息计算表　　　　　　　　　单位：万元

| 序号 | 项目 | 2003 年下半年 | 2004 年上半年 |
| --- | --- | --- | --- |
| 1 | 期初借款本息累计 | | 25982.22 |
| 2 | 本期借款 | 25583.12 | 0.00 |
| 3 | 本期应计利息 | 399.10 | 810.65 |
| 4 | 偿还贷款本利的资金来源 | | |
| 4.1 | 利润 | | 30882.66 |
| 4.2 | 偿还本利总和 | | 26792.87 |
| 4.3 | 偿还本利后余额 | | 4089.79 |

表 5－14　　　　　　　　　　　　损益表　　　　　　　　　　　单位：万元

| 序号 | 项目 | 合计 | 2003 年下半年 | 2004 年 | | 2005 年上半年 |
| --- | --- | --- | --- | --- | --- | --- |
| | | | | 上半年 | 下半年 | |
| 1 | 销售收入 | 253611.15 | | 69651.17 | 117001.67 | 66958.32 |
| 2 | 销售税金及附加 | 13948.61 | | 3830.81 | 6435.09 | 3682.71 |
| 3 | 总开发成本 | 146753.67 | 74259.67 | 34937.7 | 35547.56 | 2008.75 |
| 4 | 利润总额 | 92908.87 | －74259.67 | 30882.66 | 75019.02 | 61266.86 |
| 5 | 累计利润总额 | | －74259.67 | －43377.01 | 31642.01 | 92908.87 |
| 6 | 累计所得税 33% | | | | 10441.86 | 20218.06 |
| 7 | 累计税后利润 | 72690.81 | | | | 72690.81 |

### 5.4.3.3　成本利润率的计算及其管制分析

本项目销售收入 253611.15 万元，则销售均价 = 253611.15/485374 = 5225 元/平方米。楼面地价 = 36110.00/485374 = 744（元/平方米）。

（1）总开发价值为：253611.15 - 13948.61 = 239663（万元）。

（2）总成本为 146754 万元。

（3）开发商利润：239663 - 146754 = 92909（万元）。

（4）开发商成本利润率 = （92909/146754）× 100% = 63.31%

根据表 5-14 中的税后利润，也可以计算出税后开发商成本利润率为：

（72690.81/146754）× 100% = 49.53%

这与正常情况下开发期两年的商品住宅项目客观合理税前成本利润率 35% ~ 45% 之间相比，该项目的成本利润率太高。若将其管制到客观合理区域，则利用管制模型 $P^* = \dfrac{(1 + R_C^*)[C_L(X) + C_b^B(X) + C_f(X)]}{X(1 - f)}$ 可得到房价合理的定位区域。由表 5-10 可知土地费用为 $C_L(X) = 36110$ 万元，标准开发成本 $C_b^B(X) = 99388$ 万元，开发费用 $C_f(X) = 3648 + (7608.33/5225) \times P^*$，当设定的管制成本利润率为 35% 时，则有：

$$P^* = \frac{(1 + 35\%)[36110 + 99388 + 3646 + (7608.33/5225) \times P^*]}{485374(1 - 5.55\%)}$$

$$= \frac{(1 + 35\%)[139146 + 14561P^*]}{485374(1 - 5.55\%)}$$

可求出 $P^*$ = 4279 元/平方米。同理，当设定的管制成本利润率为 45% 时，房价应为 4611 元/平方米。也就是说，若将成本利润率管制在客观合理区间内时，开发企业应将房价定在 4279 ~ 4611 元/平方米，中间值为 4445 元/平方米，而不是将其定在 5225 元/平方米。

### 5.4.3.4　房价利润率的计算及其管制分析

本项目的楼面地价 = 36110.00/485374 = 744 元/平方米。由于本例为高层住宅，房屋造价只能套用福建省内别墅和高档次标准值 1647 元/平方米[①]计算，通过横向比较修正最终确定为 1600 元/平方米，其他费用基于此值的标准百分比计算出来，并非采用项目开发的实际值计算，目的是激励被管制企业降耗。此处的单位开发成本值 $c_b^B = 99388 \div 485374 = 2048$（元/平方米），$c_f = 11256.33 \div 485374 = 232$（元/平方米）。因此，房价利润率 = [5225 × (1 - 5.55%) - 744 - 2048 - 232] ÷ 5225 = 36.6%。

若按照成本利润率同比例管制降幅，即最大降幅为（63.31% - 35%）÷ 63.31% = 45%，对应房价利润率降至 36.6% × (1 - 45%) ≈ 20%。最小降幅为

---

① 参照 2005 年福建省社会经济统计年鉴（投资篇）中房屋造价数据。

（63.31% −45%）÷63.31% =29%，对应房价利润率降至 36.6% ×（1 −29%）≈ 26%。即项目两年期间的房价利润率合理区间为 20% ~26%，平均到每年，则年平均利润率客观合理确定在 10% ~13% 之间为宜。

应用房价利润率管制模型 $P^* = \dfrac{c_L + c_b^B + c_f}{(1 - f - R_P^*)}$ 可分析该项目房价合理定位，若 $R_P^*$ 为下限 20% 时，$P^* = \dfrac{744 + 2048 + [3648 + P^* \times 7608.33/5225]/48.5374}{(1 - 5.55\% - 20\%)}$，可求出 $P^*$ 为 4010 元/平方米。当 $R_P^*$ 为上限 26% 时，同理可求出 $P^*$ 为 4378 元/平方米，中间值为 4194 元/平方米。这与用客观合理成本利润率管制得出的结果很接近。最后的房价管制值可考虑按照这两个模型的中值来确定，即为：（4445 + 4194）÷2 =4320（元/平方米）。

## 5.5　置业投资房价涨幅上限管制的理论与实践：二手房市场

### 5.5.1　置业投资房价涨幅上限管制模型

尽管客观合理利润率激励性管制模型可以管制开发企业攫取住宅开发项目的垄断利润，对房价快速上涨起到抑制作用。但是，由于住宅置业投机（资）者为了投机炒作而买入新房，他们囤积房源，制造市场供给紧张，导致许多楼盘开盘不久即告售罄。置业投机（资）者通常将买入的新房在短时间内转手加价倒卖，导致房价的"二度"上涨，这部分投机炒作对房价的上涨不可小觑。

2004 年，由于受一手商品房价格上涨的影响，全国二手房市场价格也呈加速上扬，特别是二手"次新房"[①] 价格。随着房价的上涨，各地置业投资性购房增长明显加快，国际上通常把投资性购房比例达到 20% 视为警戒线，而我国主要城市住宅市场许多已经达到或超过该警戒线。央行《2004 年中国房地产金融报告》显示，中国长三角地区主要城市商品住宅投资性购房比例超过 20%，上海次新房转让占二手房交易量的 46.6%，北京市商品住宅投资性购房比例约为 17%，其中 76.5% 在短期内空置等待涨价转手，23.5% 用作出租。上海、深圳、广州、杭州、昆明等城市二手房价格均保持连续上升的态势，而南京市二手房均价涨幅则高达 31.54%,[②] 形成一手房与二手房价格遥相呼应的局面。这种房价的联袂上涨，导致近几年住宅价格的涨幅惊人，使得 2004 年和 2005 年全国商品

---

① 购买不到两年转手的新房，它们大多数没有装修。
② 牛凤瑞主编：《中国房地产发展报告 NO.3》，社会科学文献出版社 2006 年版，第 128 页。

住宅均价分别上涨 16.02% 和 18.09%。[1] 福州市的北江滨楼盘群体都是最近几年新开发的楼盘，其均价涨幅可谓居全市之冠，从 2005 年 9 月的 4607 元/平方米一路飙升到 2006 年 9 月的 7378 元/平方米，年涨幅达到了 60%。而即使是经济适用房和"大盘"云集的福州新开发住宅区域金山楼盘群，均价相对其他板块尽管是最低的，但也从 2005 年 9 月的 2475 元/平方米涨到 2006 年 9 月的 3754 元/平方米，年增长 51.6%。[2] 由于许多新楼盘价格涨幅一年内均超过两位数，大大高于交易营业税与所得税费，造成五年内转手交易要全额征收营业税的政策[3]对许多涨幅大的新楼盘作用有限。为此，我们有必要对置业投资二手（新）房市场的房价涨幅上限进行管制。

开发投资生产的住宅商品被投资（机）者购买后拿去倒卖，而不是用于自己居住，通过获取物业高差价转售收入和租金收入为目的的投资收益活动就属于住宅置业投资。但是，如果利用市场的不完全，进行不合理的投机炒作，操纵市场价格，导致房价非理性地快速上涨，政府就必须对其投资收益率进行管制。置业投资所获收益主要包括物业持有期内房价上涨带来的物业差价收益和房屋出租租金收益，扣减还本付息和相关税费后可得税后净现金流量（温茨巴奇等，2001）。[4] 正是持有期中的各年还本付息，才有期末住宅转售所获权益差价收益，因此"还本"收益已经在转售差价收益中体现，本书不再将"还本"作为投资者权益增加值计入到净收益中。另外，我国目前租赁市场不发达，租金与房价"倒挂"现象严重，租金收益极为有限，扣除空置损失和相关管理税费后，一般无法抵偿月购房抵押贷款还本付息额，置业投资者多半要另行支付该项支出。因此，本书在现金流分析中将"还本"作为实际的现金支出来看待。由于这些收益额每年不同，因此，在分析时，必须采用现金流量模型来分析置业投资的税后现金流量状况，并对投资收益率进行管制，以达到管制房价涨幅、抑制房价快速上涨的目的。

假定管制机构确定的客观合理置业投资收益率或基准收益率为 $i_k$，置业投资者假定以按揭方式购买住宅，并进行简单装修出租，持有若干年后出售，获得置业投资差价收益。该物业持有期为 T 年，若房价年平均涨幅为 g，则投资现金流 NF(g) 由三部分组成：其一是期初的权益投资额，包括首付和装修支出，用 $PV_0$ 表示。其二是租赁经营期的现金流，其 t 年税后净现金流 = 潜在租金总收入 $Z_t$ − 空置损失及坏账损失 $K_t$ − 物业和维修费用 $W_t$ − 经营期税费 $f_t$ − 按揭的年还本付息 $A_t$。该现金流的现值用 $PV_1$ 表示。其三是持有期结束房屋出售的现金流，税后出售净现金流 = 出售收入 S(g) − 出售费用 C − 出售的营业税和所得税 $C_f$ − 剩

①　牛凤瑞主编：《中国房地产发展报告 NO.3》，社会科学文献出版社 2006 年版，第 22 页。
②　王阿忠等：《榕城楼市"涨"声不断，调控不息——福房指数两周年之福州楼市回顾》，载《海峡都市报》2006 年 11 月 1 日房地产版。
③　"国六条"规定从 2006 年 6 月 1 日起，对购买住房不足五年转手交易的，销售时按其取得的售房收入全额征收营业税。
④　温茨巴奇等：《现代不动产》，中国人民大学出版社 2001 年版，第 438 页。

余按揭贷款偿还 D。由于该现金流大小取决于二手房价格的涨幅 g，因此，其现值用 $PV_2(g)$ 表示。

这样，持有期中任一年 t 的净现金流量为 $NF_t(g)$，在 $i_k$ 下，将各年净现金流量折现并进行代数和的净现值为：

$\sum_{t=0}^{T} NF_t(g^*)(1+i_k)^{-t} = -PV_0 + PV_1 + PV_2(g)$，它与房价涨幅 g 相关。

其中：$PV_0 = $ 首付 + 装修；

$$PV_1 = \sum_{t=1}^{T} [Z_t - K_t - W_t - f_t - A_t](1+i_k)^{-t};$$

$$PV_2(g) = [S(g) - C - C_f - D](1+i_k)^{-t}。$$

若置业投资的净现值 $\sum_{t=0}^{T} NF_t(g^*)(1+i_k)^{-t} = 0$，意味着置业投资者的收益率恰好等于二手房市场投资的基准收益率 $i_k$，因为基准收益率是客观合理的，所以说明投资收益或净现金流 $NF_t(g)$ 也是客观合理的，在净现金流主要取决于二手房价格涨跌的情况下，我们可认定房价涨幅也是客观合理的。因此，可作如下定义：

定义 5.1：置业投资者在物业持有期内第 t 年获得的净现金流入为 $NF_t(g)$，管制机构根据当前住宅市场状况确定的置业投资客观合理收益率或基准收益率为 $i_k$，则使 $\sum_{t=0}^{T} NF_t(g^*)(1+i_k)^{-t} = 0$ 的盈亏平衡点二手房价格上涨幅度是客观合理的房价涨幅，这个客观合理的二手房价格上涨幅度我们用 $g^*$ 表示。此时，置业投资者获得的收益率为客观合理的投资收益率 $i_k$。

此处对"客观合理"的理解与前面探讨利润率时所用"客观合理"一词含义相同。客观合理投资收益率 $i_k$ 反映置业投资市场中正常平均水平的收益率。将具体的数值代入 $NF_t(g)$ 中，可通过如下公式（5.6）求出置业投资的二手房年平均客观合理房价涨幅 $g^*$。因盈亏平衡时 $\sum_{t=0}^{T} NF_t(g^*)(1+i_k)^{-t} = 0$，则有：

$$-PV_0 + PV_1 + PV_2(g^*) = 0$$
$$-PV_0 + PV_1 + [S(g^*) - C - C_f - D](1+i_k)^{-t} = 0 \qquad (5.6)$$

在租金收益有限下，置业投资的主要收益则来自于房价上涨收益，这也是目前投机炒作二手新房价格的重要原因。可以说，目前中国住宅市场中只有房价上涨才是置业投资者的真实投资动机，因此，管制的目标自然指向房价的涨幅和由此带来的收益。从此点也可看出，置业投资不存在生产技术问题，因此其收益与生产技术因素无关。出于激励性管制目的，目前中国政府管制住宅市场的目的就是引导理性消费，减少置业投资性购房，特别是短期爆炒二手次新房，以避免脱离价值基础的投机炒作导致房价的非理性快速上涨，形成房地产市场泡沫。另一方面，也间接引导开发企业开发价廉物美、品质较高的住宅商品。这一激励性管制目的也为政府价格管制机构制定市场公平或客观合理置业投资基准收益率指明了方向。

由公式（5.6）可看出，要达到盈亏平衡，制定的收益率 $i_k$ 值越大，则房价涨幅管制值 $g^*$ 也会跟着提高，因此，为了限制高档住宅价格的涨幅，其制定的 $i_k$ 就要低。由于投资高档房收益一般会高于普通住宅，即高档房的投资收益率 $i_k$ 基点就比普通住宅的高，因此，为了激励开发更多价廉物美、品质相对较佳的普通住宅，在管制确定高档房的置业投资客观合理投资收益率 $i_k$ 时应该尽量地保守，以压低高档房二手市场的价格涨幅 $g^*$。相反，在确定普通住宅的客观合理投资收益率时，应尽量定高一点，以相应地提高买入普通住宅可能获取的收益，鼓励开发与消费普通住宅。

另外，为了激励普通住宅的开发与消费，可在二手房价涨幅激励性管制模型设计时，设置房价上涨最高上限幅度值 h，对二手普通住宅次新房的最高涨幅上限给予适度的放松管制。即设计的二手次新房年均房价涨幅激励性管制模型为 $g^* + \beta h$，其中 $g^*$ 为客观合理的房价涨幅，$\beta$ 为管制激励因子，$-1 \leqslant \beta \leqslant 1$，h 为房价上涨最高上限幅度值。相反，为了限制高档房价格的涨幅，一般不再另设涨幅高限，即将激励性因子 $\beta$ 定为 0，若完全不鼓励高档房的开发与置业投资，可将其 $\beta$ 值设定为负数，这样其现金流在 $i_k$ 下的净现值就为负数，这样投资高档房就会亏损。也就是说，只要 $i_k$ 设置合理，就可使置业投资某些容积率特别低的别墅类高档住宅变为亏损。而对普通住宅的激励因子可定高，甚至定为 1，以达到激励多开发普通住宅的目的。

在管制实践中，可以细化管制调控因子 $\beta$，比如可根据不同的住宅价位和品质将 $\beta$ 分为几个档，属于受鼓励开发的住宅，设置的门槛就放松，允许价格涨幅也随之提高，以达到激励开发置业购买的效果，反之，则严厉管制。当然，无论如何，当 $\beta = 1$ 时，超过 $g^* + h$ 部分的收益可通过税收方式收归国有。具体价格涨幅操办可由各地房产交易中心根据购房者的买卖数据来执行。

## 5.5.2 一手房、二手房市场房价管制联动

由于住宅一手房、二手房市场房价的互动关系，导致单独去管制一手房或二手房市场都不能达到对整体市场的管制效果，为此，我们在对一手房市场价格管制时，也必须对进入市场后的二手次新房价格进行管制，才能达到对市场房价进行全面有效管制的目的。也就是将设计的一手房市场的利润率管制模型与二手次新房价格涨幅上限管制模型联合组成联动价格激励性管制模型。

政府的房价管制期覆盖到开发项目投资和置业投资两个阶段，对两阶段房价不合理上涨因素进行联动管制模式如图 5-5 所示。

由前述可知，当一手房市场中的开发项目采用对成本利润率管制时，其得到的房价管制模型为：$P^* = \dfrac{(1 + R_C^*)\left[C_L(X) + C_b^B(X) + C_f(X)\right]}{X(1 - f)}$，其中 $R_C^*$ 为经济管

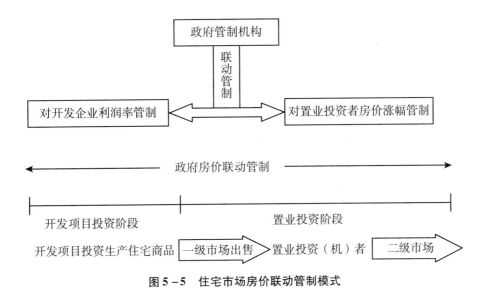

**图 5-5　住宅市场房价联动管制模式**

制后所确定的客观合理成本利润率，这属于一手房市场管制。该项目开发的住宅商品若是出现倒卖进入二手房市场后，受到二手次新房价格涨幅上限管制，受管制后的房价涨幅为 $g^* + \beta h$（见前述），这属于二手次新房价格管制。因此，在政府对该住宅开发项目及其住宅商品进入置业投资二级市场后的房价管制期内，其客观合理成本利润率与房价涨幅上限管制的联动房价管制模型为：

$$P_t^c = \frac{(1 + R_C^*)\left[C_L(X) + C_b^B(X) + C_f(X)\right]}{X(1-f)}(1 + g^* + \beta h)^t$$

模型中的 $P_t^c$ 表示采用对开发项目成本利润率管制时的商品房在政府管制期内任一时点 t 的房价管制数值。当然，公式中的管制时间 t 是从新房进入一级市场起计，其他符号同前。

同理，当一手房市场中的开发项目采用对房价利润率管制时，其一手房管制时的房价模型是：$P^* = \dfrac{c_L + c_b^B + c_f}{(1 - f - R_P^*)}$，此处 $R_P^*$ 为管制机构制定的房价利润率管制值。进入二手房市场受到第二次管制后，则客观合理房价利润率与房价涨幅上限管制的联动房价管制模型为：

$$P_t^f = \frac{c_L + c_b^B + c_f}{(1 - f - R_P^*)}(1 + g^* + \beta h)^t$$

$P_t^f$ 表示采用对开发项目房价利润率管制时的商品房在政府管制期内任一时点 t 的房价管制数值。

值得注意的是由于目前高档房开发项目的成本利润率很高，管制时很难做到一步到位，因此，在进行一级市场的第一次管制时，必须要加大对高档房 $R_C$ 的管制力度，尽管这样，也可能还会存在被管制的 $R_C$ 仍大大高于客观合理的 $R_C^*$，这不足为奇，要有渐进管制的思想准备，并做好分步分阶段对其逐步管制的时间部署安排。另外，在高档房二手房市场的房价涨幅管制中，管制因子 β 值应取低值，甚至负数，以起震慑作用。反之，对普通住宅的管制值 $R_c^*$ 可适当放宽，且 β 可取 1，以达到激励开发普通商品房的效果。

### 5.5.3 客观合理基准投资收益率的确定原则与构成

在联动管制模型中，首先必须要确定置业投资中二手次新房年均客观合理房价涨幅 $g^*$，才能管制房价。根据定义 5.1 和公式（5.6）可知，决定年均客观合理涨幅 $g^*$ 等于客观合理置业基准投资收益率 $i_k$。为了准确得到 $i_k$ 值，我们有必要探究 $i_k$ 的确定原则及其构成要素。作为基准投资收益率，其核心问题自然是收益与风险问题，一般情况下，高风险则高收益，因此，我们在分析时，主要也就围绕这两个问题展开探讨。

#### 5.5.3.1 确定原则

尽管我们不鼓励住宅作为投资品（它是消费品），但这里还是需要讨论基准投资收益率的确定。首先是收益额的种类与其投资收益率计算口径一致的原则。收益是指置业投资住宅持有期内的年纯收益，从是否考虑资金时间价值分为静态分析和动态分析。从静态分析角度看，其收入指标是置业投资的所得税后利润，对应的应是投资利润率；从动态角度看，它是置业投资的税后净收益，对应的是投资收益率。税后净收益等于年毛租金收入与年物业增值额账面收入之和，[①] 减去空置、收租损失、年运营费用、还本付息及所得税后的差额。因此，用投资收益率求取净现值时所对应的应是对净收益现金流的折现求和。其次是客观性原则，我们知道房地产净收益的求取值是客观合理净收益而非实际净收益，与此相对应的基准投资收益率的确定值也是客观合理的，而非实际的投资收益率。否则一套交通便利、位置优的住宅，因经营管理不善，而造成亏损，其实际投资收益率为负数，变成这套住宅没有价值了。因此基准投资收益率的确定应剔除人为的、主观偶然因素的影响，反映出置业投资住宅产业不同类型物业的客观合理、平均水平的投资期望收益率。最后是实用性原则，实用性原则是指投资收益率的选取和计算要切合实际，具有较强的可操作性，能为人们所接受并自觉地在住宅价格管制实践中加以使用。

#### 5.5.3.2 客观合理投资收益率的构成

与其他产业投资相类似，一般住宅置业投资客观合理收益率由如下三个基本补偿构成。

（1）延期消费补偿 $i_1$。为了投资，置业投资者须延期其他方面的消费，因此

---

① 因为置业投资物业尚未转售出去，房价上涨的增值收入未兑现，所以称为账面收入。

客观合理投资收益率首先必须体现延期消费的补偿，即使该投资没有任何风险，这个对延期消费的补偿也是必需的，它也可理解为资本成本。通常可以用具有高度流动性而又无风险的长期国债利率 $R_f$ 来作为延期消费补偿率。

（2）通货膨胀补偿 $i_2$。二十多年前，学生花 0.2 元钱可以在大学食堂买到一块肉排，现在要花 2.5 元钱，通胀率 10 倍还不止。因此，多数投资者预期他们未来回收的钱比当前能买的东西要少，这就需要进行通货膨胀补偿。

（3）风险补偿 $i_3$。相对国债而言，置业投资风险大得多，显然仅考虑上述两种补偿是不够的。这就要求比无风险利率更高的利率作为风险补偿，超出部分即为风险溢价。[①] 风险补偿具体体现在购买力风险补偿、管理负担补偿、财务风险补偿及缺乏流动性补偿等，其中购买力风险指低估通货膨胀率的风险，即未来通货膨胀率可能高于已计入的 $i_2$。管理负担指投资者对资产的管理付出，这包括租金水平和租约条款的设定、租金的收取、寻找潜在租赁客户、时刻关注住宅资产价格波动、辨别资产是否还能吸引租户从而保证稳定的租金收入，等等。因此，资产管理作为一种负担，须对投资者进行一定的补偿。财务风险指住宅资产的净营业收入无法清偿还本付息债务的可能性，这是针对投资资金通过举债而来的。缺乏流动性风险指无法实现快速变现或为了快速出售而对价格大打折扣的风险，相对股票债券等资产而言，房地产是缺乏流动性的高风险资产。

风险补偿究竟应该有多大，这是各国学者一直争论不休的问题。经典的资本资产定价模型采用 $\beta[E(R_m) - R_f]$ 作为风险补偿，此处 $\beta$ 指住宅置业投资市场不可分散风险的标准化量度系数，可用历史数据通过回归方程求出。$E(R_m)$ 指置业投资的市场期望收益率，$R_f$ 指无风险收益率。

如上，客观合理投资基准收益率 $i_k = i_1 + i_2 + i_3$。实践中，我国通常使用风险调整值法来确定 $i_3$。无论如何，有一点很明确，即风险越高，风险补偿就越高，投资收益率也就越高。

## 5.5.4　置业投资房价涨幅上限管制实践分析

接着第 5.4 节中的楼盘实例，政府对开发项目实行客观合理利润率管制后，楼盘管制均价为 4320 元/平方米，假定某个置业投资者以此价格购入该楼盘中一面积为 100 平方米的套房，总价 432000 元。由于属于投资行为，因此按揭为八成，首付按两成计算，即首付款为 86400 元，申请商业个人住房抵押贷款额为 345600 元，20 年还清。房屋进行简单装修出租，每平方米费用取为 200 元，总装修费用为 20000 元。由于政府管制投资者五年内的转售收益，因此，此例按照持有期五年分析。

2006 年 8 月 19 日起金融机构人民币五年以上按揭年利率 6.84%，同时商业

---

① 威廉·F·夏普：《投资组合理论与资本市场》，机械工业出版社 2001 年版，第 117 页。

性个人住房贷款利率的下限由贷款基准利率的 0.9 倍扩大为 0.85 倍。因此，五年以上个人商业住房抵押贷款年利率为：6.84% ×0.85 = 5.81%。由于月供按月偿还，所以按揭贷款年实际利率为 $i = \left(1 + \dfrac{5.81\%}{12}\right)^{12} - 1 = 5.97\%$，[①] 则按揭贷款年还本付息额如表 5 – 15 所示。

表 5 – 15　　　　　　　　　　置业投资按揭贷款还本付息额

|  | 第一年 | 第二年 | 第三年 | 第四年 | 第五年 |
|---|---|---|---|---|---|
| 期初贷款余额 | 345600.00 | 336174.68 | 326186.66 | 315602.36 | 304386.18 |
| 期末贷款余额 | 336174.68 | 326186.66 | 315602.36 | 304386.18 | 292500.39 |
| 当年贷款偿还额 | 30057.64 | 30057.64 | 30057.64 | 30057.64 | 30057.64 |
| 当年本金偿还额 | 9425.32 | 9988.01 | 10584.30 | 11216.18 | 11885.78 |
| 支付利息 | 20632.32 | 20069.63 | 19473.34 | 18841.46 | 18171.86 |

　　由表 5 – 15 可知，至第五年末尚有 292500.39 元的贷款未还完。由于该楼盘位置较佳，预计本套房月租金为 3000 元，潜在年租金总收入为 3000 × 12 = 36000（元）。空置和收租损失取潜在租金总收入的 10%，即为 3600 元。包括物业管理费用和维修费用的物业运营费用，每年按照潜在总租金收入的 10% 计，也为 3600 元。个人出租房屋取得租金收入，按规定需要缴纳营业税、城市维护建设税、教育费附加、房产税、印花税和个人所得税。其中：（1）营业税。即对租金收入按照服务业税目来计算应缴纳的营业税，具体计算公式为：每月应纳营业税税额 = 月租金收入 × 适用税率。中国国家税务总局规定出租居民住房，适用 3% 的优惠税率。（2）城市维护建设税。按照营业税税额计算缴纳，计算公式为：应纳城市维护建设税税额 = 实际缴纳的营业税税额 × 适用税率。城市维护建设税的适用税率有三个档次：个人所在地为市区的，适用税率为 7%；个人所在地为县城、镇的，适用税率为 5%；个人所在地不在市区、县城或镇的，适用税率为 1%。这里适用税率为 7%。（3）教育费附加。按照营业税税额计算缴纳，计算公式为：应纳教育费附加 = 实际缴纳的营业税税额 × 3%。由此，营业税、城市维护建设税和教育费附加三项之和为租金收入的 3.3%，即为 36000 × 3.3% = 1188（元）。（4）房产税。房产税的税额按照租金收入计算缴纳，计算公式为：每月应纳房产税税额 = 月租金收入 × 适用税率。如果出租的是营业用房，适用税率为 12%；如果出租的是居民住房，适用 4% 的优惠税率，因此，这里为 36000 × 4% = 1440（元）。[②] 得到如表 5 – 16 所示的置业投资净经营收入。

---

表 5 - 16　　　　　　　　　　置业投资年净经营收入的计算表　　　　　　　　单位：元

| 项目 | 第一年 | 第二年 | 第三年 | 第四年 | 第五年 |
|---|---|---|---|---|---|
| 潜在租金总收入 | 36000 | 36000 | 36000 | 36000 | 36000 |
| 空置损失及坏账损失 | 3600 | 3600 | 3600 | 3600 | 3600 |
| 物业和维修费用 | 3600 | 3600 | 3600 | 3600 | 3600 |
| 营业税 | 1188 | 1188 | 1188 | 1188 | 1188 |
| 房产税 | 1440 | 1440 | 1440 | 1440 | 1440 |
| 净经营收入 | 26172 | 26172 | 26172 | 26172 | 26172 |

　　根据《个人所得税法》的规定，财产出租也应当缴纳个人所得税，而应税收入应扣减折旧与偿还银行的按揭利息。该楼盘楼面地价还是按 744 元/平方米计，则地价总值为 74400 元，房屋价值为 357600 元，按照 30 年折旧，每年折旧额为 11920 元，持有期五年的总折旧为 59600 元。则所得税及税后经营收入计算如表 5 - 17 所示。

表 5 - 17　　　　　　　　　　　所得税及税后经营收入表　　　　　　　　　　单位：元

| 项目 | 第一年 | 第二年 | 第三年 | 第四年 | 第五年 |
|---|---|---|---|---|---|
| 净经营收入 | 26172 | 26172 | 26172 | 26172 | 26172 |
| 减：折旧 | 11920 | 11920 | 11920 | 11920 | 11920 |
| 减：利息 | 20632.32 | 20069.63 | 19473.34 | 18841.46 | 18171.86 |
| 应税收入或亏损 | -6380.32 | -5817.63 | -5221.34 | -4589.46 | -3919.86 |
| 加：折旧 | 11920 | 11920 | 11920 | 11920 | 11920 |
| 减：本金偿还 | 9425.32 | 9988.01 | 10584.30 | 11216.18 | 11885.78 |
| 税前收入或亏损 | -3885.64 | -3885.64 | -3885.64 | -3885.64 | -3885.64 |
| 加所得税节省* | 2105.50 | 1919.81 | 1723.04 | 1514.52 | 1293.55 |
| 税后收入或亏损** | -1780.14 | -1965.83 | -2162.6 | -2371.12 | -2592.09 |

　　注：*税收节省指该投资者因此处的亏损而导致对其他投资收入产生的税收抵扣。数值 = 应税收入或亏损的 33%。
　　**此处所谓的亏损是按揭还本付息的缘故。

　　由此，我们得到住宅出租收入与按揭还本付息部分的所得税后净现金流，即为表 5 - 17 中的税后收入或亏损。表中的年税后净现金流 = 潜在租金总收入 - 空置损失及坏账损失 - 物业和维修费用 - 税费 - 按揭年还本付息。其净现值为：

$$PV_1 = -1780.14(1 + i_k)^{-1} - 1965.83(1 + i_k)^{-2} - 2162.6(1 + i_k)^{-3}$$
$$- 2371.12(1 + i_k)^{-4} - 2592.09(1 + i_k)^{-5}$$

式中客观合理投资基准收益率 $i_k$ = 资本成本 + 风险补偿率 + 通货膨胀补偿

率，其中资本成本取 1~3 年期贷款利率为 6.30% ，住宅产业风险补偿率可取
3% ，通货膨胀补偿率取 2% ，所以投资基准收益率定为 $i_k = i_1 + i_2 + i_3 = 6.30\% + 3\% + 2\% = 11.3\%$ ，将其代入 $PV_1$ 式，求出 $PV_1 = -7818$ 元。显然，仅从租赁收入与按揭还本付息抵扣角度，投资住宅并不赚钱。因此，中国置业投资者往往寄希望于房价上涨能给其带来更多的投资回报，结果容易爆炒房价，引发房地产市场泡沫。而为了防止市场投机泡沫，政府必须对置业投资房价涨幅上限进行管制，假定受到管制的二手房市场房价年涨幅上限为 $g^*$（$\beta = 0$），下面，我们进一步分析政府应如何确定 $g^*$ 值。

房价原始买入价为 432000 元，每年涨幅最多不超过 $g^*$，可以允许低于 $g^*$，因此，我们假定市场比较热时年涨幅只能为 $g^*$。则该住宅 5 年末出售价格为 $432000 (1 + g^*)^5$，根据规定持有期 5 年内出售要上缴所得税，所得税率为 20%。出售应缴纳的所得税计算如表 5-18 所示，其中出售支出包括手续费和中介费用等，按出售价格的 3% 计算。

**表 5-18**                 出售房子时应缴纳的所得税及税后收益               单位：元

| 项目 | 数额 | 备注 |
|---|---|---|
| 房屋原值 | 357600 | |
| 年折旧额 | 11920 | |
| 五年总折旧额 | 59600 | |
| 扣折旧后房屋原值的剩余 | 298000 | 357600 - 59600 |
| 加：土地价值 | 74400 | |
| 折旧后住宅原值的剩余 | 372400 | |
| 出售总收入 | $432000 (1 + g^*)^5$ | |
| 减：出售支出 | $432000 (1 + g^*)^5 \times 3\%$ | |
| 减：营业税及附加（5.55%） | $432000 (1 + g^*)^5 \times 5.55\%$ | |
| 净出售收入 | $432000 (1 + g^*)^5 \times 91.45\%$ | |
| 减：折旧后住宅原值的剩余 | 372400 | |
| 应税出售收入 | $432000 (1 + g^*)^5 \times 91.45\% - 372400$ | |
| 所得税 | $[432000 (1 + g^*)^5 \times 91.45\% - 372400] \times 20\%$ | |
| 净出售收入 | $432000 (1 + g^*)^5 \times 91.45\%$ | |
| 减：所得税 | $[432000 (1 + g^*)^5 \times 91.45\% - 372400] \times 20\%$ | |
| 税后出售收入 | $[432000 (1 + g^*)^5 \times 91.45\%] \times 80\% + 372400 \times 20\%$ | |
| 减：剩余贷款偿还 | 292500.39 | |
| 税后净现金流 | $316051.2 (1 + g^*)^5 - 218020.39$ | |

表 5 – 18 中的税后净现金流 = 出售收入 – 出售支出 – 营业税 – 所得税 – 剩余贷款偿还。该房价出售收入的税后净现金流现值为：

$$PV_2 = [316051.2(1 + g^*)^5 - 218020.39](1 + i_k)^{-5}$$

该投资所有收支（包括首付和装修的权益投资）现金流的净现值如下式所示。

$$NPV = 首付 + 装修 + 经营期出租收入现值（PV_1）+ 出售收入现值（PV_2）$$
$$= -86400 - 20000 - 7818 + [316051.2(1 + g^*)^5 - 218020.39](1 + i_k)^{-5}$$

基于客观合理收益率的置业投资房价涨幅上限管制就是在政府管制二手房价格情况下，使得投资者的 NPV = 0，即确保他只能获得客观合理基准投资收益率 $i_k$，而不是投机爆炒下的暴利。因此，令 NPV = 0，$i_k = 11.3\%$，则有

$$-86400 - 20000 - 7818 + [316051.2(1 + g^*)^5 - 218020.39](1 + 11.3\%)^{-5} = 0$$

可求出房价涨幅上限 $g^* = 5.5\%$，也就是说，每年二手房价格允许涨幅 5.5% 之下，住宅置业投资者每年仍然可以获得 11.3% 的投资收益率，这也是对其从事流动性差的高风险住宅置业投资的回报。

该楼盘经过政府的联动管制后，其一手新房出售价格应不高于 4320 元/平方米，在置业投资者买入后的第五年末，该住宅出售价格不能超过 $4320(1 + 5.5\%)^5 = 5646$ 元/平方米。

但是，实际情况却是该楼盘 2006 年 10 月份的销售均价已经高达 7454 元/平方米，[①] 这仅距离其 2004 年 1 月份开盘不到三年时间，而当时的开盘均价已经达到 5225 元/平方米。可见，政府对市场价商品房进行联动管制的必要性和紧迫性。

---

① 王阿忠、周琴：《2006 年 10 月份福房指数市场分析报告》，海峡都市报，2006 – 10 – 18. (10)。

# 第 6 章

# 信息不对称下住宅价格
# 博弈与政府管制

　　微观经济学关于完全竞争市场结构的前提是市场交易的商品信息完全充分，商品信息不充分就会使交易者处于逆向选择和道德风险困境中，造成市场效率低下，引发交易的商品价格失效。由于住房价格的影响因素多而复杂，包括有一般因素、城市区位经济因素和住宅自身的个别因素，一般购房者无法了解住宅价格形成的复杂性。相反，住宅商品的供给方却利用手中的信息资源优势，制造供不应求的紧张气氛，过度策划包装"概念性"楼盘商品来扰乱买方对房价的判断标准，以达到提高房价的目的，因此，住宅市场存在严重的信息不对称。本章将通过分析住宅价格的微观形成机理，来建立正确的客观合理价格判断标准，基于深入分析信息不对称下的房价博弈的不稳定均衡，提出价格激励性经济管制的设想。

## 6.1　中国住宅市场信息不对称与房价失效

### 6.1.1　中国住宅市场信息不对称的体现与房价失效

　　市场交易的商品信息不对称是反映市场一方参与人拥有但另一方参与人不拥有商品信息的状态。由于住宅商品自身的特性，造成影响住宅价格的因素多而繁杂，即使是房地产专业研究人员也必须通过建立极为复杂的价格指数模型，才能对市场做出较为准确的判断，但是要准确预测未来走势也非易事。而对于一般消费者而言，要准确估计出价格是高或是低，抑或预测未来价格是上涨还是下跌，这几乎是不可能的。他们只能根据历史价格数据来推测未来，而由于没有只涨不跌的资产价格，所以这样做风险极大。由于无法判断价格的变化走势，买房者对房价短期的上涨或下跌反应迟钝，或者说不太在乎短期价格变化，许多房产产权拥有者都是做好中长期持有的打算。由于商品价格信息不对称，使得拥有价格信息优势的一方——商品供给者获得了足够的炒作空间。目前我国住宅商品信息不对称造成房价失效的主要体现是：

#### 6.1.1.1　住宅开发成本收益信息不对称

住宅商品房是特殊的大宗消费品和投资品，从土地"招拍挂"、开发项目前期策划、开发环节建安成本、配套设施直至销售环节成本税费等，投入的各项开支构成繁杂，开发商自己清楚，而普通消费者面对复杂的房地产价格影响因素，无从得知，甚至也不想知道。开发成本信息的不对称给开发企业定价留下了很大的操作空间，由于没有参照对象，企业定价就存在很大的随意性和隐蔽性，开发企业凭此信息优势获取很高的开发成本利润率，因此，他们把开发成本秘密予以精心呵护，是任何人都不可侵犯的"圣殿"。这样就出现了如下一些怪事：某市一"诚实"开发商在卖房时，由于公布楼盘的成本信息，而被当地房地产开发企业协会"拒之门外"；北京某大学教授针对高房价发表观点认为应该以成本加合理利润定价，结果引来一片嘲笑："都啥时候了，还有成本价！"；2005 年 8 月，福州市物价局在接受新华社记者采访中公开了该市具有代表性开发项目商品房的"成本清单"，在全国率先揭示住宅产业开发楼盘的成本利润率，其平均值在 50% 以上，这不亚于在地产界引发了大地震。福州"成本清单"事件本意是想藉此引起人们对开发成本的关注，然而，该事件随之而来的不是"鲜花和美酒"，而是一片质疑和指责，最后只好草草收场，不了了之。由此可见，市场中利益集团控制市场价格的力量是很强大的，价格串谋者自然不愿意媒体去讨论他们的成本与利润数字。

#### 6.1.1.2　住宅市场供给信息不对称

住宅商品的供给滞后于需求，且其投资开发的资金量大，住宅产业是属于资本密集型的产业，如果已开发建设的项目没人要，形成烂尾楼，不但会造成社会资源的浪费，而且会带来资金风险，因此，许多国家和地区都允许出售期房。既然是期房，项目还在建设，开发商就不急于预售，先通过广告宣传再选择最佳时机出售，以便卖个好价钱。同时，为了制造供给紧张，他们囤积房源，甚至安排员工假装买房者到销售现场烘托气氛，来调动市场的购房热潮，许多楼盘往往开盘不久就宣告售罄。另外，通过销售心理暗示达到紧张目的，消费者去买房时，听到频率最高的一句话是：这是最后一套房子了，前几天有个人想要，你若不要，明天就没有了。这种现象与当前市场主流观点所说的由于"供不应求"造成房价上涨的结论明显不符，如果"求"的都是有利可图的炒房者，那供得再多也是不够的。这说明市场不仅仅是开发企业在控制供给，房产中介也参与囤积房源，从而达到抬高房价，获取投机利益的目的。"房子不是用来住的，而是用来炒的"现象太普遍了，极不正常。

#### 6.1.1.3　住宅价格信息不对称

住宅产品的异质性决定了任何两套房子都不可能完全相同，也决定了它们价格是不同的。但是，这仅是影响房价的微观方面因素，还有区域经济和宏观政策方面因素也会影响房价。因而，要完全掌握住宅价格方面的信息是很难的，价格信息的不对称，使开发企业有自行定价强势，通常企业开发住宅项目采用的价格策划方法是：先将项目分期开发，然后在同一地块位置上，后期开发项目的定价总是比先期开发的定价高，演绎着房价只涨不跌的"神话"，"逼"着消费者赶紧买，让其产生越早买越便宜的购房冲动。而住宅价格信息不对称、不透明，引起消费者对价格失去理性判断，由此因紧张而引发逆反行为，越涨价越抢购，买涨不买跌。而且房屋是生活必需品，需求价格弹性低，需求量的变动对价格变动不敏感，开发商易于运用高价格策略获取垄断利润，即产生了买方信息不足下的"非价格竞争"（西托夫斯基，1990），因此，在信息不对称与价格哄抬下，住宅价格难以达到市场均衡的价格点，由此产生了价格失效。

### 6.1.1.4 住宅品质信息不对称

住宅品质主要表现在结构、面积、户型设计、配套设施、建筑质量、小区绿化景观等方面。任何事情都有利弊两面性，预售房可以规避开发的市场风险，但是作为期房，其信息比现房更不透明，建成的小区配套景观、绿化带往往与承诺过的差之千里。当然，即便是现房，从其可见的外表也难以看出建筑材料和设备质量的优劣、地基和结构的缺陷等。实际上开发商自己也不清楚建筑质量，只有建筑承包商知道。住宅品质、质量信息不对称易于使信息优势一方最大限度地增进自身效用的同时做出不利于另一方的行动，引发住宅期房开发中不履行合约的道德风险，从而造成目前住宅产业纠纷与投诉居高难下，市场中存在"柠檬"（阿克洛夫，1970）问题，[①] 严重损害了公众利益。为了使房子热销，开发商向消费者传递的信息往往不真实，他们通过广告强化优势、掩盖瑕疵。首先在住宅项目的名称上，都取得富有诗意，让人看了就动心。其次，在小区内部设计上，更是"登峰造极"，深圳一开发企业在北京开发某项目，使用最接近大自然的居住概念，实际上就是在小区中栽种十几棵树来代表大森林；挖个坑，灌些水就变成"无敌水景"。这样策划的结果，使其房价比与它相邻的同档次开发项目贵了一千多元。这种过度包装的住宅并没有真正去提升住宅品质，因此建好一看，远非原来想象的那样也就不足为奇了。这种包装策划思想最开始来自于1997年深圳房地产策划研讨会上的一句话——"住宅不等于钢筋加水泥"。但是，"过犹不及"，策划被过度使用了就走向反面，该现象的实质是开发企业将低品质、低档次的住宅通过策划包装披上华丽的住宅外衣而获得了高价格，高价不等于高品质，通过"外衣"，低品质住宅也可以卖出高价，从而推动着住宅价格整体的高涨，造成房价失效。目前，开发企业炒高房价获取暴利的最为重要的手段之一就是利用消费者对住宅品质的信息不对称。

---

① Akerlof, G. The market for lemons. Qualitative Uncertainty and the Market Mechanism. Quarterly Journal of Economics, 1970, (84): pp. 488-500.

基于经典二手车市场信息不对称的传统研究认为：信息不对称引发的产品质量问题会使消费者产生逆向选择，并最终导致"柠檬"市场的崩溃，但是现实存在的信息不对称市场都少有崩溃现象。因此，对其改进的研究认为当市场缺乏管制且销售商非常短视只看重当前的利益时，才会出现市场的低效与崩溃（Heal，1976）。逆向选择和道德风险等都是由非对称信息引起的，该状况发生时，市场价格体系通常不反映市场供求，失效价格更可能是虚假经济信号或市场信息的反映（Grossman–Stiglitz，1980），目前我国住宅市场的房价失效与存在大量空置房及许多楼盘入住率低下的悖论似乎已经说明了这一点。

## 6.1.2　信息不对称下的房产投机与住宅商品使用价值

上述信息不对称引发的住宅价格失效实际上暗含着一个逻辑指向：交易双方信息不对称容易产生房价波动并诱发投机，投机的诱因是主观信念（Hirshleifer，1975），即随着价格的不断上升，将来会有更多的人以更高价格购买，因此，产生了一种现在购买将来就可获利的信念。而投机价格的形成则源于预期和交易行为，[①] 未来需求变化会对价格预期产生影响，并对价格走势形成正反馈。住宅既是大宗消费品，又当做"投资品"而非消费品，价值大的特性易于适合大资金的投资和投机运作，而房地产市场也确实存在投机（Muelltauer & Miphy，1997）。投机首先源于住宅商品交易价格的信息不对称，由此造成价格偏离了市场供求均衡点。随着价格的不断走高，价格上涨的信息反馈强化了房价投机炒作的主观信念，而交易行为中的信息不对称则进一步加剧了住房供给紧张的心理，房价上涨预期越发强烈，这一过程不断地循环反复，最终爆发房地产投机狂潮。房地产投机是房地产泡沫的前奏，狂热过度的投机使住宅价格完全背离了住宅实际使用价值的支撑基础，从而吹大泡沫。最早的房地产泡沫发生于 1923～1926 年的美国佛罗里达州，那次房地产投机狂潮曾引发了华尔街股市大崩溃，并最终导致了以美国为首的 20 世纪 30 年代的全球经济大危机。而 20 世纪 90 年代初期破裂的日本地价泡沫，可谓是历史上影响时间最长的房地产泡沫，从 1991 年地价泡沫破灭到现在，日本经济始终没有走出萧条的阴影，可见，房价投机泡沫的危害性。

房产投机表面上看是房价不断地上涨，其本质是市场价格与住宅商品使用价值不断背离的过程。住宅商品价格包含土地价格和房屋价格，而土地价格又包括土地资源价格和土地资产价格。土地是自然资源，非劳动产品，按照马克思的劳动价值论，土地没有价值。因此住宅使用价值对其价格具有重要的作用。[②] 住宅

---

① 周京奎：《房地产价格波动与投机行为——对中国 14 城市的实证研究》，载《当代经济科学》2005 年第 4 期，第 19～24 页。
② 土地也不是完全没有价值，因为土地开发和城市建设中都有凝结人类劳动，土地这部分以土地级差方式的价值体现。

商品的自然属性是用于满足人们"住"的需要，住宅商品物质能满足人们"住"需要的有用性，就是住宅商品的使用价值。由于现代生活水平的提高，"住"已经不是单纯意义上房子的概念，它包含有与满足人们"住"需求相关的各种功能属性，其中"住"是最基本的功能，体现在房屋结构、面积、户型、生活配套设施和建筑质量等方面。此外，还有次要功能和辅助功能，如交通便捷、自然环境、社区文化、舒适性等方面。实际上，住宅商品使用价值就是住宅品质。在信息不对称下，住宅市场价格与其自身的使用价值相背离的程度有轻有重，在泡沫出现之前还有个"过热"过程，政府若不加以管制，最终会演变为投机者已不再关心住宅自身的品质，只想从买卖转手中谋取短期利益，此时泡沫就会发生。如果我们不去分析研究住宅自身的使用价值，又如何才能知道价格与住宅品质背离到何种程度？如何去控制价格泡沫？如果购房者花大价钱购买的住宅，连其品质是怎样的都不清楚，那他只好关注它的市场价格上涨了！基于此分析，下面分析信息不对称的房价博弈将以住宅品质为客观合理价格的判断标准。

## 6.2 信息不对称下的房价博弈及不稳定纳什均衡

### 6.2.1 住宅品质与房价博弈模型构建

#### 6.2.1.1 成本、价格与住宅品质

为了便于分析信息不对称博弈中微观企业行为对房价变动的影响，须从复杂多变的房价关系中提炼出简单的分析要素，特此，本书首先做出如下定义：

定义：住宅品质①是指房屋结构、建筑面积、地段位置、户型设计、交通条件、配套设施、自然环境、社区文化、建筑质量、物业管理、升值预期、舒适性、小区绿化景观等"居住"要素有机构成的集合 X。

经济学中认为效用是消费者在消费物品或劳务中所感受到的满足程度，包含有客观物质和主观感受的满足，效用是可以量化的。住宅品质就具有满足人们"居住"欲望的客观物质属性和主观感受。另外，由于资源的有限性，住宅品质不可能是无限的，该集合是闭区间的。若住宅品质可用变量 x 表示，则 $x \in [0, X_m]$，住宅品质与住房价格和住宅开发成本正相关。

设价格品质函数 $P = F(x)$ 是住宅商品价格随住宅品质效用 x 变化而发生变化的价格函数。由于住宅价格 P 与住宅品质 x 是正相关关系，因此假定 $P = F(x)$

---

① 朱燕、李章华：《有序 Probit 模型在住宅市场分析中的作用》，载《土木工程学报》2003 年第 9 卷第 36 期，第 71~75 页。

是递增函数。

设开发成本品质函数是住宅商品开发成本随住宅品质效用变化而发生变化的函数，由于二者也是正相关关系，所以开发成本品质函数也是递增函数。

为了方便分析价格实践的问题，我们假设城市住宅商品房可按住宅品质从高到低分为 T 档（T = 1，2，3，…，t，…，N），即第 1 档品质高于第 2 档品质。

可得出以下命题：

命题 1：住宅商品房档次越高，由于价格品质函数是增函数，所以住宅商品房各档次的均价①也越高，即 t – 1 档（高档）住宅商品房均价 $P_{t-1}$ 严格高于 t 档（低档）的均价 $P_t$。

命题 2：住宅商品房档次越高，由于成本品质函数也是增函数，所以住宅商品房档次的平均开发成本也越高，即 t – 1 档（高档）住宅商品房开发的平均成本 $C_{t-1}$ 严格大于 t 档（低档）的平均成本 $C_t$。

从目前我国各城市住宅开发实际情况看，房地产企业普遍有开发高档次、高价位楼盘的偏好，原因是住宅档次越高，其收益也越高。经济适用房的利润率受 3% 的政府管制，因其收益低，而无人问津。当然，从社会经济发展来看，住宅品质的上升是一种必然的选择，城市居民也有住好房子的愿望，而市场也存在一种经济激励机制促使房地产企业不断开发高品质、高档次的住宅，消费者对于高档次商品住宅中一定范围内的超额利润也是可以接受的。因为，如果市场没有一定超额利润的激励，开发企业也就没有建造高品质住宅的动力，整个社会住宅的品质、档次就上不去，人们的居住水平就难以提高。另外，尽管品质价格函数与品质成本函数反映出价格、成本均与住宅品质正相关，但是，它们还是有本质的区别。品质与价格关系中主要是通过市场方式来确定需求者对住宅品质效用的出价，并最终由交易双方决定下来。而品质成本主要是从供给方——开发企业角度考虑开发出某住宅品质效用的商品房所投入的成本费用大小。追求利润最大化的企业总是在利润的驱使下，才会开发高品质住宅，因此，更高品质下的房价升幅会高于其开发成本的升幅。所以，有如下命题：

命题 3：随着住宅商品房的档次提升，其房价增长率大于其开发成本的增长率，多出部分即为高档次住宅的超额利润，在成熟市场该超额利润是客观合理的。

命题 3 说明住宅开发项目的收益随档次上升而严格递增，根据土地利用的最高层次和最佳使用 "highest and best use" 原则，② 作为理性经济人的开发企业，为了利益最大化，一般不会去开发与其经济实力不相符的相对低档的楼盘。但是，由于受到自然资源、资金和专业水平的约束限制，也不是所有的开发商都能建造高品质的楼盘，通常情况下，企业开发的楼盘档次定位总是在自身实力许可

---

① 档次均价指各档次住宅交易价格以成交量作权数的加权平均价格。
② 胡存智：《土地估价理论与方法》，北京地质出版社 2004 年版，第 16 页。

的范围内，然后再挑战高档次楼盘。为了分析便利，基于命题 2 和命题 3，做出开发企业最高档次最佳开发假设：

假设 1：利润最大化的开发企业在政策、资源、资金和专业等约束条件限制下，于其竞争力能力范围内总是在可建造的最高档次住宅品质和次高档次住宅品质之间随机选择开发，即开发企业凭其经济实力开发最高档次楼盘 $t-1$ 档的概率为 $q$，则开发次高档次 $t$ 档房的概率为 $(1-q)$。

### 6.2.1.2 信息不对称的房价博弈模型构建

假定开发商开发高档房 $t-1$ 档投入的每平方米平均成本①为 $C_{t-1}$，$t$ 档房为 $C_t$。正常情况下，$t-1$ 档房卖高价 $P_{t-1}$，$t$ 档卖低价 $P_t$，买者对 $t-1$ 档房愿出买价为 $B_{t-1}$，对 $t$ 档愿出买价为 $B_t$，一般要使房子成交，则 $B_{t-1} \geq P_{t-1}$，$B_t \geq P_t$，由于档次低，买者出价也低，有 $P_{t-1} > P_t$，$P_{t-1} > B_t$。信息不对称房价博弈模型基本假设如下：

（1）博弈参与方或局中人。在信息不对称房价博弈中，参与双方是市场中住宅商品的供给方开发企业 Ⅰ 和需求方购房者 Ⅱ。

（2）博弈行动。一般将博弈始点通过一个接一个的有向线段连接到博弈终点，就得到一条博弈的路径，并且在终点处附上一个博弈双方的赢得向量。有向线段的连接节点集可以划分为两两不相交的若干个子集，包括局中人的决策节点集等。本房价博弈的行动顺序是：根据前述最高档次最佳开发假设，在自然随机选择下，假定住宅产业任一开发企业凭其经济实力开发的最高档次楼盘 $t-1$ 档的概率为 $q$，开发次高档次 $t$ 档房的概率为 $(1-q)$，其中 $q \in [0, 1]$。企业无论开发其最高档次 $t-1$ 档，还是次高档次 $t$ 档楼盘，定价行动都有两个：高价、低价。在企业做出定价行动后，消费者面对高价或低价，相应的买卖行动也有两个：买、不买。

（3）博弈信息。博弈的信息非常重要，它会影响博弈的行为决策和结果。博弈树中，每个局中人的决策节点集可以划分为若干个两两不相交重合的信息集，信息集指局中人认为博弈可能已达到的节点的集合。图 6-1 中交易双方价格博弈信息不对称（asymmetric information），在这高、低档商品房交易中，因信息不对称，买者 Ⅱ 无法知道企业的定价行动，不知道企业开发住宅的档次是否与其定价相一致，分不清楚高价房中哪些是真货，哪些是以次充好，即如图 6-1 扩展型博弈模型中，对于局中人 Ⅱ 而言，存在两两不相交的信息集，由于这两个信息集的信息完全一样，分不开，所以必须用虚线将两信息集的节点连接起来，形成 Ⅱ 的信息集 S 和 T（如图 6-1 所示），在信息集上选定一行动，意味着在同一个信息集的所有节点均选定了同一个行动。在完美信息博弈中，每个信息集都是单节的，否则，为不完美，显然，该房价博弈是不完美信息博弈。而且它也是不完全信息博弈，这是因为从"自然节点"始点出发的博弈路径，这一开始行动对购房者而言信息是不可观测的。[①]

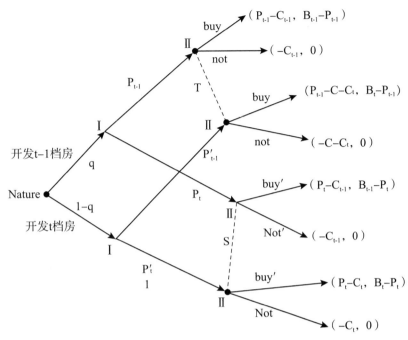

图6-1　信息不对称下房价动态博弈树

（4）博弈策略。策略指局中人在他的每个信息集都选定一个行动，是参加博弈的一个完整计划。博弈双方各有2个不相交的信息集（其中虚线相连的多个信息节点看成相同的信息集），每个集有两个行动供选择，两两组合，博弈双方各有4个纯策略。而局中人i的策略集或策略空间是其可行策略的集合，[②] 因此，企业的策略空间就是 $S_1$ = {（开发高档房定高价，开发低档房定高价），（开发高档房定高价，开发低档房定低价），（开发高档房定低价，开发低档房定高价），（开发高档房定低价，开发低档房定低价）}，四个行动纯策略。若开发高档房定高价用符号 $P_{t-1}$ 表示，开发低档房定高价用 $P'_{t-1}$ 表示，则第一个策略（开发高档房定高价，开发低档房定高价）可表示为 $P_{t-1}P'_{t-1}$；同理，开发高档房定低价用 $P_t$ 表示，开发低档房定低价用 $P'_t$ 表示，第二至四个策略分别用符号表示为 $P_{t-1}$ $P'_t$、$P_tP'_{t-1}$、$P_tP'_t$。这样，开发企业 I 的策略空间用符号表示为 $S_1$ = { $P_{t-1}P'_{t-1}$，$P_{t-1}P'_t$，$P_tP'_{t-1}$，$P_tP'_t$ }。

这是一个动态的博弈过程，当企业根据市场状况进行定价决策行动后，购房者才采取应对行动，由于信息阻断，他（她）不知道高价房中哪些是正品，

① 艾里克·拉斯缪森：《博弈与信息——博弈论概论》，北京大学出版社2003年版，第46~49页。
② 艾里克·拉斯缪森：《博弈与信息——博弈论概论》，北京大学出版社2003年版，第6页。

哪些是以次充好。因此，购房者的策略空间是 $S_{II}$ ＝｛（逢高价买，逢低价买）、（逢高价买，逢低价不买）、（逢高价不买，逢低价买）、（逢高价不买，低价均不买）｝，也是四个纯策略。逢高价买和不买分别用符号 B、N 表示；逢低价买和不买分别用符号 B′、N′ 表示，则购房者 II 的策略空间可表示为 ｛BB′、BN′、NB′、NN′｝。

（5）博弈赢得或支付。博弈双方赢得大小取决于两者在博弈中不同的策略选择组合。开发企业的赢得表示为 $Y^1$ ＝收入－支出，购房者的赢得表示为 $Y^2$ ＝买价－卖价，博弈双方赢得向量为（$Y^1$，$Y^2$）。作为利润最大化的利益主体开发商，拥有信息优势，他会利用各种手段使市场供求紧张，从而在住宅品质上存在以次充好、将低档房经过策划"包装"后、按高价出售的价格欺诈行为。假定开发商包装低档房（t）当作高档房（t－1）卖的花费为每平方米为 C，因信息不对称，C 值不可能很大，不妨设 $P_t$＞C（＞符号表示"大大于"）。

这样在价格博弈中，开发商开发高档房，定高价，买者买时，开发商赢得是 $P_{t-1}$－$C_{t-1}$，买者赢得则是 $B_{t-1}$－$P_{t-1}$，赢得向量为（$P_{t-1}$－$C_{t-1}$，$B_{t-1}$－$P_{t-1}$）；若不买，则开发企业亏损 $C_{t-1}$，购房者赢得为 0，赢得向量为（－$C_{t-1}$，0）。而开发低档房，经过包装定高价时，开发商赢得是 $P_{t-1}$－C－$C_t$（存在暴利），买者赢得则是 $B_t$－$P_{t-1}$，为负效用，赢得向量为（$P_{t-1}$－C－$C_t$，$B_t$－$P_{t-1}$）；若无人买，则开发企业亏损 C＋$C_t$，购房者赢得为 0，赢得向量为（－C－$C_t$，0）。同理，开发高档房定低价，消费者买时，赢得向量为（$P_t$－$C_{t-1}$，$B_{t-1}$－$P_t$）；不买时，赢得向量为（－$C_{t-1}$，0）。开发低档房定低价，买时的赢得向量为（$P_t$－$C_t$，$B_t$－$P_t$），没人买时，赢得向量为（－$C_t$，0）。由此，就得到博弈树枝末端的博弈双方赢得向量如图 6－1 所示，即通过上述基本假设，我们构建信息不对称下住宅商品房价格扩展型博弈树如图 6－1 所示，始发点为自然状态。

## 6.2.2 信息不对称房价博弈多重纳什均衡解

我们可以将该博弈树转化为策略型（也称标准型）来求纳什均衡解，此博弈的策略型博弈一般式可表示为 ｛P，S ＝（$s^1$，…，$s^n$），$\prod$ ＝（$\pi^1$，…，$\pi^n$）｝，说明其必须要具备概率 P、策略 S 及赢得向量 $\prod$ 等三个要素。博弈双方各有 4 个纯策略，则可用 $2^2 \times 2^2$ 策略矩阵来表示（见表 6－1）。由于从自然状态出发的博弈，开发高档房概率为 q，开发低档房概率为 1－q，因此，必须求出矩阵表中各策略横断面下的期望赢得向量 $\pi^m$(S，P)＝（$\pi_{ij}^I$，$\pi_{ij}^{II}$），[①] 其中 m 为局中人 I 和 II，求取过程如下：

---

① 每个局中人都选定一个纯策略，就构成一个策略横断面。

表 6-1　　　　　　　　　　信息不对称下房价博弈策略型

购房者 II

| | BB′ | BN′ | NB′ | NN′ |
|---|---|---|---|---|
| $P_{t-1}P'_{t-1}$ | $(\pi^{I}_{11},\ \pi^{II}_{11})$ | $(\pi^{I}_{12},\ \pi^{II}_{12})$ | $(\pi^{I}_{13},\ \pi^{II}_{13})$ | $(\pi^{I}_{14},\ \pi^{II}_{14})$ |
| $P_{t-1}P'_{t}$ | $(\pi^{I}_{21},\ \pi^{II}_{21})$ | $(\pi^{I}_{22},\ \pi^{II}_{22})$ | $(\pi^{I}_{23},\ \pi^{II}_{23})$ | $(\pi^{I}_{24},\ \pi^{II}_{24})$ |
| $P_{t}P'_{t-1}$ | $(\pi^{I}_{31},\ \pi^{II}_{31})$ | $(\pi^{I}_{32},\ \pi^{II}_{32})$ | $(\pi^{I}_{33},\ \pi^{II}_{33})$ | $(\pi^{I}_{34},\ \pi^{II}_{34})$ |
| $P_{t}P'_{t}$ | $(\pi^{I}_{41},\ \pi^{II}_{41})$ | $(\pi^{I}_{42},\ \pi^{II}_{42})$ | $(\pi^{I}_{43},\ \pi^{II}_{43})$ | $(\pi^{I}_{44},\ \pi^{II}_{44})$ |

开发企业 I （位于表格左侧）

首先，由图 6-1 可知，企业 I 开发高档房 (t-1) 概率为 q，选择定高价行动；而开发低档房 (t) 概率为 1-q，选择经过"包装"后定高价行动，策略为 $P_{t-1}P'_{t-1}$。对应于买者 II 策略无论高价还是低价均购买，即 BB′，由图 6-1 知，开发企业两条定高价以及购房者买的路径所对应的赢得向量分别是：$(P_{t-1}-C_{t-1},\ B_{t-1}-P_{t-1})$ 和 $(P_{t-1}-C-C_{t},\ B_{t}-P_{t-1})$，将其与相应的开发概率相乘，就得到表 6-1 中策略横断面 $S\langle P_{t-1}P'_{t-1},\ BB'\rangle$ 下的期望赢得 $(\pi^{I}_{11},\ \pi^{II}_{11})$ $(S\langle P_{t-1}P'_{t-1},\ BB'\rangle,\ P\langle q,\ 1-q\rangle)$，即：$(\pi^{I}_{11},\ \pi^{II}_{11}) = \{q(P_{t-1}-C_{t-1},\ B_{t-1}-P_{t-1})+(1-q)(P_{t-1}-C-C_{t},\ B_{t}-P_{t-1})\}$

$= \{q(P_{t-1}-C_{t-1})+(1-q)(P_{t-1}-C-C_{t}),\ q(B_{t-1}-P_{t-1})+(1-q)(B_{t}-P_{t-1})\}$

同理，在策略横断面 $S\langle P_{t-1}P'_{t-1},\ BN'\rangle$ 下，由于开发企业无论高档还是低档房都定高价，因此，不会经过购房者"逢低价不买 N′"的路径，只经过"逢高价买 B"的路径。赢得向量还是 $(P_{t-1}-C_{t-1},\ B_{t-1}-P_{t-1})$ 和 $(P_{t-1}-C-C_{t},\ B_{t}-P_{t-1})$，可参见图 6-1。则 $(\pi^{I}_{12},\ \pi^{II}_{12})$ 的期望赢得为：

$(\pi^{I}_{12},\ \pi^{II}_{12}) = \{q(P_{t-1}-C_{t-1},\ B_{t-1}-P_{t-1})+(1-q)(P_{t-1}-C-C_{t},\ B_{t}-P_{t-1})\}$
$= \{q(P_{t-1}-C_{t-1})+(1-q)(P_{t-1}-C-C_{t}),\ q(B_{t-1}-P_{t-1})$
$+ (1-q)(B_{t}-P_{t-1})\}。$

对于 $S\langle P_{t-1}P'_{t-1},\ NB'\rangle$，尽管开发企业均定高价，但是，购房者逢高价不买，低价才买，在此种情况下，路径末端的赢得向量为 $(-C_{t-1},\ 0)$ 和 $(-C-C_{t},\ 0)$，因此期望赢得 $(\pi^{I}_{13},\ \pi^{II}_{13})$ 为：

$(\pi^{I}_{13},\ \pi^{II}_{13}) = \{q(-C_{t-1},\ 0)+(1-q)(-C-C_{t},\ 0)\}$
$= \{q(-C_{t-1})+(1-q)(-C_{t}-C),\ 0\}。$

由于策略 $S\langle P_{t-1}P'_{t-1},\ NN'\rangle$ 下，消费者都不买，所以其路径与 $S\langle P_{t-1}P'_{t-1},\ NB'\rangle$ 路径得到的赢得向量相同，即有：

$(\pi^{I}_{14},\ \pi^{II}_{14}) = \{q(-C_{t-1},\ 0)+(1-q)(-C-C_{t},\ 0)\}$
$= \{q(-C_{t-1})+(1-q)(-C_{t}-C),\ 0\}。$

同理，在企业采取策略 $P_{t-1}P'_{t}$ 下，可得到其相应策略横断面的期望赢得，分别为：

$$(\pi_{21}^{I}, \pi_{21}^{II}) = \{q(P_{t-1} - C_{t-1}, B_{t-1} - P_{t-1}) + (1-q)(P_t - C_t, B_t - P_t)\}$$
$$= \{q(P_{t-1} - C_{t-1}) + (1-q)(P_t - C_t), q(B_{t-1} - P_{t-1}) + (1-q)(B_t - P_t)\}$$

$$(\pi_{22}^{I}, \pi_{22}^{II}) = \{q(P_{t-1} - C_{t-1}, B_{t-1} - P_{t-1}) + (1-q)(-C_t, 0)\}$$
$$= \{q(P_{t-1} - C_{t-1}) - (1-q)(C_t), q(B_{t-1} - P_{t-1})\}$$

$$(\pi_{23}^{I}, \pi_{23}^{II}) = \{q(-C_{t-1}, 0) + (1-q)(P_t - C_t, B_t - P_t)\}$$
$$= \{q(-C_{t-1}) + (1-q)(P_t - C_t), (1-q)(B_t - P_t)\}$$

$$(\pi_{24}^{I}, \pi_{24}^{II}) = \{q(-C_{t-1}, 0) + (1-q)(-C_t, 0)\}$$
$$= \{q(-C_{t-1}) - (1-q)(C_t), 0\}$$

在企业采取策略 $P_t P_{t-1}'$ 下，其相应策略横断面的期望赢得分别为：

$$(\pi_{31}^{I}, \pi_{31}^{II}) = \{q(P_t - C_{t-1}, B_{t-1} - P_t) + (1-q)(P_{t-1} - C_t - C, B_t - P_{t-1})\}$$
$$= \{q(P_t - C_{t-1}) + (1-q)(P_{t-1} - C_t - C), q(B_{t-1} - P_t) + (1-q)(B_t - P_{t-1})\}$$

$$(\pi_{32}^{I}, \pi_{32}^{II}) = \{q(-C_{t-1}, 0) + (1-q)(P_{t-1} - C_t - C, B_t - P_{t-1})\}$$
$$= \{q(-C_{t-1}) + (1-q)(P_{t-1} - C_t - C), (1-q)(B_t - P_{t-1})\}$$

$$(\pi_{33}^{I}, \pi_{33}^{II}) = \{q(P_t - C_{t-1}, B_{t-1} - P_t) + (1-q)(-C_t - C, 0)\}$$
$$= \{q(P_t - C_{t-1}) - (1-q)(C_t + C), q(B_{t-1} - P_t)\}$$

$$(\pi_{34}^{I}, \pi_{34}^{II}) = \{q(-C_{t-1}, 0) + (1-q)(-C_t - C, 0)\}$$
$$= \{q(-C_{t-1}) - (1-q)(C_t + C), 0\}$$

在企业采取策略 $P_t P_t'$ 下，其相应策略横断面的期望赢得分别为：

$$(\pi_{41}^{I}, \pi_{41}^{II}) = \{q(P_t - C_{t-1}, B_{t-1} - P_t) + (1-q)(P_t - C_t, B_t - P_t)\}$$
$$= \{q(P_t - C_{t-1}) + (1-q)(P_t - C_t), q(B_{t-1} - P_t) + (1-q)(B_t - P_t)\}$$

$$(\pi_{42}^{I}, \pi_{42}^{II}) = \{q(-C_{t-1}, 0) + (1-q)(-C_t, 0)\}$$
$$= \{q(-C_{t-1}) + (1-q)(-C_t), 0\}$$

$$(\pi_{43}^{I}, \pi_{43}^{II}) = \{q(P_t - C_{t-1}, B_{t-1} - P_t) + (1-q)(P_t - C_t, B_t - P_t)\}$$
$$= \{q(P_t - C_{t-1}) + (1-q)(P_t - C_t), q(B_{t-1} - P_t) + (1-q)(B_t - P_t)\}$$

$$(\pi_{44}^{I}, \pi_{44}^{II}) = \{q(-C_{t-1}, 0) + (1-q)(-C_t, 0)\}$$
$$= \{q(-C_{t-1}) - (1-q)(C_t), 0\}。$$

在已知期望赢得向量 $\pi^m(S, P)$ 下，对于表 6-1，可用最大值划线法求出纳什均衡。首先，由于信息不对称使得开发商花费的"包装费" C 不会太多，这是因为"包装"的目的为了赚更多钱，花费太高，不如不包装。我们不妨设 $P_{t-1} - C > P_t$，则有 $(1-q)(P_{t-1} - C - C_t) > (1-q)(P_t - C_t)$。

又由于 $\pi_{11}^{I} = q(P_{t-1} - C_{t-1}) + (1-q)(P_{t-1} - C - C_t)$；$\pi_{21}^{I} = \pi_{41}^{I} = q(P_{t-1} - C_{t-1}) + (1-q)(P_t - C_t)$；$\pi_{31}^{I} = q(P_{t-1} - C_{t-1}) + (1-q)(P_{t-1} - C_t - C)$。

所以，$\pi_{11}^{I} > \pi_{21}^{I} = \pi_{41}^{I}$；且 $\pi_{11}^{I} > \pi_{31}^{I}$。

即当购房者采取策略 BB′ 时，开发企业最优策略为 $P_{t-1} P_{t-1}'$，因此，在数值大的 $\pi_{11}^{I}$ 下划一线（如矩阵表 6-2 所示）。同理，由于：

$\pi_{12}^{I}(=q(P_{t-1}-C_{t-1})+(1-q)(P_{t-1}-C-C_{t}))>\pi_{22}^{I}(=q(P_{t-1}-C_{t-1})-(1-q)(C_{t}));$

$\pi_{12}^{I}>\pi_{32}^{I}(=q(-C_{t-1})+(1-q)(P_{t-1}-C-C_{t}));$

$\pi_{12}^{I}>\pi_{42}^{I}(=q(-C_{t-1})+(1-q)(-C_{t}))_{\circ}$

所以，在矩阵表 6 - 2 中的 $\pi_{12}^{I}$ 下划一线。

而 $\pi_{43}^{I}(=q(P_{t}-C_{t-1})+(1-q)(P_{t}-C_{t}))>\pi_{13}^{I}(=q(-C_{t-1})+(1-q)$ $(-C_{t}-C));$

$\pi_{43}^{I}>\pi_{23}^{I}(=q(-C_{t-1})+(1-q)(P_{t}-C_{t}));$

$\pi_{43}^{I}>\pi_{33}^{I}(=q(P_{t}-C_{t-1})-(1-q)(C_{t}+C))_{\circ}$

所以，在矩阵表 6 - 2 中的 $\pi_{43}^{I}$ 下划一线。

因 $\pi_{24}^{I}=\pi_{44}^{I}(=q(-C_{t-1})-(1-q)(C_{t}))>\pi_{14}^{I}=\pi_{34}^{I}(=q(-C_{t-1})-(1-q)$ $(C_{t}+C))_{\circ}$ 所以，在表 6 - 2 中的 $\pi_{24}^{I}$ 和 $\pi_{44}^{I}$ 下各划一线。

表 6 - 2　　　　　　　　用画线法求房价博弈的纳什均衡

购房者 Ⅱ

|  |  | BB′ | BN′ | NB′ | NN′ |
|---|---|---|---|---|---|
|  | $P_{t-1}P'_{t-1}$ | $(\underline{\pi_{11}^{I}},\underset{\sim}{\pi_{11}^{II}})$ | $(\underline{\pi_{12}^{I}},\underset{\sim}{\pi_{12}^{II}})$ | $(\pi_{13}^{I},\underline{\underline{\pi_{13}^{II}}})$ | $(\pi_{14}^{I},\underline{\underline{\pi_{14}^{II}}})$ |
| 开发<br>企业<br>Ⅰ | $P_{t-1}P'_{t}$ | $(\pi_{21}^{I},\underline{\pi_{21}^{II}})$ | $(\pi_{22}^{I},\pi_{22}^{II})$ | $(\pi_{23}^{I},\pi_{23}^{II})$ | $(\underline{\pi_{24}^{I}},\pi_{24}^{II})$ |
|  | $P_{t}P'_{t-1}$ | $(\pi_{31}^{I},\underline{\pi_{31}^{II}})$ | $(\pi_{32}^{I},\pi_{32}^{II})$ | $(\pi_{33}^{I},\pi_{33}^{II})$ | $(\pi_{34}^{I},\pi_{34}^{II})$ |
|  | $P_{t}P'_{t}$ | $(\pi_{41}^{I},\underline{\pi_{41}^{II}})$ | $(\pi_{42}^{I},\pi_{42}^{II})$ | $(\underline{\pi_{43}^{I}},\underline{\pi_{43}^{II}})$ | $(\underline{\pi_{44}^{I}},\pi_{44}^{II})$ |

下面接着比较购房者期望赢得的大小，首先，当 $q(B_{t-1}-B_{t})+(B_{t}-P_{t-1})\geqslant0$，即开发高档房 （t - 1） 的概率 $q\geqslant\dfrac{P_{t-1}-B_{t}}{B_{t-1}-B_{t}}$ 时，则 $\pi_{11}^{II}=\pi_{12}^{II}(=q(B_{t-1}-P_{t-1})+$ $(1-q)(B_{t}-P_{t-1}))\geqslant\pi_{13}^{II}=\pi_{14}^{II}(=0)$，说明企业采取策略 $P_{t-1}P'_{t-1}$ 时，购房者的最优策略是 BB′ 和 BN′。而若 $q(B_{t-1}-B_{t})+(B_{t}-P_{t-1})<0$，即 $q<\dfrac{P_{t-1}-B_{t}}{B_{t-1}-B_{t}}$ 时，$\pi_{11}^{II}=\pi_{12}^{II}<\pi_{13}^{II}=\pi_{14}^{II}$，因此，在表 6 - 2 中的 $\pi_{11}^{II}$ 和 $\pi_{12}^{II}$ 下各画一波浪线。在 $\pi_{13}^{II}$ 和 $\pi_{14}^{II}$ 下各画一条虚线。

同理，我们可分析出剩余行的画线情况，由于：

$\pi_{21}^{II}(=q(B_{t-1}-P_{t-1})+(1-q)(B_{t}-P_{t}))>\pi_{22}^{II}(=q(B_{t-1}-P_{t-1}));$

$\pi_{21}^{II}>\pi_{23}^{II}(=(1-q)(B_{t}-P_{t}));$

$\pi_{21}^{II}>\pi_{24}^{II}(=0)_{\circ}$

所以，在表 6 - 2 中的 $\pi_{21}^{II}$ 下画一线。

因 $\pi_{31}^{II}(=q(B_{t-1}-P_{t})+(1-q)(B_{t}-P_{t-1}))>\pi_{32}^{II}(=(1-q)(B_{t}-P_{t-1}));$

$\pi_{31}^{II}>\pi_{33}^{II}(=q(B_{t-1}-P_{t}))_{\circ}$

但是，$\pi_{31}^{II}$ 是否大于 0，无法确定，若 $\pi_{31}^{II} \geqslant 0$，则 $\pi_{31}^{II} \geqslant \pi_{34}^{II}( = 0)$；若 $\pi_{31}^{II} < 0$，则 $\pi_{31}^{II} < \pi_{34}^{II}$。而从表 6 - 2 赢得矩阵第三行画线情况看，无论谁大，该行都不会出现纳什均衡解，所以，进一步讨论两者的大小已没有意义。

另外，因 $\pi_{43}^{II} = \pi_{41}^{II}( = q( B_{t-1} - P_t) + (1 - q)( B_t - P_t)) > \pi_{42}^{II} = \pi_{44}^{II}( = 0)$，所以，在表 6 - 2 中的 $\pi_{43}^{II}$ 和 $\pi_{41}^{II}$ 下各画一线。

至此，由表 6 - 2 中画线情况可知，当 $q \geqslant \dfrac{P_{t-1} - B_t}{B_{t-1} - B_t}$ 时，该信息不完全房价博弈存在多重纳什均衡解（Nash Equilibrium，简写 NE），找出三个有共同画线的，即共有三个 NE 解，分别是 $\langle P_{t-1}P'_{t-1}, BB' \rangle$、$\langle P_{t-1}P'_{t-1}, BN' \rangle$ 和 $\langle P_t P'_t, NB' \rangle$。而当 $q < \dfrac{P_{t-1} - B_t}{B_{t-1} - B_t}$ 时，只有唯一的 NE 解 $\langle P_t P'_t, NB' \rangle$。由于 $B_{t-1} \geqslant P_{t-1}$，另外，高档房价格总高于低档房价格，所以，$0 \leqslant \dfrac{P_{t-1} - B_t}{B_{t-1} - B_t} \leqslant 1$。

下面，我们有必要进一步对此三个 NE 均衡进行精炼化，去除市场无效的均衡解，以确定精炼化的纳什均衡。精炼化之前，首先了解一下这三个均衡：

$\langle P_{t-1}P'_{t-1}, BB' \rangle$ 纳什均衡表示开发企业无论开发高档房（t - 1）还是开发低档房（t），均定高价，而买者无论高价还是低价都买。这种情况比较接近目前市场实际，说明开发商利用信息优势进行的价格博弈策略奏效，消费者感觉市场供应紧张，房价还会上涨，所以，不太注意住宅的"性价比"，对低档房也愿意出较高的价格购买。

$\langle P_{t-1}P'_{t-1}, BN' \rangle$ 均衡表示当开发商开发高或低档次房均定高价时，买者逢高价买，逢低价则不买。这对开发商而言是最理想不过的，此状况说明买者已经认准了便宜没好货，高价格肯定是高品质。然而，由于存在企业开发低档房，利用信息不对称，以次充好，按照高档房来卖，所以，该博弈均衡不可能长久存在，它是不稳定的均衡。

无论 q 的大小，NE $\langle P_t P'_t, NB' \rangle$ 都存在，该均衡表示开发商无论开发高档房还是开发低档房，均定低价，而买者逢高价不买，逢低价才买。这说明开发企业利用信息不对称进行价格欺诈、以次充好的暴利行为在市场中长期存在而产生的重复博弈结果，最终导致消费者的逆向选择，消费者不相信企业的信誉，认为房屋品质都差不多，不愿花高价买房，造成高品质的商品房会逐渐从市场中退出，而只有低品质商品房留在市场中，其结果会导致市场的萎缩和低效率。

## 6.2.3　精炼化的序惯均衡与住宅供给结构条件

由于自然状态的不确定性，导致此不完全信息动态房价博弈的纳什均衡存在着不稳定和无效解。[①] 为此，须对这多重纳什均衡进行精炼化，以得到更为精炼

---

① 艾里克·拉斯缪森：《博弈与信息——博弈论概述》，北京大学出版社 2003 年版，第 155 页。

化的序贯均衡解（Sequential Equilibrium，简写 SE），一个序贯均衡是指一个同时满足如下两个条件的评估（σ⁻，b），其中 σ⁻ 为混合策略横断面，b 为信念。[1] 这两个条件是：其一，在博弈中，对于每一个局中人 i：信念 $b^i$ 都是关于行为混合策略横断面 σ⁻ 贝叶斯相一致的；其二，对于局中人 i 的 $σ^{-i}$ 和 $b^i$，$σ^i$ 都是序贯理性的。[2] 一个评估（σ⁻，b）是任一局中人在所有信息集中的信念[3]的策略集合。也就是说，序贯均衡包括信念向量和纳什均衡（NE）局方案这两部分，对每个 NE 即局方案，先找出与它们一致的信念向量，再验证在该信念向量下，局方案是否序贯理性。若序贯理性，则该信念向量和局方案构成一个序贯均衡；否则，不是。序贯均衡（SE）也是纳什均衡（NE），是精炼化的纳什均衡，精炼解的原因来源于序贯均衡是在纳什均衡的基础上再加两个限定条件。

现在验证前述的三个 NE 是否为 SE，首先验证第一条件信念的贝叶斯一致性，一般信念 $b^i$ 可以从 σ 通过贝叶斯法则直接导出，或者可以通过完全混合策略序列用极限方法导出。[4] 对于 NE⟨$P_{t-1}P'_{t-1}$，BB'⟩，该均衡表示开发商 I 无论是开发 t–1 档还是 t 档房都定高价 $P_{t-1}$，而买者 II 无论高价还是低价都买。因此，开发商 I 开发 t–1 档和 t 档房定高价，买者 II 买，为博弈的均衡路径（见图 6–2 粗线），即逢低买决策 B' 不在路径上，因此信息集 S 不在均衡路径上。

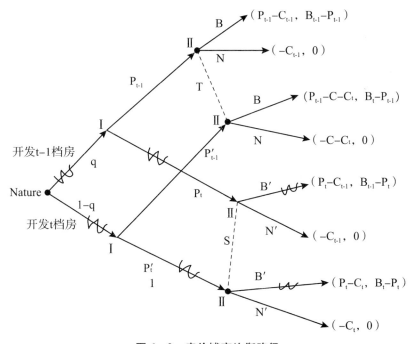

图 6–2　房价博弈均衡路径

---

[1][4]　朱·弗登博格、让·梯若尔：《博弈论》，中国人民大学出版社 2002 年版，第 296~297 页。
[2]　迈尔森·B·迈尔森：《博弈论——矛盾冲突分析》，中国经济出版社 2001 年版，第 138~139 页。
[3]　信念是指局中人 i 在自己的每一个信息集的节点集都给出的一个概率分布。

由于均衡路径外的信息集信念无法直接用贝叶斯法则更新，因此我们采用极限方法导出Ⅱ在信息集 S 的贝叶斯一致性信念。为此，构造Ⅰ开发 t-1 档房后定高、低价概率 $\varphi_{t-1}^{I} = \langle 1 - \frac{1}{k_{t-1}}, \frac{1}{k_{t-1}} \rangle$，$k_{t-1} \to \infty$，即在 $k_{t-1} \to \infty$ 时，$\varphi_{t-1}^{I} \to \langle 1, 0 \rangle$。同理，开发 t 档后定高、低价概率 $\rho_t^{I}$ 定为 $\langle 1 - \frac{1}{k_t}, \frac{1}{k_t} \rangle$，$k_t \to \infty$，$\rho_t^{I} \to \langle 1, 0 \rangle$，这样，可确保Ⅰ定高价 $P_{t-1}$ 和 $P_{t-1}'$ 的概率为 1。因此，购房者Ⅱ判断到达信息集 S 的概率为 $\text{Prob}(\text{Ⅱ}_S) = q \times \frac{1}{k_{t-1}} + (1-q) \times \frac{1}{k_t}$，如果到达信息集 S，则到达信息集 S "上节点" 的概率为 $\text{Prob}(\text{上}/\text{Ⅱ}_S) = q \times \frac{1}{k_{t-1}} \big/ \left[ q \times \frac{1}{k_{t-1}} + (1-q) \times \frac{1}{k_t} \right]$，假定该值等于 g，则到达 S "下节点" 的概率 $\text{Prob}(\text{下}/\text{Ⅱ}_S) = (1-q) \times \frac{1}{k_t} \big/ \left[ q \times \frac{1}{k_{t-1}} + (1-q) \times \frac{1}{k_t} \right] = 1 - g$。所以，Ⅱ在信息集 S 的 $(g, 1-g)$ 是贝叶斯一致的信念，g 的任意性使得Ⅱ在 S 处的信念也具有任意性。当然，由于 "定高价" 在均衡路径上，其概率为 1，所以，可验证该 NE 在 T 处的信念为 $(q, 1-q)$。

同理，对 NE$\langle P_{t-1} P_{t-1}', BN' \rangle$ 来说，信息集 S 也不在均衡路径上，因此，在信息集 S 上贝叶斯一致的信念任意为 $(g', 1-g')$。

对于 NE$\langle P_t P_t', NB' \rangle$，信息集 T 不在均衡路径上，同理可得Ⅱ在信息集 T 处的贝叶斯一致的信念是为 $(g'', 1-g'')$。下面，进一步分析各均衡是否满足序惯理性条件。

第二个条件是策略的序惯（列）理性，它指给定 $\sigma^{-i}$ 和 $b^i$，如果局中人 i 根据 $b^i$ 中的信念从每一个信息集 $H^i$ 开始直到博弈结束，根据 $\sigma^i$ 选取的策略都使得他在这一阶段所得的期望赢得最大化，则称 $\sigma^i$ 为序惯理性的。由于纳什均衡的缘故，在均衡路径上的解一定是序惯理性的，可以不验证，只验证不在路径上的解是否为序惯理性的。

首先分析 NE$\langle P_{t-1} P_{t-1}', BB' \rangle$，它表明Ⅰ开发 t-1 档和 t 档房均定高价，Ⅱ逢高价买，为均衡路径，因为住宅商品都定高价，没有低价住宅，所以 B' 逢低买不在均衡路径上（如图 6-2）。BB' 中的第一位 B "逢高价买" 在均衡路径上，所以它为序惯理性。而第二位 B' "逢低买" 不在路径上，必须进一步分析是否为序惯理性的。由图 6-2 中的信息集 S 知，"逢低不买" 的赢得为：$g \times 0 + (1-g) \times 0 = 0$，而 "逢低买" 的赢得为 $g \times (B_{t-1} - P_t) + (1-g)(B_t - P_t) > 0$，逢低买合算。因此 "逢低买 B'" 也是序惯理性的，即 NE$\langle P_{t-1} P_{t-1}', BB' \rangle$ 满足序惯理性条件。

其次是 NE$\langle P_{t-1} P_{t-1}', BN' \rangle$，上述分析可知，既然 B' 是序惯理性的，则 "逢低不买 - N'" 就不是序惯理性的，因此它不满足序惯理性条件，即 $\langle P_{t-1} P_{t-1}',$

BN′〉不是 SE。

最后，对于 NE〈$P_tP_t'$，NB′〉而言，逢低价买的 B′在均衡路径（如图 6 - 2 中路径上有划"W"形线的线段）上，为序惯理性的。由于信息集 T 不在均衡路径上，即Ⅱ逢高不买的决策（N）不在路径上，因此要进一步分析。图 6 - 2 中可知，Ⅱ逢高不买的赢得为 0，而买的赢得为 $g'' \times (B_{t-1} - P_{t-1}) + (1 - g'') \times (B_t - P_{t-1}) = g'' \times (B_{t-1} - B_t) + (B_t - P_{t-1}) = (B_t - P_{t-1}) < 0$（这是因为 $k_{t-1} \to \infty$，$k_t \to \infty$，所以 $g'' \to 0$，而 $B_t < P_{t-1}$）。因此，"逢高不买—N"是序惯理性的，即〈$P_tP_t'$，NB′〉满足序惯理性条件。

上述验证说明，当开发 t - 1 高档房的概率 $q \geqslant \dfrac{P_{t-1} - B_t}{B_{t-1} - B_t}$ 时，序惯均衡为 SE〈$P_{t-1}P_{t-1}'$，BB′〉，而无论 q 的大小，SE〈$P_tP_t'$，NB′〉都是序惯均衡，它们两个组成了混合序惯均衡，NE 均衡得到了精炼化。

均衡所表示的含义前面已经解释，在此，开发高档房的概率 q 也就是我们通常理解的供给结构比例，实际上，它是住宅产业中实力趋同的企业群供给其最高档楼盘（t - 1 档）的比例。由于 t 的任意性，容易通过数学归纳法验证：当 t 为最低档 T 时，[①] 即产业中实力弱小的企业群所能开发的最低档次住宅是 T 档，其序惯均衡为〈$P_{T-1}P_{T-1}'$，BB′〉和〈$P_TP_T'$，NB′〉，当 t = K 和 t = K - 1 时，结论仍然成立。当 t = 2 时，最高档次为 1，次高档次为 2，序惯均衡为〈$P_1P_1'$，BB′〉和〈$P_2P_2'$，NB′〉。因此，对于住宅产业各个档次的商品房，序惯均衡对不同实力的开发企业均成立。

序惯均衡〈$P_{t-1}P_{t-1}'$，BB′〉表示〈企业开发其最高和次高档房均定高价，买者逢高价和低价都买〉，该均衡说明开发企业利用信息优势，制造市场供给紧张，通过不断推出高档住宅，提高高档住宅的供给比例 q，来达到推高房价的目的。同时，利用信息不对称，将低档次住宅进行策划包装，采取价格高定一档的定价策略，逐级将房价推升一个台阶。市场中购房者面对价格的不断上涨，只好不计价格高低，逢房必买。目前，我国住宅市场信息不对称下的博弈已使房价明显失效，须通过政府进行价格经济管制来加以解决。

相伴随的混合序惯均衡 SE〈$P_tP_t'$，NB′〉表示〈企业开发其最高和次高档房均定低价，买者逢高价不买而逢低价才买〉，该均衡从理论上说明企业利用信息不对称的价格欺诈重复博弈结果会出现类似于传统"二手车"市场的逆向选择，劣质品驱逐优良品，最终导致市场崩溃的现象。然而，目前住宅市场此均衡难以显现，这原因是多方面的：第一，住宅市场不同于二手车市场，土地资源的稀缺性导致其价格存在上涨刚性，[②] 只要不出现投机性泡沫破灭的意外情况，它会制

---

① 因为住宅产业最低档次为 T，不存在更低的 T + 1 档，若产业中住宅档次只有一个 T 档时，企业只生产 T 档房，市场也只有 T 档房的价格，若价格定高，容易验证产业价格博弈结果没有纳什均衡解，这可从中国 20 世纪住宅市场初期的现实情况得以说明。

② 林荣茂：《房地产市场中土地价格刚性上涨探讨》，载《中国土地科学》2005 年第 19 卷第 5 期，第 36 ~ 39 页。

衡房价的不断下跌与市场萎缩；第二，住宅市场存在一定程度的竞争，还是发展了一些实力雄厚且专业的开发企业，他们也在不断打造自身品牌，建造品质优良的商品房；第三，政府主管部门出台了相关的建筑质量管制法规，对不良开发企业行为起一定的约束作用，同时还引导企业重视人居环境和示范小区建设；第四，目前住宅市场处于卖方市场中，开发企业有定价强势，加上开发高档房的利润高于开发低档房的，因此，开发商开发高档房的概率更大，[①] 这是造成目前市场"高价房供给过多、低价房供给偏少"的供给结构失衡的重要原因之一。在这样的信息不对称住宅市场上，消费者对住宅产品的品质标准、"性价比"认识模糊，市场中交易信息不完全导致住宅商品"以次充良、价格高定"现象普遍存在，加剧了房价拾级攀升的局面，市场突显出序惯均衡〈$P_{t-1}P'_{t-1}$，$BB'$〉的特征，一个"企业开发其最高和次高档房均定高价，买者逢高价和低价都买"的非理性均衡。

## 6.3　信息不对称下价格偏好与非理性动态均衡路径

### 6.3.1　市场利益主体的价格上涨偏好与市场均衡取向

当前在房价博弈中，房价上涨直接受益的商品供给方最具显著的价格上涨偏好。住宅商品供给方主要是开发企业，也包括二手房出售者、手上有房已进入市场的投资（机）者以及房屋中介。为了获利，开发商、中介机构和投机者利用其信息优势，采用各种手段（如囤积房源、过度策划），使市场供求和住宅品质信息失真，进而抬高房价。市场买者则是尚未进入市场的投资（机）者和真正的消费者，他们持续地受市场热度的刺激，逐渐抬高房价走高的预期，从而选择买入，进入后他们自然也不希望房价下跌，以免被套或资产缩水。其次，地方政府作为一个政绩利益主体也具有明显的房价上涨偏好，这源于地方政府的政绩考核体制与预算软约束，发展房地产业能快速拉动 GDP、财政收入等指标上升，土地出让收入也成为财政收入的重要组成部分，而预算约束的软化则助长了政府的投资冲动。[②] 由此来看，只有市场外的无房年轻人和目前居住质量比较差想更新住房的社会中低收入阶层最具房价下跌偏好，但是，他们是市场中人数居多而力量较弱的弱势群体。

当市场利益各方的价格上涨偏好转化成控制市场力量占上风时，就表现为市场的热度不减，形成"房价上涨—买入—再上涨—再买入"的怪圈，这种现象对

① 参见国务院《关于严格控制高档房地产开发项目的通知》和 2006 年 5 月建设部等九部门《关于调整住房供应结构稳定住房价格的意见》。
② 张晓晶、孙涛：《中国房地产周期与金融稳定》，载《经济研究》2006 年第 1 期，第 23～33 页。

买者的心理作用日益加大，不断提高购房者对房价上涨的预期。假设买者预期买入（$t-1$）档房后在短期内上涨率为 z，则买者愿意出价最大值 $B_{t-1} = (1+z) P_{t-1}$，其赢得 $(B_{t-1} - P_{t-1}) = ZP_{t-1}$，z 越大，$B_{t-1}$ 越大于 $P_{t-1}$。尽管 $B_t$ 也会提高，但由命题 3，市场中的低档房价格上涨幅度往往不如高档房，所以，随着开发的档次越来越高，$B_{t-1} - B_t$ 差距值会越拉越大。即市场越热，z 越大，$\dfrac{P_{t-1} - B_t}{B_{t-1} - B_t}$ 值就越低，这样高档次房的供给比例越易超过 $\dfrac{P_{t-1} - B_t}{B_{t-1} - B_t}$，使市场价格博弈均衡趋向于房价越来越高的序惯均衡 $SE\langle P_{t-1}P'_{t-1},\ BB'\rangle$。该均衡解释了当前市场热度不减，中高档房屋供应偏多，供给结构失衡，房价不断攀升的现象。

## 6.3.2 房价上涨预期提高：一条非理性动态均衡路径形成

从房价泡沫的形成原因来看，主要有三个要素：预期、投机和非理性行为。[①]一般情况下，价格上涨，需求下降，而与此相反的是：信息不对称的市场并不是有效的。在房产投机炒作下，会逐渐形成非理性行为，当价格上涨时，由于预期价格还会不断上涨，住宅资产会不断升值，因此，需求反而会增加，为此，需进一步分析住宅市场价格非理性动态均衡路径的形成。

房价博弈序惯均衡 $SE\langle P_{t-1}P'_{t-1},\ BB'\rangle$ 表明开发企业利用信息优势，在价格博弈中将相对低档房价格高定为上一档房价格。在利用信息炒作驱动房价上涨的同时，也不断提高买者对价格上涨的预期，最终市场会形成错误的价值判断，并引发投机和非理性行为，导致房价与住宅品质完全脱节，这是非常危险的。图 6-3 中以取决于住宅品质的商品房价格变量 P 为纵轴，住宅品质变量 X 为横轴，资源的有限性决定了住宅最高品质为 $X_M$，由于房价与其品质正相关，所以反映住宅价格与品质 x 关系的品质价格函数 P(x) 所勾勒出的价格走向是随住宅品质的提高而上行的。一般需求函数反映市场价格与商品数量的关系，实际上，当我们将住宅品质当作一种商品需求量来看待时，住宅品质价格函数也就是市场对住宅品质的需求函数了。所以品质价格函数 P(x) 曲线也是市场对住宅品质的需求曲线，如图 6-3 左。假设市场中初始需求曲线为 $P_0(x)$，开发商生产住宅品质的供给曲线为 X(P)，需求曲线与供给曲线交点为市场的均衡点，反映市场供求双方一定时期内共同认可的住宅品质与房价的对应关系。

当市场炒热时，买者对房价上涨的预期提高，对同等质量档次的商品房愿出更高的价格，因此，这种价格上涨并非来自于住宅自身内在品质的提高，非住宅品质因素造成的价格上涨使需求曲线平行上移（如图 6-3 右），市场均衡点动态地上行 $P_0 \rightarrow P \rightarrow \cdots P_n$，市场均衡价格也不断地抬高，由均衡价格点形成的均衡路

---

① 周京奎、曹振良：《中国房地产泡沫与非泡沫——以投机理论为基础的实证分析》，载《山西财经大学学报》2004 年第 26 卷第 1 期，第 53~57 页。

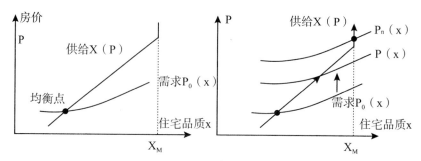

图 6 - 3  房地产市场非理性动态均衡路径的形成

径沿供给线上行。若此时政府对信息不对称下投机炒作等产生的市场失灵不加以管制，任凭其发展，投机炒作就会呈蔓延之势，需求曲线会不断上移，均衡点将沿市场强势力量确定的价格线路向上，形成一条不断向上发展的均衡路径，房价不断攀升。当需求线上升为 $P_n(x)$ 时，所开发的住宅品质已经达到最大，此时房价的上升与其品质完全无关，市场进入疯狂投机炒作状态，价格呈现突然地急升，市场离泡沫产生与破灭已为时不远了。

在市场过热过程中，作为追求利润最大化的开发商，除了不断推出大量高档商品房赚取超额利润外，同时还利用信息上的在位优势，最大限度地增进自身效用，如违约、以次充好或过度包装低档房后高价出售等。扭曲房价与住宅品质档次关系，给买者错误的价值判断理念。这过程不是一蹴而就的，有个阶段性变化过程，对买者是潜移默化地改变价值观念，带有极大的隐蔽性。如图 6 - 4 中供给线 X 表现为分段式地抬高，在 $X_0$ 处，相对以前相同的住宅品质，房价明显提高了，这种现象逐级抬高市场均衡点，加剧了房价的上升，形成了一条非理性的动态均衡路径。

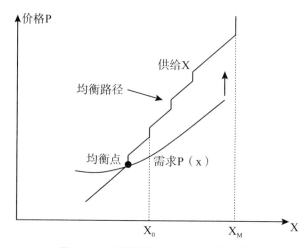

图 6 - 4  逐渐抬高的非理性均衡路径

通过上述分析，得到如下住宅产业信息不对称下房价博弈的初步结论：

（1）在住宅市场信息不对称的房价博弈中，由于拥有信息优势的开发企业不受约束的定价行为和购房者拥有住宅品质信息的不足，是导致住宅价格不断走高的重要原因之一。

（2）住宅市场房价博弈的序惯均衡受到产业不同档次商品房供给结构变动的影响。当价格高的高档房供给多时，即 q 值大，市场房价博弈均衡趋向于〈企业开发最高和次高档房均定高价，买者逢高价和低价都买〉的均衡。在此均衡下，企业开发任何一个低档次楼盘都会将其价格高定一档，造成房价节节攀升。因此，政府必须对市场进行经济管制，包括改变住宅供给结构比例来调节商品房价格。

（3）理论上，房价博弈还存在另一个混合均衡〈企业开发最高和次高档房均定低价，购房者逢高价不买而逢低价才买〉，但是，由于住宅市场地价上涨刚性和供给结构失衡等诸多原因导致该均衡目前难以显现。

（4）若不对信息不对称房价博弈中的企业价格欺诈行为加以经济管制，市场价格将沿着一条非理性动态均衡路径演进，最终必导致投机行为与泡沫的生成。

# 6.4　政府经济管制对策：信息不对称房价博弈与理性序惯均衡

## 6.4.1　信息不对称房价博弈的经济管制分析

由上述分析可知，信息不对称会使住宅市场价格处于失效状态，且不知不觉中在向危险境地迈进。同时，住宅市场中恶性价格欺诈行为的存在也给社会经济和稳定带来隐患，政府应该坚定明确地对市场中因交易信息不对称而引发的系列问题进行经济管制。当然，政府经济管制市场的目的是保护和净化市场环境，维护市场正常的经济秩序，对市场中基于住宅品质提升的价格合理上涨是支持的。

我们知道住宅市场有其自有的运行规律，让企业将其开发中的品质与成本等商业秘密信息完全公开，并据此限定价格，可能会增加实际操作的难度。因而，对信息不对称的住房价格失效问题笔者认为可采用激励性的经济管制方式。信息不对称激励性经济管制主要是在法律制度上建立起对利用信息不对称进行价格欺诈的不法企业的查处严惩力度，而且，该激励方式的市场效率会在房价博弈中体现出来。为此，我们将激励性经济管制方式应用到上述房价博弈模型中，进一步分析在政府经济管制下的均衡如下：首先，房价博弈图 6 - 1 模型变为如图 6 - 5 所示，所不同的是考虑了对低档次房包装高价出售的经济惩罚措施。博弈模型中信息优势还是偏向于开发商一方，买者仍然存在信息集 S 和 T，购房者面对高房价仍旧不知道是否会"上当"，但此时政府通过设立法律规章制度对价格欺诈行为严查惩处，将信息不对称造成的低档次房高卖所获"暴利"退还给消费者，以建造震慑价格欺诈的氛围。具体操作时，可配合采用公平投资收益率定价法由国家注册房地产估价师来确定有问题的投诉楼盘的价格与公平收益。

### 6.4.2 信息不对称房价博弈的经济管制与理性序惯均衡

对信息不对称的经济管制房价博弈模型提出相关假设的同时，还是基于企业开发的最高和最佳假设前提来建立房价博弈模型。假设企业利用信息优势将低档次房（t 档）高价卖的暴利所得为 M，则 $M = P_{t-1} - P_t$，实行暴利没收退还经济管制后，开发商低档次房高价卖的收益将减少 M，而买者的效用因获得 M 的退赔后将不再为负值。则经济管制后新的赢得向量如图 6-5 所示，开发高档（t-1 档）楼盘进行正常定价的，则不在经济管制之列。图 6-5 与图 6-1 采用不同画法，其意思结构是一样的，所不同的是低档次房高价出售的行为被经济管制了，"开发企业开发 t 档房定高价，消费者买"这条博弈路径末端双方赢得向量变为：$(P_{t-1} - C - C_t - M, B_t - P_{t-1} + M)$。如图 6-5 右下部分所示，其他的赢得向量与图 6-1 相同。

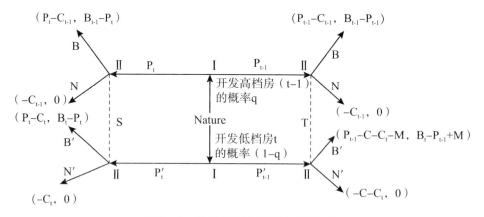

**图 6-5  政府经济管制下的房价博弈**

与前类似，我们亦将该博弈树转化为策略型来求纳什均衡，博弈双方各有 4 个纯策略，用 4×4 策略矩阵来表示（如表 6-3）。由于从自然状态出发的博弈，开发高档房概率为 q，开发低档房概率为 1-q，因此，此处用 $G^m(S, P) = (G_{ij}^I, G_{ij}^{II})$ 来表示矩阵表中各策略横断面下的期望赢得向量，以示与前面的区别，其中 m 为局中人 I 和 II。

表 6 - 3　　　　　　　　　　政府经济管制下的房价策略型博弈

购房者 Ⅱ

|  | | BB′ | BN′ | NB′ | NN′ |
|---|---|---|---|---|---|
| | $P_{t-1}P'_{t-1}$ | $(G_{11}^{I}, \underline{G_{11}^{II}})$ | $(G_{12}^{I}, \underline{G_{12}^{II}})$ | $(G_{13}^{I}, G_{13}^{II})$ | $(G_{14}^{I}, G_{14}^{II})$ |
| 开发企业 I | $P_{t-1}P'_{t}$ | $(\underline{G_{21}^{I}}, \underline{G_{21}^{II}})$ | $(G_{22}^{I}, G_{22}^{II})$ | $(G_{23}^{I}, G_{23}^{II})$ | $(\underline{G_{24}^{I}}, G_{24}^{II})$ |
| | $P_{t}P'_{t-1}$ | $(G_{31}^{I}, \underline{G_{31}^{II}})$ | $(G_{32}^{I}, G_{32}^{II})$ | $(G_{33}^{I}, G_{33}^{II})$ | $(G_{34}^{I}, G_{34}^{II})$ |
| | $P_{t}P'_{t}$ | $(G_{41}^{I}, \underline{G_{41}^{II}})$ | $(G_{42}^{I}, G_{42}^{II})$ | $(\underline{G_{43}^{I}}, \underline{G_{43}^{II}})$ | $(\underline{G_{44}^{I}}, G_{44}^{II})$ |

　　首先求取开发企业的期望赢得，并分析其大小。

　　（1）当企业采取策略 $P_{t-1}P'_{t-1}$，购房者策略为 BB′ 时，由图 6 - 5 可知，企业开发高档次房概率 q，[①] 定高价，购房者买时，企业赢得为（$P_{t-1} - C_{t-1}$），企业开发低档次房概率 1 - q，定高价，购房者买时，企业赢得为（$P_{t-1} - C - C_{t} - M$），则企业期望值为：

$$G_{11}^{I} = q(P_{t-1} - C_{t-1}) + (1 - q)(P_{t-1} - C - C_{t} - M)$$
$$= q(P_{t-1} - C_{t-1}) + (1 - q)(P_{t} - C - C_{t})。（因为 M = P_{t-1} - P_{t}）$$

　　同理，对于策略横断面〈$P_{t-1}P'_{t}$，BB′〉，由图 6 - 5，企业开发高档房定高价，购房者买时，企业赢得为（$P_{t-1} - C_{t-1}$），开发低档房，定低价，购房者买时，企业赢得为（$P_{t} - C_{t}$），则企业期望赢得为 $G_{21}^{I} = q(P_{t-1} - C_{t-1}) + (1 - q)(P_{t} - C_{t})$。

　　对于〈$P_{t}P'_{t-1}$，BB′〉而言，由图 6 - 5 可知，企业开发高档房定低价，购房者买时，企业赢得为（$P_{t} - C_{t-1}$），开发低档房定高价，购房者买时，企业赢得为（$P_{t-1} - C - C_{t} - M$），所以，企业期望赢得为：

$$G_{31}^{I} = q(P_{t} - C_{t-1}) + (1 - q)(P_{t-1} - C - C_{t} - M)$$
$$= q(P_{t} - C_{t-1}) + (1 - q)(P_{t} - C - C_{t})。$$

　　对于〈$P_{t}P'_{t}$，BB′〉，由图 6 - 5 可知，企业开发高档房定低价，购房者买时，企业赢得为（$P_{t} - C_{t-1}$），开发低档房定低价，购房者买时，企业赢得为（$P_{t} - C_{t}$），所以，企业期望赢得为 $G_{41}^{I} = q(P_{t} - C_{t-1}) + (1 - q)(P_{t} - C_{t})$。

　　显然，$G_{21}^{I} > G_{11}^{I}$，$G_{21}^{I} > G_{31}^{I}$，$G_{21}^{I} > G_{41}^{I}$（因为 $P_{t-1} > P_{t}$），所以在 $G_{21}^{I}$ 下面画一直线（如表 6 - 3）。

　　（2）在购房者采取策略 BN′ 时，同理，由图 6 - 5 可求出表 6 - 3 中第二列企业的期望赢得 $G_{i2}^{I}$（i = 1，2，3，4），并比较它们的大小如下。

---

　　① 高低档次房是相对概念，高档房（t - 1 档次房）是该企业可开发的最高档次房，而低档房（t 档次房）则为其可开发的次高档次房，见前面的假设前提，该假设是为了不失一般性，且在最高最佳假设前提下做出的。

在 $\langle P_{t-1}P_{t-1}',\ BN'\rangle$ 策略横断面下，尽管逢低价不买，但没有经过"定低价"路径，所以购房者"逢低价不买"的策略无效。企业开发高档房定高价，买时，赢得还是 $(P_{t-1}-C_{t-1})$，低档房定高价，买时，赢得为 $(P_{t-1}-C-C_t-M)$。即该策略横断面下的企业期望赢得与 $\langle P_{t-1}P_{t-1}',\ BB'\rangle$ 下的相同。

$$G_{12}^{I}=q(P_{t-1}-C_{t-1})+(1-q)(P_{t-1}-C-C_t-M)$$
$$=q(P_{t-1}-C_{t-1})+(1-q)(P_t-C-C_t)。\text{（因为 } M=P_{t-1}-P_t\text{）}$$

易求出：

在 $\langle P_{t-1}P_t',\ BN'\rangle$ 下，$G_{22}^{I}=q(P_{t-1}-C_{t-1})+(1-q)(-C_t)$；

在 $\langle P_tP_{t-1}',\ BN'\rangle$ 下，$G_{32}^{I}=q(-C_{t-1})+(1-q)(P_{t-1}-C-C_t-M)$
$$=q(-C_{t-1})+(1-q)(P_t-C-C_t)；$$

在 $\langle P_tP_t',\ BN'\rangle$ 下，$G_{42}^{I}=q(-C_{t-1})+(1-q)(-C_t)$。

显然，$G_{12}^{I}>G_{22}^{I}$，$G_{12}^{I}>G_{32}^{I}$，$G_{12}^{I}>G_{42}^{I}$，所以在 $G_{12}^{I}$ 下面画一直线（如表6-3）。

（3）在购房者采取策略 NB' 时，由图6-5可求出表6-3中第三列企业的期望赢得 $G_{i3}^{I}(i=1,\ 2,\ 3,\ 4)$ 及比较它们的大小如下：

在 $\langle P_{t-1}P_{t-1}',\ NB'\rangle$ 策略下，逢低价才买 B'，但只有经过"定高价"路径，所以都不买，$G_{13}^{I}=q(-C_{t-1})+(1-q)(-C-C_t)=q(-C_{t-1})-(1-q)(C+C_t)$。

同理，易求出：

在 $\langle P_{t-1}P_t',\ NB'\rangle$ 下，$G_{23}^{I}=q(-C_{t-1})+(1-q)(P_t-C_t)$；

在 $\langle P_tP_{t-1}',\ NB'\rangle$ 下，$G_{33}^{I}=q(P_t-C_{t-1})+(1-q)(-C_t-C)$；

在 $\langle P_tP_t',\ NB'\rangle$ 下，$G_{43}^{I}=q(P_t-C_{t-1})+(1-q)(P_t-C_t)$。

显然，$G_{43}^{I}>G_{13}^{I}$，$G_{43}^{I}>G_{23}^{I}$，$G_{43}^{I}>G_{33}^{I}$，所以在 $G_{43}^{I}$ 下面画一直线（如表6-3）。

（4）在购房者采取策略 NN' 时，由图6-5可求出表6-3中第四列企业的期望赢得 $G_{i4}^{I}(i=1,\ 2,\ 3,\ 4)$ 及比较它们的大小如下。在 $\langle P_{t-1}P_{t-1}',\ NN'\rangle$ 下，逢高低价均不买，所以 $G_{14}^{I}=q(-C_{t-1})+(1-q)(-C-C_t)=q(-C_{t-1})-(1-q)(C+C_t)$；

在 $\langle P_{t-1}P_t',\ NN'\rangle$ 下，$G_{24}^{I}=q(-C_{t-1})-(1-q)(C_t)$；

在 $\langle P_tP_{t-1}',\ NN'\rangle$ 下，$G_{34}^{I}=q(-C_{t-1})-(1-q)(C_t+C)$；

在 $\langle P_tP_t',\ NN'\rangle$ 下，$G_{44}^{I}=q(-C_{t-1})-(1-q)(C_t)$。

显然，$G_{24}^{I}=G_{44}^{I}>G_{14}^{I}=G_{34}^{I}$，所以在 $G_{24}^{I}$ 和 $G_{44}^{I}$ 下面画一直线（如表6-3）。

然后，求取购房者的期望赢得，并分析其大小。

①当企业采取策略 $P_{t-1}P_{t-1}'$，购房者策略为 BB' 时，由图6-5可知，企业开发高档次房概率 q，定高价，购房者买时，购房者赢得为 $(B_{t-1}-P_{t-1})$，企业开发低档次房概率 1-q，定高价，购房者买时，购房者赢得为 $(B_t-P_{t-1}+M)$，则购房者期望值为：

$$G_{11}^{II}=q(B_{t-1}-P_{t-1})+(1-q)(B_t-P_{t-1}+M)，$$

$$= q(B_{t-1} - P_{t-1}) + (1-q)(B_t - P_{t-1} + P_{t-1} - P_t),（因为 M = P_{t-1} - P_t）$$

$$= q(B_{t-1} - P_{t-1}) + (1-q)(B_t - P_t)。$$

同理，对于策略横断面 $\langle P_{t-1}P'_{t-1}, BN' \rangle$，由图 6 – 5 可知，企业开发高档房定高价，购房者买时，购房者赢得为 $(B_{t-1} - P_{t-1})$，开发低档房，定高价，购房者买时，购房者赢得为 $(B_t - P_{t-1} + M)$，则购房者期望赢得为：

$$G_{12}^{II} = q(B_{t-1} - P_{t-1}) + (1-q)(B_t - P_{t-1} + M)$$

$$= q(B_{t-1} - P_{t-1}) + (1-q)(B_t - P_t)。$$

对于 $\langle P_{t-1}P'_{t-1}, NB' \rangle$ 而言，由图 6 – 5 可知，企业开发高档房定高价，购房者不买时，购房者赢得为 0；开发低档房定高价，购房者不买，购房者赢得为 0，所以，购房者期望赢得为 $G_{13}^{II} = q \times 0 + (1-q) \times 0 = 0$。

对于 $\langle P_{t-1}P'_{t-1}, NN' \rangle$，由图 6 – 5 可知，企业开发高、低档房定高价，购房者均不买，购房者赢得均为 0，所以，期望赢得为 $G_{14}^{II} = q \times 0 + (1-q) \times 0 = 0$。

显然，$G_{11}^{II} = G_{12}^{II} > G_{13}^{II} = G_{14}^{II}$，（因为 $B_{t-1} > P_{t-1}$，$B_t > P_t$），所以在 $G_{11}^{II}$ 和 $G_{12}^{II}$ 下面划一直线（如表 6 – 3）。

②在企业采取策略 $P_{t-1}P'_t$ 时，同理，由图 6 – 5 求出表 6 – 3 中第二行购房者的期望赢得 $G_{2i}^{II}(i = 1, 2, 3, 4)$，并比较它们的大小如下。

在 $\langle P_{t-1}P'_t, BB' \rangle$ 策略下，企业开发高档房定高价，买时，购房者赢得 $(B_{t-1} - P_{t-1})$；开发低档房定低价，买时，购房者赢得 $(B_t - P_t)$，所以购房者期望赢得

$$G_{21}^{II} = q(B_{t-1} - P_{t-1}) + (1-q)(B_t - P_t)。$$

在 $\langle P_{t-1}P'_t, BN' \rangle$ 策略下，$G_{22}^{II} = q(B_{t-1} - P_{t-1}) + (1-q)(0) = q(B_{t-1} - P_{t-1})$。

在 $\langle P_{t-1}P'_t, NB' \rangle$ 策略下，$G_{23}^{II} = q(0) + (1-q)(B_t - P_t) = (1-q)(B_t - P_t)$。

在 $\langle P_{t-1}P'_t, NN' \rangle$ 策略下，$G_{24}^{II} = q(0) + (1-q)(0) = 0$。

显然，$G_{21}^{II} > G_{22}^{II}$，$G_{21}^{II} > G_{23}^{II}$，$G_{21}^{II} > G_{24}^{II}$，所以在 $G_{21}^{II}$ 下面画一直线（如表 6 – 3）。

③在企业采取策略 $P_t P'_{t-1}$ 时，同理，由图 6 – 5 可求出表 6 – 3 中第三行购房者的期望赢得 $G_{3i}^{II}(i = 1, 2, 3, 4)$，并比较它们的大小如下。

在 $\langle P_t P'_{t-1}, BB' \rangle$ 策略下，企业开发高档房定低价，买时，购房者赢得 $(B_{t-1} - P_t)$；开发低档房定高价，买时，购房者赢得 $(B_t - P_{t-1} + M)$，所以购房者期望赢得

$$G_{31}^{II} = q(B_{t-1} - P_t) + (1-q)(B_t - P_{t-1} + M) = q(B_{t-1} - P_t) + (1-q)(B_t - P_t)。$$

在 $\langle P_t P'_{t-1}, BN' \rangle$ 策略下，$G_{32}^{II} = q(0) + (1-q)(B_t - P_{t-1} + M) = (1-q)(B_t - P_t)$。

在 $\langle P_t P'_{t-1}, NB' \rangle$ 策略下，$G_{33}^{II} = q(B_{t-1} - P_t) + (1-q)(0) = q(B_{t-1} - P_t)$。

在 $\langle P_t P'_{t-1}, NN' \rangle$ 策略下，$G_{34}^{II} = q(0) + (1-q)(0) = 0$。

显然，$G_{31}^{II} > G_{32}^{II}$，$G_{31}^{II} > G_{33}^{II}$，$G_{31}^{II} > G_{34}^{II}$，所以在 $G_{31}^{II}$ 下面画一直线（如表 6 – 3）。

④在企业采取策略 $P_t P_t'$ 时，同理，由图 6-5 可求出表 6-3 中第四行购房者的期望赢得 $G_{4i}^{II}$（$i=1$，2，3，4），并比较它们的大小如下。

在 $\langle P_t P_t'$，$BB' \rangle$ 策略下，企业开发高档房定低价，买时，购房者赢得 $(B_{t-1} - P_t)$；开发低档房定低价，买时，购房者赢得 $(B_t - P_t)$，所以购房者期望赢得

$G_{41}^{II} = q(B_{t-1} - P_t) + (1-q)(B_t - P_t) = q(B_{t-1} - P_t) + (1-q)(B_t - P_t)$。

在 $\langle P_t P_t'$，$BN' \rangle$ 策略下，$G_{42}^{II} = q(0) + (1-q)(0) = 0$。

在 $\langle P_t P_t'$，$NB' \rangle$ 策略下，$G_{43}^{II} = q(B_{t-1} - P_t) + (1-q)(B_t - P_t)$。

在 $\langle P_t P_t'$，$NN' \rangle$ 策略下，$G_{44}^{II} = q(0) + (1-q)(0) = 0$。

显然，$G_{41}^{II} = G_{43}^{II} > G_{42}^{II} = G_{44}^{II}$，所以在 $G_{41}^{II}$ 和 $G_{43}^{II}$ 下面画一直线（如表 6-3）。

这样，由表 6-3 可知，通过划线法得出博弈的三个纯策略纳什均衡为 $\langle P_{t-1} P_t'$，$BB' \rangle$、$\langle P_{t-1} P_{t-1}'$，$BN' \rangle$ 和 $\langle P_t P_t'$，$NB' \rangle$。下面来求取此不完全信息房价博弈的序惯均衡。

第一个关于信念的贝叶斯一致性检验。首先，对于纳什均衡 NE $\langle P_{t-1} P_t'$，$BB' \rangle$，该均衡表明开发商开发其 $t-1$ 档房定高价，开发 $t$ 档房定低价，市场中购房者逢高价和低价都买。由图 6-2 所示，"Ⅰ 开发高档房（$t-1$ 档次）定高价，开发低档房（$t$ 档次）定低价，Ⅱ 买"，为均衡路径。而开发 $t-1$ 档房定低价和开发 $t$ 档定高价则不在均衡路径上。为此，构造Ⅰ开发 $t-1$ 档房后定高、低价概率为 $\sigma_k^I = \langle 1 - \frac{1}{k}, \frac{1}{k} \rangle$；开发 $t$ 档后定高、低价概率 $\rho_k^I = \langle \frac{q}{k(1-q)}, 1 - \frac{q}{k(1-q)} \rangle$，其中 $q \in [0, 1]$，$k \to \infty$。即在 $k \to \infty$ 时，$\sigma_k^I = \langle 1 - \frac{1}{k}, \frac{1}{k} \rangle \to \langle 1, 0 \rangle$，$\rho_k^I \to \langle 0, 1 \rangle$，以确保Ⅰ开发 $t-1$ 档房后定高价 $P_{t-1}$ 和开发 $t$ 档房定低价 $P_t'$ 的概率为 1，为均衡路径。由此，购房者Ⅱ判断到达信息集 T 的概率为 $\text{Prob}(II_T) = q \times \left(1 - \frac{1}{k}\right) + (1-q) \times \frac{q}{k(1-q)} = q$，如果到达信息集 T，则到达信息集 T "上节点" 的概率为 $\text{Prob}(上/II_T) = q \times \left(1 - \frac{1}{k}\right)/q = \left(1 - \frac{1}{k}\right)$，到达 T "下节点" 的概率为 $\text{Prob}(下/II_T) = (1-q) \times \frac{q}{k(1-q)}/q = \frac{1}{k}$。所以，Ⅱ在信息集 T 的 $\left(1 - \frac{1}{k}, \frac{1}{k}\right)$ 是贝叶斯一致的信念。同理，Ⅱ判断到达信息集 S 的概率为 $\text{Prob}(II_S) = q \times \frac{1}{k} + (1-q) \times \left[1 - \frac{q}{k(1-q)}\right] = 1 - q$，如果到达信息集 S，则到达信息集 S "上节点" 的概率为 $\text{Prob}(上/II_S) = q \times \frac{1}{k}/(1-q) = \frac{q}{k(1-q)}$，达到 S "下节点" 的概率为 $\text{Prob}(下/II_S) = (1-q) \times \left[1 - \frac{q}{k(1-q)}\right]/(1-q) = 1 -$

$\dfrac{q}{k(1-q)}$。所以，Ⅱ在信息集 S 的 $\left(\dfrac{q}{k(1-q)}, \ 1-\dfrac{q}{k(1-q)}\right)$ 是贝叶斯一致的信念。其次，由前面图 6-1 分析中已经验证 NE$\langle P_{t-1}P'_{t-1}, \ BN'\rangle$ 中Ⅱ在非均衡路径上信息集 S 上贝叶斯一致的信念任意为 (g, 1-g)，而 NE$\langle P_t P'_t, \ NB'\rangle$ 在信息集 T 的信念 (g″, 1-g″) 是贝叶斯一致的，此处不再说明。

第二个关于策略的序惯理性条件，首先看 NE$\langle P_{t-1}P'_t, \ BB'\rangle$，由图 6-5 的信息集 T 中，Ⅱ逢高价"不买"的赢得为：$\left(1-\dfrac{1}{k}\right) \times 0 + \dfrac{1}{k} \times 0 = 0$，而"买"的赢得为 $\left(1-\dfrac{1}{k}\right) \times (B_{t-1}-P_{t-1}) + \dfrac{1}{k} \times (B_t - P_{t-1} + M) > 0$。因此逢高价买"B"是序惯理性的。同理，在信息集 S 中，Ⅱ逢低价"不买"的赢得为：$\dfrac{q}{k(1-q)} \times 0 + \left[1 - \dfrac{q}{k(1-q)}\right] \times 0 = 0$，而"买"的赢得为 $\dfrac{q}{k(1-q)} \times (B_{t-1} - P_t) + \left[1 - \dfrac{q}{k(1-q)}\right] \times (B_t - P_t) > 0$。因此，逢低价买"B'"也是序惯理性的，即 $\langle P_{t-1}P'_t, \ BB'\rangle$ 为序惯均衡解。

对于 NE$\langle P_{t-1}P'_{t-1}, \ BN'\rangle$，上述分析可知逢低价买"B'"是序惯理性的，因此，此处逢低价不买"N'"就不是序惯理性的，即 $\langle P_{t-1}P'_{t-1}, \ BN'\rangle$ 不是序惯均衡解。

最后，对于 NE$\langle P_t P'_t, \ NB'\rangle$ 而言，由于企业无论开发何档次住宅都定低价 $P_t$，定高价则不在 NE 均衡路径上，因此，由图 6-5 可知，右边的信息集 T 不在均衡路径上，也就是说，Ⅱ策略中的行动，逢高不买"N"不在均衡路径上。进一步分析可知，Ⅱ逢高不买的赢得为 0，逢高买的赢得为 g″ × ($B_{t-1}$ - $P_{t-1}$) + (1-g″) × ($B_t$ - $P_{t-1}$ + M) > 0，说明逢高"买"是理性的，不买"N"是不理性的，即购房者策略"NB'"中的逢高不买"N"不理性，因此 NE$\langle P_t P'_t, \ NB'\rangle$ 不是序惯均衡解。由此说明，当政府经济管制，对"暴利"行为进行惩罚后，住宅市场低档房高卖的价格扭曲行为对开发商是不理性的，此时，买者对高价房就会买，"不买 N"反而变不理性了，所以此时的 $\langle P_t P'_t, \ NB'\rangle$ 不是 SE 解。

综上所述，政府管制后，信息不对称下的房价博弈序惯均衡只有一个，它是 SE$\langle P_{t-1}P'_t, \ BB'\rangle$。该均衡表明开发商开发高档房定高价，开发低档房定低价，市场中供给结构趋于合理，既有高档房，也有低档房供买者选择，高低价房都有人买，经过政府激励性经济管制后，市场形成一个良性的均衡。而市场中开发低档房定高价不是均衡解，博弈结果体现了政府经济管制后市场效率的凸显，在经济管制下，开发企业唯有提高住宅质量品质，才能获得因品质而提升的超额利润。

### 6.4.3　信息不对称下住宅价格经济管制对策

由上述分析，政府对住宅产业价格经济管制方式和对策如下：

（1）建立房地产行业的商品房"招回"和价格欺诈所得罚没制度，定期发布住房质量检测报告。严查投诉问题大的楼盘，一经核实，确有价格欺诈和产品质量等问题的，将没收其非法所得返还给消费者。严重质量问题的，让开发商"召回"商品房自行处理。对"屡教不改"的开发商，其开发的商品房须向相关管理部门提供成本清单报备，清单须经注册造价工程师或房地产估价师核实签字。一方面防止其偷漏税，另一方面将有利于对低档次房过度"包装"后按高价出售的"暴利"楼盘进行监控，以便对其采取进一步的公平收益率管制。

（2）提高市场交易的信息透明度，在市场热销时，应暂时取消商品房预售。在预售下，消费者根本不知道要买的住宅商品是什么样子的，开发商占据了住房开发和买卖的信息优势，他完全可以把开发质量一般、成本投入不多的商品房经过广告宣传后当成质量上乘、环境幽雅的高档住房来预售，最终，在无法兑现其承诺时，就玩弄文字游戏。他们通常会借机营造热销气氛，不断诱使消费者抢购，以抬高房价。现房买卖自然信息更透明，消费者能够货比三家，最关键的是，通过不断对比，消费者也可重塑房屋价值判断标准。暂时取消商品房预售也会使开发商关注市场开发风险，而不是将风险转嫁给社会。

（3）明确与普通百姓收入标准密切相关的普通档商品房标准，包括住宅品质标准和价格标准。由于房价问题突出，目前普通商品房的价格已大大超过普通老百姓收入的可承受能力，普通商品房已不"普通"，政府出台的政策中若出现其名称则极易引起调控结果的偏误和政策目标的失效。因此须即刻明确并启用与居民收入水平、商品房品质档次密切联系的普通档经济价商品房名称，可定为普通价格商品房或限价商品房。政府仅对其质量品质和房价进行经济管制，不必限定项目收益率，使其与经济适用房区分开，且在土地供应上采取招投标方式。

（4）建立由地方政府负责的中低收入阶层住房保障机制，并作为一项政绩考核指标。地方政府在提高经济绩效的同时，应须兼顾社会住房保障。由于我国目前中低收入阶层比例偏大，因此，在年度计划中，对普通价格商品房、经济适用房和廉租屋三项土地供给比例应有特别说明。

显然，在信息不对称下，首先必须控制高档次住宅的开发比例，[①] 实行住房分类制也是不错的选择。[②]

本章利用信息不对称下房价博弈模型求出我国房地产市场纳什均衡（Nash Equilibrium）和更为精细化的序惯均衡（Sequential Equilibrium）解。由于目前让我国住宅市场交易双方的私人信息完全公开是不可能的，因此，解决信息不对称问题除了要规范商品价值标准，让信息沟通交流渠道畅通外，还要建立一种激励性经济管制惩罚机制，加大利用信息不对称谋己并损害另一方利益的成本，营造

---

[①] 2006年5月24日九部委的《关于调整住房供应结构稳定住房价格意见》（"国六条"实施细则）明确：要优先保证中低价位、中小套型普通商品住房（含经济适用住房）和廉租住房的土地供应，其年度供应量不得低于居住用地供应总量的70%。说明政策对供应结构的重视。

[②] 1930年美国政府介入住房市场就采用分类制，20%的高收入者提供商品房，62%的中等收入者提供政府规制户型和价格，具保障性质的"社会住宅"，18%低收入者提供廉租屋。

一种诚信经商的市场氛围。

　　本章主要结论：（1）信息不对称下市场非理性混合均衡为 $\langle P_{t-1}P'_{t-1}, BB' \rangle$ 和 $\langle P_tP'_t, NB' \rangle$，无论出现这些混合均衡的哪一个，都是不理性的均衡。（2）信息不对称使市场参与各方极具价格上涨偏好，开发企业借机利用信息优势逐级抬高房价，导致市场供给结构失衡。伴随中高价位房屋供给比例的不断提高，当前，我国住宅市场的均衡取向突显为房价不断攀升的 SE$\langle P_{t-1}P'_{t-1}, BB' \rangle$，该序惯均衡表明企业无论开发高档房还是普通档房均定高价，开发的普通档房经过"包装"后以高价出售，普通房价格变得不"普通"，在高价房"满天飞"且市场存在投机炒作下，购房者对高低价商品房只好都"抢购"。（3）信息不对称使买者逐渐失去房价值判断标准，产生错误的价值判断理念，市场的动态均衡路径将往泡沫生成方向发展。（4）政府应加大打击住宅市场利用信息不对称谋取"暴利"的力度，规范市场经济秩序，包括建立房地产行业"价格欺诈问题严重的商品房的招回制度"和价格欺诈所得罚没制度，以及采取定期发布住房质量检测报告等经济管制措施。唯有此，信息不完全市场才会存在良性的序惯均衡解，在政府经济管制下，房价博弈模型的 SE 均衡解为 $\langle P_{t-1}P'_t, BB' \rangle$，它表明开发商开发高档（t−1 档）商品房定高价，开发低档房（t 档）定低价，而市场中的高、低价房都会有人买，这是一个良性的市场均衡。

# 第 7 章

# 中国保障性住房价格经济管制分析

当前我国城市房地产市场供给结构性矛盾突出；城市保障性住房供给严重不足；面向中低收入阶层的保障性住房占总开发量比例呈逐年递减；面向符合规定条件的城镇中等偏下收入住房困难家庭、新就业无房职工和在城镇稳定就业的外来务工人员出租的公租房和面向最低收入家庭的廉租住宅则"缺位"较严重；高价位住宅供给过多等等。这些都造成房价居高不下，并已经成为城市经济深入发展中的障碍，不容回避。本章节将探讨保障性住房的核心问题即住房价格（含租赁价格）及其经济管制。

## 7.1  建立城市住房保障制度问题分析

### 7.1.1  中国住宅保障制度的缺失

2004 年 3 月 14 日第十届全国人民代表大会第二次会议通过的《中华人民共和国宪法修正案》中明确指出："国家建立健全同经济发展水平相适应的社会保障制度"。实施社会保障制度包括住宅保障制度，是构建和谐社会，安定民心，稳定政局，保障基本人权和促进经济发展的需要，也体现党和国家对"弱势群体"的关怀。目前，中国的保障性住房是指面向中低收入阶层的经济适用房、面向中等偏下收入住房困难家庭的公共租赁房和面向城镇最低收入"双困户"的廉租住房。早在 1998 年 7 月国务院下发了的《关于进一步深化城镇住房制度改革加快住房建设的通知》，强调要"建立和完善以经济适用住房为主的多层次城镇住房供应体系"，就正式开始了中国经济适用房和租赁房的建设与供应，同时废止了住宅实物的保障性住房分配。一个住宅保障基础制度的废除，必须要有一个更好的新的保障制度去承接。然而这些年中国住宅市场经济发展过程中，住宅保障制度却没有很好地建立起来，没有得到强制政策的保护，保障性住房的缺少是导致目前住房供应结构失衡的重要原因。

中国住房保障制度的缺失主要表现在以下几个方面：第一，保障性住房建设的立法缺位。目前住宅市场经济发展较为成熟的国家，如英、美、德、日、新加坡等，政府都很重视面向中低收入阶层的"公共住宅"① 建设，并通过立法得以有效执行，而目前中国保障性住宅强制建设的立法基本处于空白。第二，保障性住房土地供给缺乏规划。中国许多城市基本没有针对经济适用房、公共租赁房和廉租房建设的土地供给规划，这才有 2006 年 5 月出台的"国六条"将其作为一个条款要求各县市必须要制订保障性住房的土地供给年度计划。第三，保障性住房财政支持力度不足。一般对保障性住宅的财政支持包括直接投资建房、补贴建房、补贴房租、补贴住房运行、补贴住房现代化改造和购房税收优惠等。从目前来看，尽管中国地方政府卖地获得的财政收入不菲，但是，保障性住房财政支持的力度则很不够。第四，保障性住房金融支持有限。金融方面对保障性住房的支持包括低息贷款、政府住房抵押贷款保险担保、② 住房储蓄融资、③ 公积金制度和财政性住房资金的优惠贷款等。财政性住房资金由政府财政提供，优惠利息贷款给中低收入者买房，以后逐月偿还并归集后，返还给政府。目前无论是从受惠群体数量，还是受惠的数额上，中国保障性住房的金融支持都是有限的。

中国住宅保障制度的缺失，导致当前住宅市场任由经济利益最大化为导向，住宅开发一直以市场价商品住房为主，重视高端产品市场，忽略了保障性住房的低端产品开发。住宅市场不合理的产品供给结构体系，使得一些收入较高、生活比较富裕的人群不断拥有好地段、好环境的住房，甚至开始了住房投资的二次置业，他们自然希望房价高涨，资产快速升值。而与此相反的是，广大中低收入阶层面对畸高的房价，拥有"家"的梦想越发渺茫，这两种状况极易形成尖锐的社会矛盾。这种住宅供给结构失衡局面，既无法实现合理的梯次消费，更无法构建和谐社会和促进住宅市场的健康发展。

## 7.1.2　中国经济适用房建设问题分析

### 7.1.2.1　中国经济适用房的现状与问题

作为中国住房保障体系重要组成部分的经济适用房，对我国社会稳定有着举足轻重的作用。按照 1998 年 7 月《国务院关于进一步深化城镇住房制度改革加快住房建设的通知》的设计要旨：低收入家庭租赁由政府或单位提供的廉租住房，中低收入家庭购买经济适用房，其他收入高的家庭购买、租赁市场价商品房。为贯彻执行文件精神，建设部、国家计委、国土资源部又相应下发《关于大力发展经济适用住房的若干意见》。但直到今天，中国的经济适用房发展情况似

---

①　国外把保障性住宅称为公共住宅，其供给占住宅市场总供给的比例相当大，如新加坡的组屋占 80% 以上。

②　美国联邦住房管理局为购房债务占家庭收入比为 29%～41% 的中低收入家庭提供 100% 的住房抵押贷款保险，当借款者无力偿还债务时，由政府来偿还。

③　如德国为解决公共住房问题而建立的住房储蓄银行等。

乎远不如政策设计中的那样理想，甚至目前已经停止经济适用房的建设，整个住宅供应体系也出现了与政策设计较大的偏差。

2003 年以来，中国房地产市场经历了新的一轮上涨期，开发投资额、销售面积等都呈现大幅度上升的势头。然而，与商品房价格的一路攀升、住宅市场一片繁荣的景象不相适应的是：在经济适用房成为越来越多城市中低收入家庭实现"居者有其屋"的唯一选择时，它的供应量却逐年的萎缩（见表 7 - 1）。1999 年经济适用房投资占全部住宅投资比重为 16.56%，2005 年则降为 5.25%，降幅超过 11 个百分点，在 2003 ~ 2005 年三年市场最热时，商品房价格分别上涨了 15.05%、14.4% 和 7.1%。而同期的经济适用房投资占住宅投资比重却不到 10%，低于国家要求的 10% 标准。特别是 2004 年和 2005 年经济适用房投资额同比增长为负值，分别减少了 2.5% 和 6.8%，在住宅投资中经济适用房的比重仅分别为 6.86% 和 5.25%。

表 7 - 1　　　　　　　　　　1998 ~ 2005 年住宅投资情况　　　　　　　　单位：亿元，%

| 项目<br>年份 | 投资总额 | 住宅 | 同比增长 | 所占比重 | 经济适用房 | 同比增长 | 经济房占<br>住宅比重 |
|---|---|---|---|---|---|---|---|
| 1998 | 3614 | 2082 | 24.0 | 57.6 | 271 | 46.0 | 13.02 |
| 1999 | 4103 | 2639 | 24.5 | 64.3 | 437 | 61.4 | 16.56 |
| 2000 | 4984 | 3312 | 25.8 | 66.5 | 542 | 24.1 | 16.36 |
| 2001 | 6344 | 4217 | 28.9 | 66.5 | 600 | 10.6 | 14.23 |
| 2002 | 7791 | 5228 | 23.1 | 67.1 | 589 | -1.8 | 11.27 |
| 2003 | 10154 | 6777 | 29.6 | 66.7 | 622 | 5.6 | 9.18 |
| 2004 | 13158 | 8837 | 28.7 | 67.1 | 606 | -2.5 | 6.86 |
| 2005 | 15759 | 10768 | 21.9 | 68.3 | 565 | -6.8 | 5.25 |

资料来源：牛凤瑞主编：《中国房地产发展报告 NO.3》，社会科学文献出版社 2006 年版，第 91 页表 3。

经济适用房是用于保障中低收入家庭的用房，而目前中国家庭的收入现状如何呢？新华社高级记者杨继绳依据国家统计局 2000 年的统计数据将中国社会大致分为三个阶层：高收入阶层，约 3930 万人左右，占全国从业人员的 5.5%；中等收入阶层，总计约 8585.75 万人，约占全国从业人员的 12%；低收入阶层人数最多，包括最低收入者，总共约 6.69 亿人，约占全国从业人员的 82.5%。[①] 根

———————————

[①] 杨继绳认为高收入阶层主要是国家党政机关的中高级干部、演艺界名人、国家银行及国有大中型企事业单位的负责人、高级知识分子、大中型非公所有制的企业主、外资企业的白领雇员、部分垄断行业单位职工等。中等收入阶层主要是部分国有中型企业的管理人员、一般工程技术人员、一般文艺、新闻、律师工作者、一般企业的管理层、国家党政机关的一般干部、教师、小型非公所有制企业主及个体工商业者等。低收入阶层主要是一般企业的职工、农民工、农民、城镇下岗待业、失业人员、城乡贫困者等。

据中国统计年鉴的收入分类,① 中低收入家庭应包括中等收入户、中等偏下户和低收入户,不排除其中的部分家庭既买不起经济适用房,又达不到廉租房的最低收入线要求,而进入所谓的"夹心层"。2004 年这三类收入家庭占比分别为20.04%、20.08% 和 10.02%,② 即中国中低收入家庭占 50.14%,2003 年则为50.4%。统计年鉴数据显示,2005 年中国的中低收入家庭约占 50%,中高收入家庭约 40%,最低收入家庭占 10%,其中困难户占 5%。随着收入的"水涨船高",中低收入家庭的收入也会随之提高,且"进与出"该阶层的家庭基本相互抵消,因此,这种占比应该变化不大。依据 2004 年中等收入户家庭可支配收入24417.95 元、全国住宅销售价格 3521 元/平方米和"国六条"的 90 平方米建筑户型这三组数据,可计算出中等收入户的商品房价收入比高达 13 倍,③ 这还是按照中等偏下收入家庭中的最高收入户收入来测算的,显然,目前商品房价格对中等偏下收入群体是不可承受的消费品。

从住房现状看,中国约有 10% 即 3000 万城市人口居住条件非常差,人均居住面积低于 10 平方米,而 2004 年中国城市居民人均住宅建筑面积已达 25 平方米。此外,还有约占城市人口 20% 即约有 6000 万打工的流动人口定期或不定期地居住在城市,并随着城市化的深入,每年约有 1500 万农村人口要由农村进入城市,他们绝大多数都是中低收入者,并随着城市户籍制度改革而逐渐融入到城市生活中,这些群体迫切需要改善居住条件。显然,采用"清一色"的市场化高价商品房是无法解决他们的住房问题,未来中国中低消费者与高房价间的不和谐矛盾将决定中国社会保障性住房制度建设的走向,这种"不和谐"不是目前经济适用房投资比例还不到总住宅投资量的 10% 所能解决的,将大部分中低收入者"赶向"市场买高价商品房,住宅市场能和谐发展吗?

实际上,世界上主要的经济发达国家的公民住房自有率只有 30% ~60% 之间,也就是说还有 40% ~70% 的家庭租住商品房或政府提供的公共住房。中国香港有 1/3 的家庭租住廉租屋,新加坡有 86% 的家庭租购政府建屋局的组屋。因此,对于我们这样的发展中国家来说,开发建设多少包括经济适用房在内的保障性用房都不算太多,而不应该为了"保护"市场商品房的既得利益者,避免所谓的市场"挤出效应"而将经济适用房取消掉。

当前,中国经济适用房建设存在的问题可以归结为"对象失控、面积失控、价格失控"。

首先,一些地方对经济适用住房的供应范围和对象审查控制不严,出现了开着奔驰的经济适用房购房者。按规定,经济适用房的供应对象是广大中低收入家庭,而且必须经过审核,其家庭收入和住房面积必须低于规定线,并经所在单位

---

① 中国统计年鉴将收入水平按户分为最低收入户(困难户)、低收入户、中等偏下户、中等收入户、中等偏上收入户、高收入户和最高收入户七个类别。

② 中国社科院《中国中等收入阶层占全国人口 19%,每年比重增长 1%》,中新网,2004 - 3 - 28.

③ 上述这些占比、收入、房价数据均来自相应年度的中国统计年鉴或整理而得。

证明方能购买。但实际上，每个家庭的收入根本无法掌握。早些年，在住宅市场有效需求不足的情况下，开发商也不愿去从严掌握，只要有人购房就行了。显然，买得起三四十万元一套的房子的，不是中低收入家庭。同时，经济适用房出现了入而不住的现象。一些经济适用房的空关率比较高，被投资客当成了投资的工具。

其次，户型面积不合理。各地经济适用房面积显露其不"经济适用"性，例如福建全省已销售的经济适用房中，80 平方米以上占总量的 70%，[①] 一些地方还出现大户型、复式型和超大户型。

最后，与普通商品房相比，经济适用房价格低的原因在于对开发商利润 3% 的限制和经济适用房土地实行无偿划拨供应等，并且各地物价部门按国家有关规定严格审定建造成本，控制开发商利润。但是，由于经济适用房供给有限和定价管制失控，目前，许多地方的经济适用房已经不经济了，大大超过中低收入家庭的承受能力。

### 7.1.2.2　经济适用房现存问题的成因分析

经济适用房现存问题的成因主要是：首先，地方政府过于关注"利"和"绩"。中国的地方官员绩效考核仍然是以 GDP 的增长为主，房地产开发投资占总投资比重大，同时又可以带动建材、家电等其他相关产业经济的增长，可显著地提高 GDP。另外搞政绩、做形象工程必须要有钱，保持住宅市场热度就可使土地卖个好价钱，土地出让收入恰恰又是地方政府收入的重要来源之一。经济适用房土地无偿划拨这一明显带给中低收入家庭保障房的政策却与地方政府的财源站到了对立面上，再说大量建设经济适用房产生的"挤出效应"对保持市场热度也不利。因此，地方政府的土地供应并不向经济适用房倾斜，从而导致市场越热，地价越高，经济适用房开发越少的局面。至今中国大部分市、县政府没有编制经济适用房长期发展规划，有的城市没有理由地大幅度削减甚至停止经济适用房供应，导致保障性住房缺位，中低收入家庭的住房供应不足，以及市场供应结构不合理和房价上涨过快的局面。

其次是开发商追求利润最大化。《经济适用住房管理办法》中明确规定经济适用房中套面积为 80 平方米、小套面积 60 平方米，规定开发商的利润应控制在 3% 以内，但为了谋取高额利润，开发商在房屋身上大做文章。一些房地产开发商在享受政府优惠补贴的同时，通过利用混淆住房面积概念变相提高房价，或干脆以普通商品房名义销售等方法，使政府的"砖头补贴"[②] 进了自己腰包。只要能付得起房款，开发商便很少去仔细辨认购房者是否是国家规定的中低收入者，因此大部分经济适用房落入了有门路的高收入者和投资者手中。

---

①　参见王阿忠等：《福建省经济适用房开发建设的问题、成因和对策》，载《八闽房地》2005 年第 11 期，第 34～36 页。
②　指按照经济适用房生产品进行的补贴，实际上是补贴给供给者。

最后是政策的落实不到位和监管成本太高。其一是土地落实不到位。其二是优惠政策没有全部落实。一些地方开发经济适用房除了少交配套费外，其他的优惠政策几乎都被剥离掉了。其三是在补贴对象上失去监管，成本太高。由于目前我国还没有建立完善的个人收入申报制度，给确认购房者资格带来了一定的实施难度。另外，根据现有的经济适用房政策，经济适用房的立项需要政府批准，开发所用土地也往往由政府划拨，电网、小区配套设施等的建设需要政府负责，销售需要政府限价……，监督管理成本存在于各个环节中，只要一个环节出现问题，很可能会满盘皆输。由于没有专门的机构负责经济适用房的开发建设和分配，有关的职责都由开发商自己承担，导致在实施的过程中发生了许多政策上的偏差。

上述分析可见，经济适用房性质属于保障性用房，必须由政府统一建设与统一管理，唯有此，才能起到对市场经济的辅助功能作用。

## 7.1.3　城市租赁房保障制度建设相关问题分析

住房保障体系另一组成部分是公共租赁房和廉租房，它是指政府向城镇最低收入居民且住房困难的家庭，提供租金补贴或实物配租的具有社会保障性质的住房。实际上，针对中国城市最低收入家庭的公共住房问题，1999 年建设部就出台制定了《城镇廉租房管理办法》，提出由政府实施住房社会保障职能，向具有城镇常住居民户口的最低收入家庭提供租金相对低廉的普通住房，以保障公民基本居住权利。2004 年 3 月 1 日，国家在《城镇廉租房管理办法》基础上又修改并正式颁布实施了《城镇最低收入家庭廉租住房管理办法》。目前，中国多个城市的廉租房制度试点工作已经开展，并出台了适合各地情况的廉租房各种管理试行办法。而自 2012 年 7 月 15 日起施行的住房和城乡建设部《公共租赁住房管理办法》是限定建设标准和租金水平、面向符合规定条件的城镇中等偏下收入住房困难家庭、新就业无房职工和在城镇稳定就业的外来务工人员出租的保障性住房。这些保障性租赁房对住房弱势群体来说是个欢欣鼓舞的消息，但是，从总体上看，我国的廉租房与公租房建设还处于起步阶段，存在各种值得探讨的问题。

### 7.1.3.1　租赁房的需求者——低收入者还是住房弱势群体

从租赁房的需求方层面分析，租赁房这一住房保障体系要保障的应是住房弱势群体的居住问题。因此，我们必须界定清楚住房弱势群体的范围，才能准确地界定租赁房的保障对象，不至于出现该保障的人没有得到保障，不该保障的人却由于政策执行的偏误而被保障了。第一，住房弱势群体应属于住房困难户。住房困难，是指家庭人均使用面积不足 6 平方米。值得注意的是，住房困难不等同于"最低收入"家庭，如社会存在原有集资房的下岗职工等。第二，他们又是收入困难户，是指家庭人均收入在当地政府划定的最低生活保障线金额界限以下的，并在未来一段时间内不可能提高居住条件的社会群体。第三，他们处于社会政治经济生活中的底层，人微言轻，需要政府出面保障其住房。在明确应保障的对象后，如何把住房弱势群体具体化？在实践中，存在着租赁对象的现实覆盖面问题。从狭义上讲，它是最低生活保障制度保障的对象——低保户、贫困人口；从广义上讲，它应该指所有无法从市场获得住宅的最低收入且住房困难的居民家庭。具体而言，既包括具有城镇户口的城镇居民，也包括城市中大量所谓"流动"但常住城镇的农业人口。但目前现实情况是，各城市出台的廉租房政策，保障的对象多限定在低保户、优抚家庭中的住房困难户，而城市中既买不起经济适用房、又非低保的"夹心层"和以城市务工者为主的大量流动人口则不在租赁房保障的范围之内。"夹心层"是一个庞大的住房弱势群体。随着城市化进程的加快，这个群体的规模将不断扩大，如果不对他们的住房问题给予充分的重视，将会派生出一系列的社会问题，值得关注。

租赁房体现社会的住房保障，为了使符合条件的居民能够享受到这一政策，避免一些不符合条件的人钻政策的空子，政府应做好本地区最低收入且住房困难家庭情况的调查摸底，完善个人收入申报制度，以便准确识别出住房弱势群体。

### 7.1.3.2 租赁房的供给者——政府还是企业

租赁房在我国尚处于起步阶段，与租赁房制度本身的不完善、不成熟有关，但更为重要的是政府的住房保障职能还不到位，甚至出现了缺位的现象。依据《城镇最低收入家庭廉租住房管理办法》和《公共租赁住房管理办法》，政府应是租赁房的供给主体，对城市租赁房实行统一开发建设和统一管理，以确保其供应能满足住房弱势群体的需求。由于租赁房只能租给城镇低收入家庭居住，租金价格必然被政府限价管制，标准较低，开发租赁房将无利可图；加上保障房供给会对市场房价产生一定的心理暗示影响，所以，开发商一般不愿参与政府的租赁住房保障体系的运作。因此，解决低收入阶层住房困难问题的租赁房建设，不宜通过市场行为进行运作。即各城市租赁保障房应建立以政府为供应主体，社会各界共同参与的供应体系，不排除个别开发企业为了社会责任而参与到租赁房的建设中来。

但是，现今中国租赁房的供应主体缺位。很多城市的地方政府过于关注市场发展对当地经济增长的贡献，却不重视租赁房制度本身的建设，也有极少数的地方政府把建租赁房仅仅作为短期的"形象工程"来对待，根本没能制定与租赁房制度相配套的、适合本地区经济发展水平、居住状况、财政能力的租赁住房实施总体目标和分步实施方案；有的地方租赁住房仍停留在方案上，尚未付诸实践；有的地方政府甚至没有把这项制度提上政府的议事日程。实际上，各国家或地区的租赁房保障体系应有长远的规划和分阶段目标，而不是选择过渡性的手段（叶剑平、范光耀，2004）。

面对中国住房市场化后的结构性失衡，低收入住房困难群体的住房需求得不到满足，居住环境日渐恶化且无人问津的状况，中国城市地方政府必须充分发挥租赁房的供应主体职能，将解决城市弱势群体的住房问题归入政府职责，构建城市社会租赁房保障体系，以弥补市场经济之不足，这样才能从制度上体现公平，保障每个公民在住宅市场化中获益。

### 7.1.3.3　租赁房的房源——收购旧房还是新建

根据 2004 年 3 月 1 日起正式实施的《城镇最低收入家庭廉租住房管理办法》和 2012 年 7 月 15 日起施行的《公共租赁住房管理办法》有关规定，租赁房的房源主要来自于腾空的公有住房、政府出资建设的住房、政府出资收购或长期租赁的住房、社会捐赠的住房和其他渠道筹集的住房。第一类房源主要是已腾退的简易房，房屋的特点是已经使用多年，面积小、配套设施不齐全，数量不多的公有住房。此类住房明显的优点是政府投入成本低，由于是现房，只需要政府进行必要的修缮，就能保证房屋的安全和正常使用，可以为那些最低收入者中最急需救济的家庭提供帮助，以解其燃眉之急。但政府也不可能让此类房屋长期存在以致影响城市形象和政府的市政规划。所以，它不可能成为租赁房的主要房源。第二类房源是政府出资兴建的租赁房。政府对建租赁房的开发商提供政策扶持，如土地无偿划拨，简化审批程序等。此种房源的优点在于可以在短时期内解决房源严重不足的问题，且小区规划合理、房屋质量好、配套设施齐全、方便当事人居住生活。缺点是建设这种小区需要政府投入巨额的资金，财政负担重；政府的精力投入巨大，责任重，从土地划拨到监督工程质量及帮助当事人入住都要政府始终关注和投入大量的人力物力财力；成片建设租赁房小区也容易形成"贫民窟"，造成当事人心理失衡，对当事人的子女成长不利，且易成为社会治安的隐患。第三类房源指由政府出资，以低廉价格收购符合租赁房标准的住房。其优点是有利于消化并利用现有存量住房资源，并能较快的获得租赁房；住房质量高，设施齐全；能够提供较多数量的租赁住房而资金需求量又远远低于出资兴建租赁住房。缺点是房源分散不容易管理，且住房户型和面积标准不一定符合租赁房的要求；需要政府的强制干预，实施难度较大。第四类房源，指社会人士捐赠的住房用于租赁房。这一类房源是对前几种的有益补充，但是它数量极少，不可能成为租赁房来源的支撑力量。

从以上的分析中，目前应将第三种房源即政府出资收购库存住房作为中国租赁房的主要来源。原因如下：截至 2005 年 9 月底，全国商品住宅房空置面积已高达 1.09 亿平方米，目前空置面积更大。由于住宅是用来居住的，而不是用来炒的，因此国家应出台政策以限制炒房空置的住房，盘活存量房的使用，鼓励空置房出租经营，针对炒房空置住房应开征住房资源空置税，它是限制炒房的一种税，征收空置税的目的，一方面提高炒房者的炒作成本（包括装修出租成本）；另一方面，通过限制空置房，才能复归住宅是用于居住的这一本源，也才能真正了解住宅市场真实的居住需求，而不是盖了房子空着没有人住。

目前，在我国商品住宅空置率居高不下的同时，又存在着大量的住房需求得不到满足。消化库存商品房可以盘活住房市场，使资源合理有效配置，引导住宅市场走向成熟合理。国家可通过设立隶属于政府的经营租赁房的专业公司对库存空置商品房住宅进行收购或长期租赁，并按照租赁房标准进行必要的改建，如内部分隔以减少单套面积等。这样的投入远远小于出资新建，而且改造技术难度也不大，具有可操作性。资金来源方面，政府可以通过向银行贷款、向社会发行债券等方式筹集。另外，随着城市经济的发展和经济的周期性变化，"经营租赁房专业公司"很可能使所有的房屋增值，而且租赁房管理是动态的过程，已走出住房保障行列的家庭腾出相应的租赁房，这既可经营运作使其升值变现，又为再收购其他房屋作为租赁房的二次开发提供了条件，如此良性循环下去，将一定程度上解决租赁房制度的可持续发展问题。

### 7.1.3.4　租赁房的资金来源——财政资金还是市场资金

租赁房是政府解决住房弱势群体住房问题的重要举措。但目前由于地方政府重视程度不够，没有很好的规划，导致租赁房建设中出现资金短缺和来源渠道狭窄的问题。现阶段，政府虽然提出了财政拨款、住房公积金增值资金、社会捐赠等多渠道、多形式的资金筹措机制，但在租赁房实践中，大部分资金仍主要来源于住房公积金增值收益，政府财政资金也未能得以有效落实。保障最低收入家庭的租赁房工程是一项社会公益性事业，也是政府的一项保障工程，职责所在。因此，财政资助应是租赁房工程资金的主要来源。若让位于市场资金，则会使租赁房的保障性质发生质变，最终将难以成功。因此，在住宅商品化的进程中，如何调整政府的支出结构，将低收入群体的住房问题真正列入政府的支出预算安排，以保障稳定的资金来源将成为租赁房制度建设的重中之重。

面对租赁房建设资金短缺的现状，笔者认为地方政府应从土地出让收益中划出一部分作为租赁房的使用资金，专款专用。目前，各地土地收入占地方财政收入的50%以上，这部分资金收入充裕，地方政府应本着取之于民，用之于民，为低收入住房困难户办实事原则，建立长效机制，构建租赁房专项资金制度，解决其资金不足问题。当然，除了主要以地方财政拨款外，不排除还可以充分利用市场上的资金来源，如（1）发行"租赁住房彩票"。类似于体育彩票和福利彩票性质，吸收社会资金，以其中一部分作为彩金，其余大部分用于专项的租赁房资金。（2）政府参与房产开发（如建立"经营租赁房专业公司"）的收益部分。（3）建立"租赁房基金"。持有租赁房的是政府管理机构，如果能够在租赁房上形成一些基金，再整合原来支持租赁房的社保、土地出让金等等，租赁房的基金有可能形成一种类似于国债性质的投资项目，吸引群众的购买。

每个国家的住房均具有分类性质，并呈梯次消费结构，租赁住房作为面向低收入阶层的一个住宅消费品种，与其他产品一起构成了完整的房地产市场产品消费体系。目前，作为中国住房保障体系一部分的租赁住房制度，在房源上，应充分利用房地产市场上的存量房；在资金上，要建立稳定的住房保障基金，并充分利用市场上的闲散资金；在管理上，应建立起个人收入申报制度；采用分散居住的方式；但更为根本的应该是多方位提高低收入家庭的收入水平，以提高其实际住房消费能力，达到标本兼治的效果。

## 7.1.4  中国保障性住房体系的构建与管理

### 7.1.4.1  我国保障性住房体系的构建

我国自 1998 年停止福利分房、开始住宅市场化改革以来，住房供应大步迈向商品化、市场化。伴随着商品房市场的繁荣、城市经济的快速发展以及老百姓在住房上获得更大空间和自由的同时，我们却忽略了住房保障机制的建立与完善，住房市场出现了过于市场化的趋向，这引发了诸多社会问题，房价超出了绝大多数工薪阶层的承受能力，广大中低收入家庭买不起房、甚至租不起房。因此，我们必须遵循"房子是用来住的，不是用来炒的"的理念，进行顶层设计，加快住房保障制度建设，建立完善的住房保障体系和法律制度。解决好中低收入居民的住房困难问题，在注重市场经济效率的同时也处理好社会公平问题。

2007 年国务院出台了《关于解决城市低收入家庭住房困难的若干意见》，明确把解决城市低收入家庭的住房困难作为政府公共服务的重要职责，加快建立健全以廉租住房制度为重点、多渠道解决城市低收入家庭住房困难的政策体系。2008 年底，国务院下发了《国务院办公厅关于促进房地产市场健康发展的若干意见》，提出要加大保障性住房建设力度。"十一五"期间，我国以廉租房、经济适用住房等为主要形式的住房保障制度初步形成。通过各类保障性住房建设，到 2010 年底，我国城镇保障性住房覆盖率已达 7% ~ 8%，城镇居民人均住房面积超过 30 平方米。"十二五"规划内容显示，到"十二五"末，全国城镇保障性住房覆盖率将提高到 20% 以上，基本解决城镇低收入家庭住房困难问题。经过十几年的不断完善和发展，经历从最初以廉租房和经济适用房为主的保障体系，逐步形成了由廉租房、经济适用住房、限价商品住房和公共租赁房四部分构成的住房保障体系。

（1）廉租房。廉租住房保障采取实物配租和租赁补贴相结合的方式解决城市低收入家庭住房问题。实物配租是指政府向符合廉租住房保障条件的城市低收入住房困难家庭提供廉租住房，并按照规定标准收取租金。廉租住房租赁补贴是指政府向符合廉租住房保障条件的城市低收入住房困难家庭发放住房租赁货币补贴，由其自行租赁住房解决居住问题。

（2）公共租赁房。公共租赁住房由政府直接投资或社会资本投资建设，面向城市中等偏低收入家庭、新就业无房职工、在城市稳定就业的外省务工人员供应，限定套型面积，租金标准原则上按同地段或同区域、同类别住房市场租金

50% ~70% 的比例确定。

公共租赁房和廉租住房的区别主要有：①申请对象不同。廉租房的申请对象仅限于本市城镇低收入住房困难家庭，而公租房的申请对象不受区域和户籍限制。②保障对象不同。廉租房对象为城市低收入家庭，公租房对象为城市中等偏下收入家庭，因此交纳的租金不同，公租房的租金比廉租房租金高一些。

以我国福建省为例，近三年，福建省大力建设公共租赁房，建设比重达保障安居工程总量的25.3%，详见图7－1。图7－2是福建九地市2010~2012年建设完成情况。

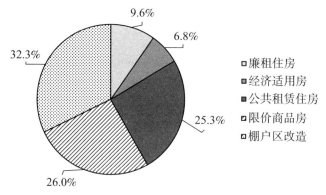

图7－1　福建各类保障性住房建设占比

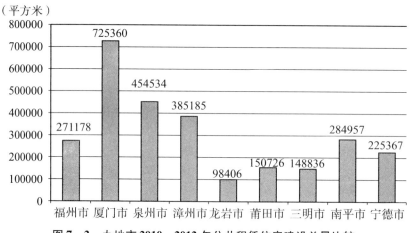

图7－2　九地市2010~2012年公共租赁住房建设总量比较

（3）经济适用房。经济适用住房发展经历三个阶段：1994~1998年经济适用住房政策形成期；1998~2003年经济适用住房快速发展期；2003年以来，经济适用住房制度调整和完善期。其政策性和保障性体现在：划拨建设用地；减半征收建设和经营中的行政事业性收费；政府负担小区外基础设施建设费用；商业银行可以为建设单位以在建项目作抵押提供开发贷款，个人贷款执行优惠利率；

住房公积金贷款优先向购买经济适用住房者发放。经济适用住房基准价格由开发成本、税金和利润三部分组成，其中，开发成本包括征地和拆迁安置补偿费、前期勘察和"七通一平"费用、主体工程的建筑安装费用、小区内配套基础设施和公共设施建设费等，利润控制在上述成本的3%。

（4）限价房。限价商品住房供应对象主要面向行政机关、企事业单位、新就业大中专生、引进人才等中低收入住房困难群体。采取限地价、限房价的办法，以招标方式出让土地，确定开发建设单位。限价房的实际销售均价不得超过土地公开出让时确定的销售均价，并且规定面向社会公开销售的限价房5年内不得交易转让。

### 7.1.4.2 我国保障性住房管理分析

我国住房保障体系在解决城市低收入家庭住房方面初见成效，但与其他发达国家或地区相比，我国的住房保障体系建设总体来说起步较晚，相关管理经验比较欠缺，在执行过程中问题频出，其中保障性住房的准入审核与退出执行难是其中的问题之一。这不仅造成了有限公共资源的流失，而且给政府造成了公信力危机，同时造成国家财产的严重损失。因此加强保障性住房的准入与退出对完善保障性安居工程建设有着重要的现实意义。

（1）加强保障性住房法律法规建设。为切实解决广大城镇中低收入人群的住房困难，构建完善、有效、合理的保障性住房供给体系，我国应尽快出台专门性的住房保障法律、法规，从立法层面上对住房保障的实施计划、对象、标准、方式、资金来源以及运作机构等内容进行界定。同时，各省各地应结合当地经济发展的实际情况，制定出地方性的住房保障法规，指导当地保障性住房供给体系的构建。

（2）设立法定的住房保障机构全程动态管理。目前我国大部分市县没有建立法定的住房保障机构，协调各部门以及负责专门住房保障工作。为适应保障性住房发展的需求，提高保障性住房的管理效率，我们可以借鉴发达国家和地区的经验，从立法层面上要求设立专门的住房保障机构，代表政府全面负责城市保障性住房的投资建设与分配管理等一系列工作，将保障性住房的投资、建设、分配和管理纳入规范化、制度化的轨道。同时，应在各地所管辖的区、街道办事处、县市、乡镇人民政府采取调配、招聘、政府购买服务等方式时，配备必要的工作人员，各级人民政府应根据实际需要为城市低收入家庭认定工作安排必要的工作经费，并列入同级财政预算，主要用于信息平台建设及运行、入户调查、数据采集、证表印制和建立档案等。

（3）加强保障性住房准入标准的设定。目前我国就业形式十分灵活，居民隐性收入无法准确得知，申请人申报个人收入时往往会选择利己的信息，而隐瞒或扭曲真实的信息，申请家庭真实收入难以动态监管。应加强如下方面的标准管理：

①收入方面。城市低收入家庭收入标准，应根据当地经济和社会发展水平，统筹考虑居民人均可支配收入、最低工资标准、失业保险标准、最低生活保障标准以及住房保障和其他社会救助的关系，满足城市居民基本需求为原则确定的。具体标准是由市、县民政部门会同财政、住建、人社、统计、物价等部门制定，实行动态管理，每年公布一次。市辖区城市低收入家庭收入标准，由设区市人民政府批准后公布执行；县（市）城市低收入家庭收入标准，经同级人民政府批准并报上一级人民政府备案后公布执行。

在保障性住房分配工作中，各市县人民政府须根据当地经济社会发展水平、居民收入、住房状况合理确定并公布各类保障性住房申请人家庭收入（财产）准入标准。保障性住房家庭收入（财产）准入标准一般均高于城市低收入家庭收入标准，特别是公共租赁住房准入标准一般在低保标准的6倍左右。如福建福州市规定公共租赁住房准入标准为家庭年收入7.8万元以下（含）；莆田市规定公共租赁住房准入标准为家庭上一年度总收入低于6万元。

②住房方面。在保障性住房分配规范审核流程的"三审二公示"中，第二审是住房保障部门应自收到街道（镇）上报的申请材料之日起规定时间内，会同房产管理（房屋登记）、住房公积金等相关部门，就申请人及共同申请的家庭成员自有房产（包括店面、车位、写字楼等非住宅）和现住房状况（包括承租公有住房，已析产、赠与、没收等房产）、房产上市交易、住房公积金缴存情况、享受过房改和住房保障优惠政策等情况进行审核，并提出审核意见提交同级民政部门。

③资产方面。目前低保资格的审查主要通过收入来衡量，低保人员拥有的汽车、房屋等财产情况，由于缺乏相应的政策和法律依据，民政部门尚无途径掌握。民政部门可以考虑通过与金融、公安、建设等部门建立联动机制，对低保人员的房产、汽车、存款等财产情况进行调查，并纳入低保审核指标。

（4）准入审核中申请家庭信息的公开范围。目前申请保障房一般公开的信息有申请人和共同申请人年收入、资产、住房建筑面积，其中家庭收入是指申请人和共同申请人的全部收入总和，包括家庭成员的工资性收入（工资、奖金、津贴、补贴收入以及其他劳动收入等）和财产性收入（各类保险金、存款与借出款利息、有价证券与股份、投资经营收益以及其他固定资产经营收益等），住房是指家庭成员现有房产；拆迁房屋；承租公有住房；已析产、赠与、没收等房产。由于省级以上劳模、经组织人事部门共同认定的县引进专业技术人才、军烈属、归难侨、二级残疾以上（含二级）在同等条件下可优先配售经济适用住房，因此还应公开这些申请人的相关荣誉信息。

目前对申请家庭信息的公开方式主要是"三审二公示"中的街道、镇公示，区复审，设区市登记公示。但是这两种公示存在一定的局限性，我们可以充分发挥社会监督的作用，通过报纸、网络等媒体的公示，接受公众的监督，并建立举报投诉及处理机制。同时，可借鉴新加坡的公示模式，将住户相关信息包括家庭成员、工作单位、工资情况等信息挂在每户的门口，有利于其他机构、媒体的监督。

（5）利用科技手段强化管理。

①建立个人信用体系与收入申报机制。利用网络资源及时建立数据支撑的个人信用系统，对违规违法行为诸如虚假申报、骗租骗售及转租转借保障房等进行详细登记。同时，应尽快建立健全收入申报机制，将劳务收入与资产性收益结合起来考虑，比如开通第二代身份证芯片的"智能卡"功能，通过金融、税务、公安等有关部门信息数据的共享，使政府全面掌握城镇居民家庭的真实收入信息，以准确界定保障对象。

②建立住房档案信息系统。要对家庭和个人的住房情况进行调查摸底，建立家庭住房情况登记备案制度，房屋登记机构办理房屋权属登记时，应根据住房保障部门提供的信息比对申请登记人家庭成员是否正在享受保障性住房，甄别真伪后进行登记，对政府保障住房的分配实行家庭成员实名制。

③建立实时的资格年审制度。由于住房保障对象的收入水平并非一成不变，因此，对住房保障对象的家庭收入状况、住房困难程度和住房保障面积等应进行动态跟踪。根据收入水平的变化调整低收入家庭的标准，建立复审制度，并定期向社会公布，每隔两年或稍长时间对原保障对象进行全面审核重新认定，仍然符合条件的才能继续享有保障资格，对不符合条件的受保障家庭责令其退出保障房体系。

# 7.2  中国经济适用房价格经济管制分析

## 7.2.1  中国经济适用房性质与价格高低问题

经济适用房制度的初衷是作为社会住房保障体系的一部分，解决中低收入家庭的住房问题，其建设用地由地方政府无偿划拨，属于保障性质用房。显然，社会保障功能的实现一定要以政府为操作主体，相反，市场的正常运行则是以开发商和商品房购买者等利益双方为主体。政府的社会保障行为无盈利目的，而开发商的经营行为则以谋利为直接目的。因此，当前经济适用房建设中的现存矛盾，实际上是社会保障与市场利益之间的矛盾。

既然是保障性质用房，经济适用房的价格就必须由政府进行经济管制，才能起到保障作用，促进社会的安定。然而，当前一些地方的经济适用房价格失控，过高的价格与偏低的居民购买力所产生的矛盾仍相当突出。对于经济适用房价格水平是高还是低，不同的人有不同的看法。由于当前许多地方的经济适用房开发、建设、销售均"扔给"开发商去做，政府管理缺位，而开发商从其收益率角度考虑，不断抱怨经济适用房的价格太低。相反，城镇中低收入居民则认为经济适用房的价格太高了，因此，这里存在一个衡量经济适用房价格高低的标准问题。作为保障用房，笔者认为经济适用房价格高低的衡量标准应是中低收入者的承受能力，离开中低收入家庭的收入水平去谈论经济房的价格是没有意义的，它起不到保障作用。以 2004 年我国经济适用房平均价格 1542 元/平方米计算，户型 80 平方米的总价为 123360 元，按照目前住宅最高商业贷款年限 30 年，按揭年利率 6.12%，月利率是 0.51%，则七成按揭测算的月供为：$12.34 \times 0.7 \frac{0.51\%(1+0.51\%)^{360}}{(1+0.51\%)^{360}-1}$ =524 元，大大高于 2004 年统计年鉴上这些家庭的月住房开支。表 7-2 反映中低收入家庭的年收入和房价的关系情况。

表 7-2　　　　　2004 年经济适用房价格与中低收入家庭收入水平比较

| | 户均家庭年可支配收入（元） | 经济适用房总价（元/套） | 房价收入比（倍） | 户均家庭月住房支出（元） | 户均家庭住房按揭月供（元） | 月供占月收入比例（%） |
|---|---|---|---|---|---|---|
| 中等收入户 | 24417.96 | 123360 | 5.05 | 43.61 | 524 | 25.75 |
| 中等偏下收入户 | 18674.71 | 123360 | 6.61 | 29.04 | 524 | 33.67 |
| 低收入户 | 14350.12 | 123360 | 8.6 | 18.60 | 524 | 43.82 |
| 最低收入户 | 9617.63 | 123360 | 12.83 | 12.24 | 524 | 65.38 |

资料来源：可支配收入与住房支出数据根据《中国统计年鉴》2005 年整理。

由表 7-2 可知，2004 年全国平均水平的经济适用房价格相对于中等偏下收入户、低收入户和最低收入户三类型家庭的收入能力而言，房价收入比分别为 6.61 倍、8.6 倍、12.83 倍，超过 6 倍的国际标准正常值。采用按揭方式购房，则月供占月收入比重为 33.67%、43.82%、65.38%，这对于低收入者来说，负担太重。说明经济适用房价格对中等以下收入户，特别是对低收入户和最低收入户明显偏高，目前低收入户和最低收入户约占总户数的 20%，他们无力购买目前 1542 元/平方米价格的经济适用房，更不要说北京市部分高达 4000元/平方米的经济适用房了。

另外，地方政府除了要保证保障性用房的年度合理供给外，其价格应保持相对稳定，不应该有较高的涨幅，以避免对脆弱的低收入者造成太大的生活压力。若经济房价格随建材价格等而上涨，其涨幅至少不能高于中低收入阶层的收入涨幅。然而，由于经济适用房的用地是无偿的，地方政府得不到土地出让收益，政府开发经济适用房的积极性不足，使得这些年中国经济适用房开发面积占住宅总开发面积的比例在逐年递减。供给失衡与价格管制的缺位，导致经济房价格升幅不小，如表 7-3 所示。

| 年份 | 住宅开工面积（万平方米） | 经济适用房开工面积（万平方米） | 占比（%） | 住宅价格（元/平方米） | 经济适用房价格（元/平方米） | 中等收入户可支配收入（元） | 建材价格指数 |
|---|---|---|---|---|---|---|---|
| 1998 | 16637.5 | 3466.4 | 0.21 | 1854 | 1035 | 16329.58 | 98.6 |
| 1999 | 18797.9 | 3970.4 | 0.21 | 1857 | 1093 | 17473.42 | 98.8 |
| 2000 | 24401.2 | 5313.3 | 0.22 | 1948 | 1202 | 18519.47 | 101.5 |
| 2001 | 30532.7 | 5796 | 0.19 | 2017 | 1240 | 19799 | 98.6 |
| 2002 | 34719.3 | 5279.7 | 0.15 | 2092 | 1283 | 20236.7 | 98.2 |
| 2003 | 43853.9 | 5330.6 | 0.12 | 2197 | 1380 | 22054.61 | 99.7 |
| 2004 | 47949 | 4257.5 | 0.09 | 2549 | 1542 | 24417.95 | 105.1 |

表 7 – 3　　　　　　　　　　　中国经济适用房开发量与价格

资料来源：各年中国建设年鉴，中国投资年鉴，中国统计年鉴和中国房地产统计年鉴。

图 7 – 3 反映出 1999～2004 年期间，经济房价格涨幅基本与住宅价格涨幅同步，在 1999 年、2000 年和 2003 年甚至还高于住宅价格涨幅，在 2000 年、2002 年和 2004 年三年也高于中等收入户的收入涨幅，作为保障性用房这种价格涨幅显然是不合理的。

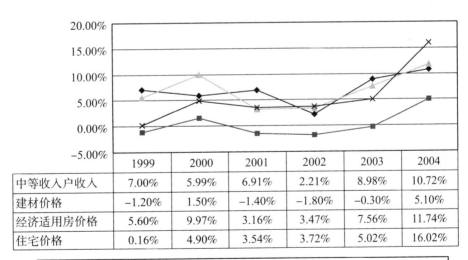

| | 1999 | 2000 | 2001 | 2002 | 2003 | 2004 |
|---|---|---|---|---|---|---|
| 中等收入户收入 | 7.00% | 5.99% | 6.91% | 2.21% | 8.98% | 10.72% |
| 建材价格 | −1.20% | 1.50% | −1.40% | −1.80% | −0.30% | 5.10% |
| 经济适用房价格 | 5.60% | 9.97% | 3.16% | 3.47% | 7.56% | 11.74% |
| 住宅价格 | 0.16% | 4.90% | 3.54% | 3.72% | 5.02% | 16.02% |

━◆━ 中等收入户收入　━■━ 建材价格　━▲━ 经济适用房价格　━×━ 住宅价格

**图 7 – 3　1999～2004 年经济适用房价格与相关因素的涨幅对比**

资料来源：表 7 – 3 数据经过笔者整理。

经济适用房用地由政府划拨，价格主要是由开发成本费用构成，与地价无关，其涨幅高与近年来住宅市场热导致拆迁补偿费用的提高不无关系，这些年经济房价格涨幅大大高于建材价格的涨幅说明地方政府应该选择拆迁费用相对低廉的用地供经济适用房建设，以降低并管制开发建造成本。

## 7.2.2 经济适用房价格经济管制模型分析

上述分析表明，靠当前经济适用房的价格水平来解决低收入阶层的住房问题并不现实，政府须加强价格经济管制，稳定经济房价格才可以完成这个使命。2002 年 11 月 17 日国家计委和建设部联合下发的《经济适用住房价格管理办法》中第五条规定："经济适用住房价格实行政府指导价，其价格应当与城镇中低收入家庭经济承受能力相适应，以保本微利为原则，与同一区域内的普通商品住房价格保持合理差价，切实体现政府给予的各项优惠政策。"第六条规定经济适用住房基准价格由开发成本、税金和利润三部分构成。随后，2004 年 5 月出台的《经济适用住房管理办法》第 17 条又对此进一步加以明确。

无疑中国经济适用房价格经济管制模式是"被减免掉的成本加成"定价模式，即政府首先管制减免掉经济适用房的一些开发成本，在此基础上加成 3% 的开发利润，再外加管理费、利息和税金，以成本价格而不是市场价格作为经济适用房的价格。被政府管制减免掉的成本项包括土地出让金和一系列不必要的开支，如（1）住宅小区内经营性设施的建设费用；（2）开发经营企业留用的办公用房、经营用房的建筑安装费用及应分摊的各种费用；（3）各种与住房开发经营无关的集资、赞助、捐赠和其他费用；（4）各种赔偿金、违约金、滞纳金和罚款；（5）按规定已经减免及其他不应计入价格的费用。① 具体而言，经济适用住房价格经济管制后的构成如下：②

（1）征地和拆迁安置补偿费。用于征用土地和拆迁补偿等所支付的征地和拆迁安置补偿费。

（2）勘察设计和前期工程费。开发项目前期工作所发生的工程勘察、规划及建筑设计、施工通水、通电、通气、通路及平整场地等勘察设计和前期工程费。

（3）建安工程费。列入施工图预（决）算项目的主体房屋建筑安装工程费，包括房屋主体部分的土建（含桩基）工程费、水暖电气安装工程费及附属工程费。

（4）基础和公共配套设施建设费。在小区用地规划红线以内，与住房同步配套建设的住宅小区基础设施建设费，以及按政府批准的小区规划要求建设的不能有偿转让的非营业性公共配套设施建设费。住宅小区基础设施指建筑物 2 米以外和项目红线范围内的各种管线、道路工程，费用包括自来水、雨水、污水、煤气、热力、供电、电信、道路、绿化、环卫、室外照明等设施费用。非营业性配套公共建筑指居委会、派出所、托儿所、公共厕所、停车场等。

（5）管理费。指企业行政管理部门为管理和组织住宅开发经营活动而发生的

---

① 转引自《经济适用住房价格管理办法》第 7 条。
② 参见《经济适用住房价格管理办法》第六条。

各种费用，管理费一般按照不超过（1）至（4）项费用之和的 2% 计算。

（6）贷款利息。按照房地产开发经营企业为住房建设筹措资金所发生的银行贷款利息计算。

（7）行政事业性收费。行政事业性收费按照国家有关规定计收，一般行政事业性收费包括：单体建审，消防建审，抗震建审，选址意见书，规划许可证，人防（易地）建设费，规划管理费，四源费，防洪费，新菜田基金，土地放样费，建筑放、核样费，渣土处置费，质量监督费，环保噪声费等。①

（8）税金。依照国家规定的税目和税率计算。一般指销售环节的税费，包括营业税、城建税及其附加、交易手续费和印花税等。

（9）利润。按照不超过上述（1）至（4）项费用之和的 3% 计算。

受政府经济管制后，经济适用房的基准价格由开发成本、税金和利润三部分构成，即经济适用房经济管制的成本加成价格模型为：

$$P = (1 + 2 + 3 + 4) \times (1 + 2\% + 3\%) + (6 + 7 + 8)$$

理论上，由于没有地价，按照成本加利润定价的经济适用房价格应该比市场商品房价低了很多，如福州市 2005 年经济适用房基准价格为 1800 元/平方米，比同期的市场商品房均价 3693 元/平方米②低了近一倍。当然，具体某套经济适用房的实际成交价格是在基准价格基础上根据楼层、朝向差价修正后确定，楼层、朝向差价按整幢（单元）增减的代数和为零的原则确定。

由于房地产开发与建设过程中发生的相关成本支出，可细分为许多项，不同的房地产开发公司在对成本的归集与分配方式上难以统一，使得房地产企业的实际开发成本数据在一定程度上不能直接对比。因此，理想的做法是：经济适用住房成本加成定价首先由有定价权的政府价格主管部门会同建设（房地产）主管部门，按照《经济适用住房管理办法》相关定价规定，依据建筑造价定额标准，对住宅开发的建筑成本费用等项目事先给予确定，并向社会公布当地经济适用房价格。

由于经济适用住房价格与地价无关，因此其上浮幅度主要取决于建筑材料与人工费的上涨，而且扣除房屋折旧后，其涨幅应相当有限，甚至应该表现为不断贬值的过程，至少在一定时期内，经济适用房价格应保持相对稳定。为防止投机炒作经济适用房，须加强经济适用房价格的规范化管理，价格上浮必须由有定价权的政府价格主管部门加以管制确定，下浮幅度不限。

总之，作为对市场经济补充的具有保障性质的经济适用住房价格必须要加强管制，这样才能达到改善中低收入者实际居住问题的目的，经济适用房在政府合理管理之下一定要坚定不移地执行下去。

---

① 参见王阿忠：《我国城市房地产商品房价格及市场走向》，载《价格理论与实践》2002 年第 10 期，第 26 ~ 28 页。
② 参考王阿忠等：《辞旧岁短话说福房　迎新春榕楼喜洋洋——福房指数　12 月份市场分析预测暨年终盘点》，载《海峡都市报》2006 – 01 – 15，第 8 版。

# 7.3　中国租赁房租金经济管制分析

## 7.3.1　政府管制下租赁房租金构成及与市场租金的区别

### 7.3.1.1　管制下的租赁房租金构成及其影响[①]

租赁房租赁价格或费率就是租赁住房租金，简称租赁房租，是零星出卖租赁房使用权的价格。由于公共租赁房和廉租房属于保障性住房，因此，其租赁价格必须受政府管制，不能按照市场租金要求定价，从而达到保障最低收入住房困难阶层有房子住的目的。根据 2005 年 3 月 14 日国家发改委、建设部发布的《城镇廉租住房租金管理办法》规定，廉租住房租金是指享受廉租住房待遇的城镇最低收入家庭承租廉租住房应当交纳的住房租金。租赁住房租金实行政府定价，具体定价权限按照地方定价目录的规定执行。2012 年 5 月 28 日中华人民共和国住房和城乡建设部《公共租赁住房管理办法》第十九条规定，市、县级人民政府住房保障主管部门应当会同有关部门，按照略低于同地段住房市场租金水平的原则，确定本地区的公共租赁住房租金标准，报本级人民政府批准后实施。廉租住房租金标准原则上由房屋的维修费和管理费两项因素构成，即廉租房租赁管制价格仅由维修费和管理费两项因素构成，并与城镇最低收入家庭的经济承受能力相适应。[②] 要了解租赁住房租金标准及各地方定价的差异，首先必须从理论上把握租金的构成及其影响因素。

一般情况下，住宅租赁价格的基本构成因素有以下几个：（1）租赁住宅的概算成本。这是租金的基础和主要部分，包括房地产客观合理价格、装修费用、配备、住宅保险费及税费等。（2）租赁期间的利息。包括出租方为购买租赁住宅所筹集资本的利息、筹资费用等。（3）出租方利润。作为置业投资者的出租方须获得超过利息之上的利润以补偿投资风险，而同时住宅用途对风险及利润的影响较大。（4）房屋管理及维修费用。管理费用指租赁期间投资者对住宅管理的付出，如租金收取、保安及卫生费等等；维修费用包括住宅、配备的维修等。（5）租赁期末住宅权益值。城市住宅有限的寿命期由许多租赁期所组成，每个期末出租方对住宅的权益值均不同，其高低取决于租赁期初住宅概算成本、维修费用投入和期末市场状况。

不同因素构成了不同的租金，具体有：

①　本部分参见王阿忠：《我国城市住宅租赁价格：基于重塑房价标准的研究》，载《中国物价》2006 年第 10 期，第 60～64 页。
②　参见 2005 年 3 月：《城镇廉租住房租金管理办法》，第 3、5、6 条。

（1）租赁房租金或福利租金。租赁住房由于具有社会保障性质，其租金仅由维修费和管理费构成。由于此租金水平很低，房租不能收回国家建房投资，甚至以租不能养房，充分体现福利保障性质。从这一角度看，显然，租赁住房是不能市场化运作的。当然，目前租赁住房租金原则上按照维修费和管理费两项因素确定，以后随着最低收入水平的提高会适当提高。

（2）准成本租金。也称"三项因素租金"，指由折旧费、维修费和管理费三项因素构成的城市住宅租金标准。它尚未达到住宅管理单位的保本水平，属低租金标准。

（3）成本租金。亦称"五项因素租金"，指由折旧费、维修费、管理费、税金和利息五项因素构成的住宅租金。该租金是按照出租住宅的经营成本来确定，在住宅寿命结束时，依靠住宅的折旧费积累，能够实现住宅的重建，因而它属于能够维持简单再生产的租金标准。

（4）商品租金。也称"市场租金"或"八项因素租金"，指以住宅商品的价值为基础，由市场供求关系决定的住宅租金。它由折旧费、维修费、管理费、利息、税金、利润、保险费和地租等八项因素构成，该租金是住房商品化的体现，使得住房商品的价值可通过收取租金的方式得以实现，从而使住房投资进入良性循环，因此商品租金也当作市场租金来看待。

（5）理论租金。指以马克思价值理论所测算的理论价格为基础而制定的住宅租金。根据马克思的价值构成理论 $W = C + V + M$，理论租金的构成因素包括住宅生产和流通过程中的全部费用和盈利。市场租金围绕理论租金而上下波动。

尽管廉租房租金标准由"两项因素"构成，公租房租金确定也是上述前3种方式。但是，由于各地方住宅市场和经济发展的不平衡，不同的住宅也有好坏之分，最终体现在租金上也应有些微的差别。而要了解这种差异，就必须分析影响租金的因素。租金与房地产价格的关系，就像利息与资本本金的关系一样，因此影响房价的因素也一样会影响租金，当然住宅租金还有其自身的一些特点，租金影响因素可归纳如下：（1）自然因素，分为土地和建筑物方面，包括区位、地形地势、土壤条件、交通便利、基础设施、环境景观、建筑质量、使用面积、楼层朝向、平面布置、装修及内部配备等。（2）经济因素，影响租金的经济因素能够反映出住宅对区域经济与城市区划经济的适应性，具体因素有：经济发展状况、利率、居民收入、物价水平、租期及租户信誉等。（3）社会因素，此因素比较主观，包括对城市居住模式（独居、合住）的态度、人口趋势、房地产投机、城市化及社会治安等。（4）行政因素，指影响租金的制度、政策法规和行政措施等，包括房地产制度、价格政策（廉租住房租金）、行政隶属变更、城市规划与发展、税收政策及城市交通管制等。最后确定的各租赁房租金水平必须根据其影响因素综合修正后定价。

### 7.3.1.2　租赁房管制租金与市场租金定价方法的区别

《城镇廉租住房租金管理办法》和《公共租赁住房管理办法》都有规定因收

入等情况变化而不再符合租住保障性住房条件而继续租住的，应当按商品住房的市场租金补交租金差额。这也说明了在实践中租赁住房租金也是低于市场租金的。实际上，租赁房租金不但在构成因素上大大少于市场租金，二者定价方法的差异也很大。从当前一些城市实践来看，中国租赁房租赁价格政府经济管制主要采取租金补贴、实物配租和租金减免三种方法。这三种办法的租金经济管制定价也各不相同，而租金补贴是最常用的一种方法，它是由政府为符合条件的租赁家庭按其家庭收入情况所确定的配租标准来发放补贴租金，并由其到市场上自行租赁房屋以解决住房困难的一种模式。它最先来源于美国的廉租房制，1965 年和 1986 年美国修订的《住宅法》都规定低收入者租住符合政府规定的住房，只支付家庭收入 25% 的租金，超过部分由政府补贴，付给出租房主。而实物配租方法中，政府经济管制租金标准则必须按照维修费和管理费两项因素来确定，实行政府定价，也可按公房租金标准的 1/3 确定。租金减免方法相对比较少用，它是主要针对城镇低保和优抚对象家庭所用的管制租金方法，规定这些家庭可以申请减免租金。总之，在政府经济管制下，廉租房租赁价格定价是以保障性用房性质的福利租金为主，按照"两要素原则"定价，并根据各地经济发展情况及房屋状况进行一定的修正后确定。

相比较之下，市场租金的定价方法主要基于置业投资收益原则，按照市场经济规律定价，这与保障住房的福利租金有本质的不同。了解市场租金定价思路有利于把握租赁房租赁价格经济管制模型设计的脉络，不至于偏向市场定价的轨道上。市场租金定价的方法主要包括置业投资收益法、市场租金比较法、市场租售比率法、百分比租金法、平均偿还本金法、银行复利法和住宅租赁率法。

（1）置业投资收益法。是指以资金时间价值原理为基础，将某一租赁住宅未来各租赁期内的租金收益按一定的折现率贴现，使收益现值总额等于住宅投入成本现值的一种方法。由于一个租赁期不可能是无限期的，其持续时间有长有短，住宅寿命期是由许多个租赁期组成的。因此，每次租赁计算租金时，均要先确定期初房屋的投入成本、剩余经济寿命及该租赁期长短。租赁期间若房价变动较大，可重新确定房屋成本，同时估出相应的新租金。

（2）市场租金比较法。随着我国城市住宅租赁市场的发展，租赁实例会越来越多，这为市场比较法提供了数据基础。该法是将住宅租赁对象与在近期有过租赁的类似住宅进行比较，对这些类似住宅的租金做适当的修正，以此确定租赁对象的客观合理租金的方法，其理论依据是住宅租金价格形成的替代原理。市场法的步骤是：①搜集住宅租赁交易实例。②选取三个可比租赁实例。可比实例首先是租金估价对象相类似的住宅，包括在区位、用途、使用面积、装修、内部家具配置等应相同或相近；其次实例交易日期与租赁价格估价时点接近，且租赁期也相近；最后成交的租赁价格是正常价格或可修正为正常价格。③建立租赁价格可比基础，这包括 5 个方面的一致，即付款方式、单价、币种、面积内涵和面积单

位。④进行交易情况修正，应剔除那些造成价格偏差的因素，使不正常租金修正
为正常可比租金，这包括附带抵押权的住宅租赁，其存在业主资不抵债处置住宅
时租户被赶出门的租赁风险等，引起租赁价格偏差的因素可参照房地产估价的相
关内容。⑤进行成交时间的修正，包括成交日期与租赁期的修正，假设从成交日
期到租赁价格估价时点，可比实例租金价格涨跌的百分率为 a，则修正到估价时
点的租赁价格 = 成交日期租赁价格 ×（1 + a）。另外，由于租赁期长，可以减少空
置损失及寻找新租户的费用，因此相对租赁期短的，其租金较为便宜。⑥进行住
宅状况修正，城市区位状况修正包括：繁华程度、交通便捷度、环境景观、公共
设施完备度、临街状况、楼层、朝向等影响住宅租金的因素；住宅实物状况修正
内容包括：新旧程度、建筑规模、面积、设备、装修、家具配备、平面布置、工
程质量等因素。⑦求取租赁比准价格，就三个可比实例分别进行上述三种修正，
公式为：

$$\frac{\text{城市住宅}}{\text{租赁价格}} = \frac{\text{可比实例}}{\text{租赁价格}} \times \frac{\text{正常市场租金}}{\text{实际成交租金}} \times \frac{\text{对象时间租金}}{\text{成交时间租金}} \times \frac{\text{对象状况租金}}{\text{实例状况租金}}$$

$$(7.1)$$

实际确定租金时，以正常市场租金、成交时间租金、确定对象状况租金为基
准，用 100 表示，则上式又可表示为：

$$\frac{\text{城市住宅}}{\text{租赁价格}} = \frac{\text{可比实例}}{\text{租赁价格}} \times \frac{100}{(\quad)} \times \frac{(\quad)}{100} \times \frac{100}{(\quad)} \qquad (7.2)$$

（3）市场租售比率法。这是通过市场方式得出租金指标的习惯用法，它是指
通过类似住宅的月租金与售价的市场惯例比率，来推算被估价对象租金的一种方
法。首先要找到类似住宅的诸多市场交易实例，对于这些住宅，稳定的租金收入
和房价都已确定，这样就可得到市场平均水平的惯例租售比率 $R = \frac{1}{N} \sum_{t=1}^{N} \frac{Z_t}{V_t}$，其
中 $Z_t$ 和 $V_t$ 分别表示 t 例住宅的租金和房价，N 表示市场租赁实例个数。例如，
若某类住宅月租与房价市场惯例比率为 0.64%，则房价为 50 万元的月租即为
3200 元/套·月。如果同种类型的住宅除租金外其他因素都相似，就可使用该
法，否则应进行适当的修正。

（4）百分比租金法。该法可用于市场住宅销售价格波动较大时住宅租金的确
定。其租金是以一个最低限度的固定租金为基础，外加超过一个定额的销售额部
分的一定百分比作为附加租金。使用总销售额而非净利润作为百分比计算基数，
既可避免决定净利润时的争议，又可保护出租人免遭通货膨胀的影响。

（5）平均偿还本金法。指承租人每期平均偿还对住宅投入的本金并付清当期
利息的租金计算方法。公式为：t 租赁期间每期租金 = 各租金支付期初本金占款
余值 × 计息期利率 + 剩余寿命内平均本金值。例如价值 50 万元的住宅，第一期
租金 $R_1 = 50$ 万元 $\times \frac{8\%}{12} + \frac{50 \text{ 万元}}{70 \times 12} = 3929$ 元/套·月，第二期租金 $R_2 = \Big(50$ 万

元 $- \dfrac{50\ 万元}{70 \times 12}$) $\times \dfrac{8\%}{12} + \dfrac{50\ 万元}{70 \times 12} = 3925$ 元/套·月，以此类推。虽然用剩余寿命内的租金支付期数来均摊本金，但我们只需推算到第 t 租赁期结束为止时各支付期的租金。用该法时，若房价发生变化，则要重新估价 $P_t$，再计算剩余年限内的租金。

（6）银行复利法。指按照银行复利计息的方法来计算租金，公式：$\sum R_i = P_t(1 + r)^n$。其中 $P_t$ 为概算成本，$R_i$ 为每期租金，r 是每期折现率，n 是从租赁期初起算的住宅剩余经济寿命中可支付租金总期数，$P_t$ 的本利和等于租金总额。值得一提的是，该法中本金 $P_t$ 的偿还可以有不同的方式，对租赁双方应有所选择。与平均偿还本金法相同，银行复利法也只需推算到租赁期结束为止时各支付期的租金。

（7）住宅租赁率法。住宅租赁率是指在住宅租赁期内承租人应支付的全部利息或投资回报占租赁期初住宅概算成本的比率。租赁率法就是在某租赁期中选取一个合理的租赁率，并通过概算成本来推算全部利息或投资回报，进而计算租金的方法。

总之，市场租金定价方法是从住宅置业投资者的投资收益角度来确定租金，而不是从社会最低收入者的支付能力角度来确定租赁价格的，我们在进行租赁房租金经济管制定价模型设计时，显然不能采用市场租金的定价模式。

## 7.3.2　中国租赁房租金经济管制定价原则

鉴于经济管制租赁房租赁价格的重要性，实践管制定价中应当遵循以下基本经济管制原则：

（1）遵循依法管制定价原则。市场经济体制下的经济管制定价必须依法进行，应该在中国《价格法》的框架下补充新设关于租赁房租赁价格确定的相关条款，使管制有章可循，依法进行，并将不符合条件的却挤占租赁房资源，谋求经济利益的，将依法给予制裁，以达到维护保障性用房和市场经济秩序的目的。

（2）遵循公正、公开的原则。各地在管制制定、调整租赁房租赁价格标准时，应充分听取社会中各有关方面的意见，并在媒体、政府网站等相关信息渠道上进行公示。

（3）遵循保障性原则。既然是保障性质的租赁房，其租金标准必须要低廉，要与困难家庭的收入挂钩，大大低于市场租金，以达到保障社会最低收入住房困难家庭的目的，而不能按照住房相关投入费用的市场价值补偿原则来定价。

（4）遵循"有保有别"定价原则。租赁房租金定价既要起保障效果，制定的价格又要有所差别，根据家庭的不同收入情况、租赁房的位置、面积、结构等房屋个别因素，采取有区别的定价，以达到经济管制租赁房租赁价格的目的。

（5）遵循经济合理定价原则。根据效用理论，租赁住房租金单价应随着家庭人口数的增加而递减，随着家庭收入和住宅面积的增加而递增。[①] 因此，我们必须从技术上可能、经济上可行，经过充分合理论证，能使租赁住房租金设计达到一种租赁住房最佳、最可能的使用状态，包括最佳面积的性价和最佳集约度。

（6）遵循城市租赁住房租金的可替代原则。由于一般情况下，理性经济行为导致在效用相同的物品之间形成了相同的价格，因此，该原则要求某租赁住房租金的确定结果不得明显偏离类似租赁住房在同等条件下的租赁价格水平。

（7）遵循租赁住房租金制定的"时点"原则。随着城市房地产市场的发展，影响住宅租金因素的变化和生活水平的逐渐提高，导致同一宗租赁住房租金在一定时间点后往往会产生变化，即存在现实意愿经济租金（未来时点租金）和契约租金（原租金）的差别，当现实意愿经济租金水平大大高于契约租金时，对承租方非常有利，会导致承租者在收入水平提高后仍然占用租赁住房资源而不挪窝，使租赁住房无法实现良性循环；反之，则损伤租赁者，起不到保障性作用。因此，该原则要求城市租赁住宅租赁价格确定结果应设定一个租金使用的有效期，一旦现实意愿经济租金变化偏离契约租金太多，则需对租赁房租金重新评估确定。当然，租赁双方可在订立协议时，设置一些条款，以避免经济租金变化太大时所造成的影响。

### 7.3.3 租赁房租金经济管制定价模型分析

在制定租赁房租赁价格时，其经济管制的核心主要是解决家庭收入与租金标准之间的关系问题。美国规定享受租赁房家庭每月支付的最高租金不超过家庭月收入的25%，超出部分由政府补贴。由于中国的恩格尔系数高于美国，且全国各地经济发展水平差异大，沿海东部地区好于西部，所以可将中国的租赁住宅租金支付标准定在家庭月收入的5%~25%之间，各城市根据本地实际在此范围内取值。假定某城市某拟租住租赁房的家庭月收入为 M，支付标准为家庭月收入的 β 倍，5%≤β≤25%，则该家庭每月支付的租赁房最高租金支出为 βM。

《城镇廉租住房租金管理办法》和《公共租赁住房管理办法》中规定的租金都不是市场租金。廉租住宅租金标准管制为维修费和管理费两项因素构成，而公租房租金也属于成本租金。假定其每月每平方米的租金单价值为 $Z_0$，若当地最低人均住宅使用面积为 $S_0$，租赁家庭人口数为 N，家庭实际租赁住房面积为 S。另外，假定三项因素构成的准成本租金月单价值为 $Z_1$，五项因素构成的成本租金月单价值 $Z_2$。则租赁房租金 $Z_L$ 经济管制定价模型如下：

① 参见芦金锋、刘建松：《廉租住房租金定价模型探讨》，载《建筑管理现代化》2003 年第 2 期，第 52~53 页。

$$Z_L = \begin{cases} \beta M & \text{若 } \beta M < Z_0 S_0 N \\ Z_0 S & \text{若 } Z_0 S_0 N \leqslant \beta M < Z_1 S_0 N \\ Z_1 S & \text{若 } Z_1 S_0 N \leqslant \beta M < Z_2 S_0 N \\ Z_2 S & \text{若 } \beta M \geqslant Z_2 S_0 N \end{cases}$$

当然，模型中若家庭实际租赁住房面积 S 大于规定的 $S_0 N$，则多出部分面积应按照"有保有别"的原则，将租金单价适当提高，以达到经济管制目的。各地政府对每套租赁住房还要根据该住房的相关影响因素[①]进行修正后最终确定。

---

① 参见本章第三节第一部分分析。

# 参 考 文 献

[1] 童悦仲主编等：《中外住宅产业对比》，中国建筑工业出版社 2004 年版，第 20 页。

[2] 李忠富：《住宅产业化论》，科学出版社 2003 年版，第 9 页。

[3] 余呈先：《我国房地产市场供给侧管理的动因与对策》，载《宏观经济研究》2016 年第 5 期，第 73 ~ 78 页。

[4] 王益君：《资产价格波动的通货膨胀预期效应——基于房地产市场的实证分析》，载《财经理论与实践》2016 年第 1 期，第 118 ~ 122 页。

[5] 冈扬：《日本 1956 ~ 1993 年房地产发展周期分析及对中国的启示》，载《辽宁省社会主义学院学报》2016 年第 2 期，第 63 ~ 69 页。

[6] 陈利锋：《不同抵押约束机制下的房地产市场调控政策效应——基于 NK – DSGE 模型的分析》，载《广东财经大学学报》2016 年第 4 期，第 16 ~ 30 页。

[7] 赵黎、张红伟：《基于非均衡理论的我国房地产市场供求分析》，载《湖南大学学报（社会科学版）》2014 年第 3 期，第 70 ~ 73 页。

[8] 叶剑平、谢经荣：《房地产业与社会经济协调发展研究》，中国人民大学出版社 2005 年版，第 4 ~ 5 页。

[9] 杨慎：《房地产与国民经济》，中国建筑工业出版社 2002 年版，第 185 ~ 188 页。

[10] 张晓晶、孙涛：《中国房地产周期与金融稳定》，载《经济研究》2006 年第 1 期，第 23 ~ 33 页。

[11] W. W. 罗斯托：《经济成长的阶段 非共产党宣言》，中国社会科学出版社 2001 年版。

[12] 朱林兴：《房价攀高的后果、成因及其调控措施》，载《上海市经济学院报》2005 年第 5 期，第 1 ~ 7 页。

[13] 牛凤瑞主编：《中国房地产发展报告 No. 2》，社会科学文献出版社 2005 年，第 33 页。

[14] 沈悦、刘洪玉：《住宅价格与经济基本面：1995 ~ 2002 年中国 14 城市的实证研究》，载《经济研究》2004 年第 6 期，第 78 ~ 86 页。

[15] 周京奎：《房地产价格波动与投机行为——对中国 14 城市的实证研究》，载《当代经济科学》2005 年第 7 期，第 19 ~ 24 页。

[16] 陈甬军：《转轨理论模型的新构造及对中国改革的意义》，载《中国经

济问题》2005 年第 6 期，第 13～22 页。

[17] 贺清云、肖丽：《基于非均衡理论的长沙市房地产市场分析》，载《中外建筑》2009 年第 1 期，第 137～139 页。

[18] 齐锡晶、张杰、秦娇娇等：《辽宁省房地产市场不均衡发展分析与对策》，载《东北大学学报（自然科学版）》2013 年第 5 期，第 731～735 页。

[19] 陈迅、赖纯见：《非均衡市场下房地产寡头产量竞争研究》，载《财经理论与实践》2015 年第 3 期，第 99～106 页。

[20] 杨晓：《房地产业非均衡发展导致的社会成本损失研究——基于短命建筑视角》，载《经济问题》2015 年第 6 期，第 84～89 页。

[21] 赵荣：《论房地产市场在非均衡理论下的供求模型》，载《住宅与房地产》2016 年第 30 期，第 12 页。

[22] 彭建刚、陈雪楚、孙满元：《金融破解新常态下房地产业非均衡问题的思考》，载《湖南社会科学》2016 年第 4 期，第 146～150 页。

[23] 瓦尔拉斯：《纯粹经济学要义》，商务印书馆 1989 年版。

[24] 吴遵杰、陈勇：《一般均衡理论批判》，载《政治经济学评论》2016 年第 1 期，第 89～122 页。

[25] 埃文斯：《经济、房地产与土地供应》，中国人民大学出版社 2013 年版。

[26] 吕风勇：《房地产投资与产出波动的一般均衡研究》，载《经济问题探索》2016 年第 4 期，第 40～47 页。

[27] 万婷：《关于我国房地产政策调控效果及房地产稳定发展政策分析》，载《金融经济》2016 年第 2 期，第 112～114 页。

[28] 汤文彬：《我国房地产价格影响因素实证分析》，载《价格理论与实践》2016 年第 1 期，第 119～121 页。

[29] 毛建功：《国家经济宏观调控下的房地产政策发展》，载《经济研究导刊》2015 年第 7 期，第 5～6 页。

[30] 何青、钱宗鑫、郭俊杰：《房地产驱动了中国经济周期吗?》，载《经济研究》2015 年第 12 期，第 41～53 页。

[31] 张巧红、张晓庆：《沈阳市商品住宅待售面积影响因素分析》，载《沈阳建筑大学学报（社会科学版）》2013 年第 1 期。

[32] 杜江：《中国房地产市场发展非均衡与商品房价格因素分析》，载《中国地质大学学报（社会科学版）》2010 年第 2 期。

[33] 吴智华、杨秀云：《"土地财政"与中国房地产市场波动——基于两部门 NK－DSGE 模型的研究》，载《中南财经政法大学学报》2016 年第 5 期，第 30～41、53、158～159 页。

[34] 丹尼斯·迪帕斯奎尔、威廉·C·惠顿：《城市经济学与房地产市场》，经济科学出版社 2002 年版。

[35] 申博：《"去库存"视角下房地产行业对区域金融稳定的影响——基于

空间面板模型的实证研究》，载《河北经贸大学学报》2016 年第 3 期，第 61 ~ 66、101 页。

［36］袁韶华、施松、汪应宏等：《中国房地产市场调控效果分析及房地产健康发展的建议》，载《现代城市研究》2014 年第 2 期，第 72 ~ 79 页。

［37］张小宇、刘金全：《货币政策、产出冲击对房地产市场影响机制——基于经济发展新常态时期的分析》，载《中国工业经济》2015 年第 12 期，第 20 ~ 35 页。

［38］许宪春、贾海、李皎等：《房地产经济对中国国民经济增长的作用研究》，载《中国社会科学》2015 年第 1 期，第 84 ~ 101、204 页。

［39］王雪青、陈媛、刘炳胜：《中国区域房地产经济发展水平空间统计分析——全局 Moran's I、Moran 散点图与 LISA 集聚图的组合研究》，载《数理统计与管理》2014 年第 1 期，第 59 ~ 71 页。

［40］孔煜：《我国房地产发展与经济增长关系的实证研究》，载《工业技术经济》2009 年第 5 期，第 78 ~ 82 页。

［41］孙国锋：《基于"短边规则"的房地产市场非均衡研究》，载《经济学动态》2010 年第 5 期，第 42 ~ 46 页。

［42］谢波、施建刚：《房地产市场非均衡度与政府干预时机——基于上海房地产市场非均衡模型与短边规则的实证研究》，载《上海经济研究》2013 年第 7 期，第 138 ~ 146、156 页。

［43］万婷：《关于我国房地产政策调控效果及房地产稳定发展政策分析》，载《金融经济》2016 年第 2 期，第 112 ~ 114 页。

［44］鲁品越：《马克思宏观流通理论：非均衡宏观经济学——兼论生产过剩与投资扩张的兼论生产过剩与投资扩张的"乘数效应"》，载《经济学家》2015 年第 5 期，第 20 ~ 27 页。

［45］周雯雯：《关于房地产市场在去库存阶段进行有效调整的分析》，载《经济师》2016 年第 3 期，第 50 ~ 52 页。

［46］亚当·斯密：《国富论（下卷）》，商务印书馆 1974 年版，第 252 ~ 253 页。

［47］吴易风等：《政府干预和市场经济——新古典宏观经济学和新凯恩斯主义经济学研究》，商务印书馆 1998 年版，第 16 页。

［48］谢自强：《政府干预理论与政府经济职能》，湖南大学出版社 2004 年版，第 41 页。

［49］卫兴华：《市场功能与政府功能组合论》，经济科学出版社 1999 年版，第 148 页。

［50］马昕、李泓泽等：《管制经济学》，高等教育出版社 2004 年版，第 3 页。

［51］W. 吉帕·维斯库斯等：《反垄断与管制经济学》（第四版），陈甬军等译，中国人民大学出版社 2010 年版，第 4 ~ 6、172、174、175 页。

［52］马克思：《资本论》（第 3 卷），人民出版社 1975 年版。

[53] 刘学敏:《价格规制:缘由、目标和内容》,载《学习与探索》2001年第 5 期,第 54 ~ 60 页。

[54] 约瑟夫·E·斯蒂格利茨:《社会主义向何处去》,吉林人民出版社1999 年版,第 48 ~ 49 页。

[55] 植草益:《微观管制经济学》,中国发展出版社 1992 年版,第 13 页。

[56] 让·雅克·拉丰,让·梯若尔:《政府采购与规制中的激励理论》,上海三联书店 2004 年版。

[57] 让·雅克·拉丰、马赫蒂摩:《激励理论:委托—代理模型》,上海人民出版社 1998 年版。

[58] 徐百柯:《星条旗旁的红色干部:赴美考察岗位实习报告》,http://www. southcn. com/news/china/, zgkx/200607260661. htm, 2006 – 07 – 26。

[59] 冯·诺伊曼、摩根斯顿:《博弈论与经济行为》,北京三联书店 2004年版。

[60] 罗杰·B·迈尔森:《博弈论—矛盾冲突分析》,中国经济出版社 2001年版,第 1 页。

[61] 艾里克·拉斯缪森:《博弈与信息》,北京大学出版社 2003 年版,第1 页。

[62] 朱·弗登博格、让·梯若尔:《博弈论》,中国人民大学出版社 2002年版,第 468 ~ 469 页。

[63] 林民书:《普通商品房开发与土地资源配置》,载《福州大学学报(哲学社会科学版)》2000 年第 3 期,第 40 ~ 43 页。

[64] 曾永昌:《经营城市及其土地的理论与机制(下)》,载《国土资源》2003 年第 70 期,第 16 ~ 19 页。

[65] 曾永昌:《中国土地市场招标拍卖挂牌的信托危机和制度异化》,载《国土资源》2005 年第 6 期,第 26 ~ 29 页。

[66] 钱忠好:《土地征用:均衡与非均衡——对现行中国土地征用制度的经济分析》,载《管理世界》2004 年第 12 期,第 50 ~ 58 页。

[67] 佟绍伟:《求解最严格的土地管理制度》,载《中国土地》2004 年第 1期,第 11 ~ 15 页。

[68] 曹建海:《中国的土地制度解析及改革建议》,载《中国地产市场》2004 年第 5 期,第 86 ~ 87 页。

[69] 马建堂:《结构与行为:中国产业组织研究》,中国人民大学出版社1993 年版,第 92 ~ 94 页。

[70] 刘志彪:《市场结构、厂商行为与价格联盟的不稳定性》,载《江苏行政学院学报》2004 年第 2 期,第 43 ~ 50 页。

[71] 况伟大:《垄断、竞争与管制——北京市住宅业市场结构研究》,经济管理出版社 2003 年版。

[72] 况伟大：《空间竞争、房价收入比与房价》，载《财贸研究》2004 年第 7 期，第 79～86 页。

[73] 苗天青：《我国房地产业：结构、行为与绩效》，经济科学出版社 2004 年版，第 5、267、273 页。

[74] 平新乔、陈敏彦：《融资、地价与楼盘价格趋势》，载《世界经济》2004 年第 7 期，第 3～10 页。

[75] 陈金标、李颖欣：《房地产市场价格形成机制与政策调控效果——兼评房地价格关系》，载《华中农业大学学报（社会科学版）》2005 年第 3 期，第 75～78 页。

[76] 李宏瑾：《我国房地产市场垄断程度研究——勒纳指数的测算》，载《财经问题研究》2005 年第 3 期，第 3～10 页。

[77] 汤岚：《房地产市场垄断性成因论要》，载《武汉交通职业学院学报》2005 年第 6 期，第 36～38 页。

[78] 田鹏许：《上海商品住宅价格畸形增长及其原因的实证分析》，载《苏州科技学院学报（社会科学版）》2005 年第 11 期，第 27～31 页。

[79] 刘翎、杨大蓉：《商品住宅价格的决定：上海市场的计量模型研究》，载《科学经济社会》2006 年第 1 期。

[80] 丁烈云：《房地产周期波动成因分析》，载《华中科技大学学报（社会科学版）》2003 年第 2 期，第 19～25 页。

[81] 王文革：《城市土地价格管制存在的问题及其对策》，载《价格月刊》2005 年第 11 期，第 7～8 页。

[82] 洪涛、高波、毛中根：《外生冲击与房地产真实价格波动——对 1998～2003 年中国 31 省（市、区）的实证研究》，载《财经研究》2005 年第 11 期，第 88～97 页。

[83] 李春吉、孟晓宏：《中国房地产市场结构和价格影响因素的实证分析》，载《产业经济研究》2005 年第 6 期，第 48～56 页。

[84] 谢识予：《经济博弈论》，上海复旦大学出版社 2002 年版，第 4～6 页。

[85] 王廷惠：《微观规制理论研究》，中国社会科学出版社 2005 年版，第 2～4 页。

[86] 葛建新：《市场机制与政府干预》，载《中央财经大学学报》2002 年第 5 期，第 64～67 页。

[87] ［美］丹尼尔·F·史普博：《管制与市场》，上海三联书店、上海人民出版社 1999 年版。

[88] 袁一泓：《CBD 涨价：三个地产商的"餐桌阴谋"》，载《21 世纪经济报道》2002 年 6 月 24 日第 12 期。

[89] 刘志彪、石奇：《竞争、垄断和市场势力》，载《产业经济研究》2003 年第 4 期，第 71～77 页。

[90] 刘志彪:《产业的市场势力理论及其估计方法》,载《当代财经》2002年第11期,第43~47页。

[91] 施鑫华、阮连法:《房地产市场信息不对称问题研究》,载《建筑经济》2003年第3期,第53~55页。

[92] 斯蒂芬·马丁:《高级产业经济学》,上海财经大学出版社2003年版,第1页。

[93] 陈明森:《市场进入退出与企业竞争战略》,中国经济出版社2001年版,第223~229页。

[94] 马克思:《资本论》(第三卷),人民出版社1998年版,第703页。

[95] 曹振良:《房地产经济学通论》,北京大学出版社2003年版,第105~108页。

[96] 萨缪尔森:《经济学》(中),商务印书馆1986年版,第254页。

[97] 伊利等:《土地经济学原理》,商务印书馆1982年版,第225页。

[98] 威廉·配第:《赋税论》,商务印书馆1972年版,第43~49页。

[99] 亚当·斯密:《国民财富的性质和原因的研究》(上卷),商务印书馆1972年版,第140~160页。

[100] 李嘉图:《李嘉图著作和通信集(中译本)》(第1卷),商务印书馆1962年版,第59页。

[101] 王阿忠:《我国经营性土地基于投资补偿的还原利率实际估价模型》,载《技术经济》2006年第4期,第88~92页。

[102] 王阿忠:《我国城市住宅商品房价格及市场走向》,载《价格理论与实践》2002年第10期,第26~28页。

[103] 刘洪玉:《房地产开发经营与管理》,中国建筑工业出版社2005年版,第29、150~151页。

[104] 崔新明:《城市住宅价格的动力因素及其实证研究》,经济科学出版社2005年版。

[105] 姚玲珍:《中国公共住房政策模式研究》,上海财经大学出版社2003年版,第2~5页。

[106] 柴强:《房地产估价理论与方法》,中国物价出版社2001年版,第202、308~314页。

[107] 徐艳:《北京市房价过高的原因和房价控制》,载《城市问题》2002年第1期,第42~44页。

[108] 况伟大:《房价与地价关系研究:模型及中国数据检验》,载《财贸经济》2005年第11期,第56~63页。

[109] 周京奎:《城市土地价格波动对房地产业的影响——1999~2005年中国20城市的实证分析》,载《当代经济科学》2006年第7期,第1~7页。

[110] 郑光辉:《房价与地价因果关系实例分析》,载《中国土地》2004年

第 11 期，第 23～27 页。

[111] 鲁礼新：《成都市中心城区地价与房价关系分析》，载《四川师范大学学报（自然科学版）》2002 年第 25 期，第 91～93 页。

[112] 刘琳、刘洪玉：《地价与房价关系的经济学分析》，载《数量经济技术经济研究》2003 年第 7 期，第 27～30 页。

[113] 王俊豪：《政府管制经济学导论——基本理论及其在政府管制实践中的应用》，商务印书馆 2001 年版，第 1 页。

[114] 吕少华：《政府规制改革的三种理论视角》，载《理论与改革》2005 年第 6 期，第 29～31 页。

[115] 王俊豪：《对我国价格管制与放松价格管制的理论思考》，载《价格理论与实践》2001 年第 2 期，第 11～12 页。

[116] 戴哥新：《论市场化进程中的价格管制》，载《社会科学研究》2003 年第 5 期，第 40～42 页。

[117] 肖兴志：《中国铁路产业规制：理论与政策》，经济科学出版社 2004 年版，第 74 页。

[118] 余东华：《激励性规制的理论与实践述评》，载《外国经济与管理》2003 年第 7 期，第 44～48 页。

[119] 于立：《美国报酬率规制与英国价格上限规制的比较研究》，载《产业经济学》2003 年第 1 期，第 11～18 页。

[120] 唐相道：《新加坡安居工程》，上海社会科学院出版社 1997 年版，第 2 页。

[121] 李宏瑾：《我国房地产市场垄断程度研究——勒纳指数的测算》，载《财经问题研究》2005 年第 3 期，第 4～11 页。

[122] 刘琳：《房地产市场互动机理与政策分析》，中国经济出版社 2004 年版，第 168 页。

[123] 周京奎：《产业集中型垄断与中国房地产市场结构优化》，载《生产力研究》2002 年第 3 期，第 180～181、184 页。

[124] 苗天青：《我国房地产开发企业的价格行为分析》，载《华东经济管理》2004 年第 6 期，第 41～47 页。

[125] 苗天青：《房地产产业组织优化：中国香港经验及其对内地的启示》，载《经济体制改革》2005 年第 4 期，第 156～159 页。

[126] 苗天青、朱传耿：《中国房地产市场的地域特征分析》，载《经济地理》2005 年第 3 期，第 325～329 页。

[127] 奥兹·夏伊：《产业组织理论与应用》，清华大学出版社 2005 年版，第 54、98、102、107 页。

[128] 白让让、郁义鸿：《价格与进入规制下的边缘性进入》，载《经济研究》2004 年第 9 期，第 61～70 页。

[129] 宋振远、陈芳、沈汝发:《是谁扭曲了房地产的"定价机制"》,新华网北京 2005 年 8 月 25 日。

[130] 张季:《论我国城市用地中的政府主导与市场调节》,载《改革》2004 年第 1 期,第 8 ~ 14 页。

[131] 牛风瑞:《中国房地产发展报告 No. 3》,社会科学文献出版社 2006 年版,第 295 页。

[132] 苗天青:《我国房地产业的实际利润率及其福利效应分析》,载《经济问题探索》2004 年第 12 期,第 115 ~ 117 页。

[133] 王洪辉:《房地产开发是否存在暴利》,载《中国房地产发展报告 No. 3》,社会科学文献出版社 2006 年版,第 295 页。

[134] 张薰华:《土地与市场》,上海远东出版社 1996 年版,第 258、262、286 页。

[135] 毕宝德:《土地经济学》,中国人民大学出版社 2005 年版,第 381 页。

[136] 谢经荣等:《土地不同出让方式价格分析及调控对策》,载《中国土地科学》1994 年第 3 期,第 10 ~ 13 页。

[137] 何国钊、曹振良、李晟:《中国房地产周期研究》,载《经济研究》1996 年第 12 期,第 51 ~ 77 页。

[138] 包宗华:《解决好我国住房问题的核心和关键》,载《中国房地信息》2005 年第 9 期。

[139] 曲福田、石晓平:《城市国有土地市场化配置的制度非均衡解释》,载《管理世界》2002 年第 6 期,第 46 ~ 53 页。

[140] 韩立英:《土地使用权评估》,中国人民大学出版社 2003 年版,第 118 页。

[141] 周诚:《土地经济学原理》,商务印书馆 2003 年版,第 381 页。

[142] 王玉堂:《灰色土地市场博弈分析:成因、对策与创新障碍》,载《管理世界》1999 第 2 期,第 159 ~ 165、177 页。

[143] 刘小玲:《我国土地市场化过程中的三方博弈分析》,载《财贸经济》2005 年第 11 期,第 66 ~ 70、107 页。

[144] 朱燕、李章华:《有序 Probit 模型在住宅市场分析中的作用》,载《土木工程学报》2003 年第 9 (36) 期,第 71 ~ 75 页。

[145] 周京奎、曹振良:《中国房地产泡沫与非泡沫——以投机理论为基础的实证分析》,载《山西财经大学学报》2004 年第 26 (1) 期,第 53 ~ 57 页。

[146] 贺晓东:《试论泡沫经济及其警示》,载《经济研究》1993 年第 9 期,第 45 ~ 50 页。

[147] 张会恒:《论政府规制机构形式的选择》,载《经济社会体制比较》2005 年第 3 期,第 121 ~ 125 页。

[148] 于良春、葛铸聪:《自然垄断产业政府规制机构独立性研究》,载

《广东社会科学》2005 年第 6 期，第 34～40 页。

[149] 宇燕、席涛：《监管型市场与政府管制：美国政府管制制度演变分析》，载《世界经济》2003 年第 5 期，第 16～19 页。

[150] 肖兴志：《自然垄断产业规制改革模式研究》，东北财经大学出版社 2003 年版，第 190～192 页。

[151] 温茨巴奇等：《现代不动产》（第五版），中国人民大学出版社 2001 年版，第 438 页。

[152] 威廉·F·夏普：《投资组合理论与资本市场》，机械工业出版社 2001 年版，第 117 页。

[153] 宋培军、张秋霞：《试论新加坡住房市场的体制特点及其成因》，载《当代亚太》2004 年第 8 期，第 57～62 页。

[154] 包宗华：《美国住房制度的稳中有变简析》，载《建筑经济》1999 年第 3 期，第 27～31 页。

[155] 田海东：《住房政策：国际经验借鉴和中国现实选择》，清华大学出版社 1998 年版，第 37、41 页。

[156] 王俊豪：《中国政府管制体制改革研究》，经济科学出版 1999 年版。

[157] 张昕竹：《中国规制与竞争：理论和政策》，社会科学文献出版社 2000 年版。

[158] 王阿忠：《我国城市住宅租赁价格：基于重塑房价标准的研究》，载《中国物价》2006 年第 10 期，第 60～64 页。

[159] 芦金锋、刘建松：《廉租住房租金定价模型探讨》，载《建筑管理现代化》2003 年第 2 期，第 52～53 页。

[160] 王传辉：《反垄断的经济学分析》，中国人民大学出版社 2004 年版。

[161] 夏大慰：《产业组织：竞争与规制》，上海财经大学出版社 2002 年版。

[162] 理查德·A·波斯纳：《反托拉斯法》，孙秋宁译，中国政法大学出版社 2003 年版。

[163] 戚聿东：《中国现代垄断经济研究》，经济科学出版社 1999 年版。

[164] 乔治·J·施蒂格勒：《产业组织和政府规制》，上海三联书店、上海人民出版社 1996 年版。

[165] 胡彬：《制度变迁中的中国房地产业：理论分析与政策评价》，上海财经大学出版社 2001 年版。

[166] 杜传忠：《寡头垄断市场结构与经济效率：兼论中国市场结构调整》，经济科学出版社 2003 年版，第 28～47 页。

[167] 羊慧明：《中国房市警告》，中国商业出版社 2005 年版。

[168] 周春等：《市场价格机制与生产要素价格研究》，四川大学出版社 2006 年版。

[169] 丹尼尔·史普博：《管制与市场》，余晖译，上海三联书店、上海人

民出版社 1999 年版。

[170] 张伯伦:《垄断竞争理论》,郭家麟译,北京生活、读书、新知三联书店 1958 年版。

[171] 小贾尔斯·博伯吉斯:《管制和反垄断经济学》,冯金华译,上海财经大学出版社 2003 年版。

[172] 艾伦·加特:《管制、放松与重新管制》,陈雨露等译,经济科学出版社 1999 年版。

[173] Mototsugu Fukushige, Hiroshige Yamawaki. The relationship between an electricity supply ceiling and economic growth: An application of disequilibrium modeling to Taiwan. Journal of Asian Economics, 2015, Vol36: 16 – 43.

[174] Xiangdong Zhang, Bin Zhang, Lizhong Jiang. etc. Research about the Disequilibrium Degree of Supplying and Demanding Market for Newly – Built Commodity – Housing from 1998 to 2011 in Xian. Advanced Materials Research, 2014, vol. 838 – 841: 3115 – 3118.

[175] Lennon C Winky H. Stephen m. Region-specific Estimates of the Determinants of Real Estate Investment in China. Urban Studies, 2012, 49 (4): 35 – 47.

[176] Charles K. Y. Leung Zhixiong Zeng Yi jin. Real Estate, the External Finance Premium and Business Investment: A Quantitative Dynamic General Equilibrium Analysis. Real Estate Economics, 2012, 40 (1): 24 – 32.

[177] Oliver B. Explaining Regional Variation in Equilibrium Real Estate Prices and Income. Journal of Housing Economics, 2012, 12 (4): 1 – 15.

[178] Paul Ec. An Empirical Stationary Equilibrium Search Model of the Housing Market. International Economic Review, 2012, 1 (53): 203 – 234.

[179] Ricardo Hurtubia Francisco martínez. Dynamic Model for the Simulation of Equilibrium Status in the Land Use Market. Networks and Spatial Economics, 2012, 6 (1): 42 – 53.

[180] A. Ogus. 2002. Comparing Regulatory Systems: Institutions, Processes and Legal Forms in Industrialised Countrie. CRC Working Paper Series No. 35 December.

[181] Eddie Chi-man Hui, Vivian Sze-mun Ho. 2003. Does the planning system affect housing prices? Theory and with evidence from Hong Kong. . Hatitat International. 27, pp. 339 – 359.

[182] EIU Views Wire. Apr 28, 2006. New York. Uruguay: Competition and price regulations. http: //proquest. umi. com.

[183] Glaeser Edward, Gyourko Joseph, Christian Hilber. 2002. Housing Affordability and Land Prices: Is There a Crisis in American Cities. NBER Working Paper, No. 8835.

[184] O'Sullivan. 2000. *Urban Economics*. The McGraw – Hill Companies, Inc.

［185］Pascal Raess, Thomas von Ungern - Steernberg. 2002. A model of regulation in the rental housing market. *Regional Science and Urban Economics*. 32, pp. 475 - 500.

［186］Richard H. K. Vietor. 1994. Contrived Competition: Regulation and Deregulation in America. Harvard University Press.

［187］R. R. Braeutigam and J. C. Panzar. 1993. Effects of the Change form Rate-of - Return to Price - Cap Regulation. American Economic Review, May.

［188］Simpson, D. 2000. Rethinking Economic Behaviour: How the Economy Really Works. London: Macmillan. pp. 3.

［189］Soon Huat Chana, Kenneth A. Kimb, S. Ghon Rheec. 2005. . Price limit performance. Journal of Empirical Finance, 12269 - 12290.

**相关政策法规文件**

［1］1990 年 5 月 19 日《中华人民共和国城镇国有土地使用权出让和转让暂行条例》。

［2］1993 年 12 月 13 日《中华人民共和国土地增值税暂行条例》。

［3］1993 年 8 月 10 日中华人民共和国建设部、国家土地管理局、国家工商行政管理局、国家税务总局《关于加强房地产市场宏观管理促进房地产业健康持续发展的意见》。

［4］1994 年 7 月 5 日《中华人民共和国城市房地产管理法》。

［5］1995 年 5 月 26 日《国务院关于严格控制高档房地产开发项目的通知》。

［6］1998 年 7 月 3 日国务院《关于进一步深化城镇住房制度改革加快住房建设的通知》。

［7］1999 年 1 月 27 日国土资源部的《关于进一步推行招标拍卖出让国有土地使用权的通知》。

［8］1999 年 5 月 6 日国务院办公厅《关于加强土地转让管理严禁炒卖土地的通知》。

［9］2000 年国土资源部《关于建立土地有形市场促进土地使用权规范交易的通知》。

［10］2001 年 4 月 30 日国务院《关于加强国有土地资产管理的通知》。

［11］2002 年 5 月 9 日国土资源部《招标拍卖挂牌出让国有土地使用权规定》。

［12］2002 年 8 月 26 日建设部等六部门《关于加强房地产市场宏观调控促进房地产市场健康发展的若干意见》。

［13］2004 年 3 月 31 日国土资源部监察部《关于继续开展经营性土地使用权招标拍卖挂牌出让情况执法监察工作的通知》。

［14］2005 年 3 月 26 日国务院办公厅《关于切实稳定住房价格的通知》。

［15］2005 年 5 月 9 日国务院办公厅转发建设部等七部委《关于做好稳定住房价格工作的意见》。

［16］2006 年 5 月 24 日国务院办公厅转发建设部等九部门《关于调整住房供应结构稳定住房价格意见的通知》。

［17］2007 年《政府工作报告》中关于房地产和土地的调控要点。